天學初函

（三）

刻職方外紀序

萬曆辛丑利氏來賓余從寮友數輩訪之其壁間懸有大地全圖畫線分度甚悉利氏曰此吾西來路程也其山川形

勝土俗之詳別有鉅册已藉手進大內矣因爲余說地以小圓處天大圓中度數相應俱作三百六十度凡地南北距二百五十里

卽日星晷必差一度其東西則交食可驗每相距三十度者則交食差一時也余依法測驗良然廼悟唐人畫方分里其術尚疎遂爲譯以華

文刻爲萬國圖屏風居
久之有濆呈
御覽者旋奉宣索因其版
已携而南中貲人翻刻
以應會閩稅璫又馳獻
地圖四幅皆歐邏巴文

字得之海船者而是時
利巳即世龐熊二友畱
京奉
旨繙繹龐附奏言地全形
凡五大州△　其一不
可不補乃先譯原幅以

進別又制屏八扇載所
聞見附及土風物產楷
書貼說甚細余以甲寅
赴補幸獲覩焉此圖延
久未竟會放歸齋按通
政司弗納則奉致

大明門外叩頭而去今尚度中城察院云而罷熊旋卒於途其底本則京紳有傳寫者然皆碎玉遺璣未成條貫今年夏余友楊仲堅氏與西士

艾子爲增輯焉凡係在
職方朝貢附近諸國俱
不錄錄其絕遠舊未通
中國者故名職方外紀
種種咸出俶詭可喜可
愕令人聞所未聞然語

必據所涉歷或彼國舊聞徵信者世傳貫胸反踵龍伯僬僥之屬以爲荒誕弗收也艾子語余是役也吾謏聞也與哉地如此其大也而其在

天中一粟耳吾州吾鄉
又一粟中之毫末吾更
藐焉中處而爭名競利
於蠻觸之角也與哉則
性爲形役貫錯厥履夫
背奇以其耳目思想以

自錮而孰知耳目思想
之外有如此殊方異俗
地靈物產眞實不虛者
此見人識有限而造物
者之無盡藏也而又窮
變極備隨處悉供人類

之用兼賦人以最靈之性俾能通天徹地不與草木鳥獸同頑同朽明乎造物主之於人獨厚也人可不克己昭事以期復命歸根作如是觀

庶吾儕未聞天道先語
地員不詒先後倒置之
誂也乎而艾子之友金
子則又曰此姑以綴屏
上之圖也二云爾吾欲引
伸其說作諸國山川經

緯度數圖十卷風俗政
教武衛物產技藝又十
卷而後可以當職方之
一鏡也金子者齊彼國
書籍七千餘部欲貢之
蘭臺麟室以參會東西

聖賢之學術者也德之
麻明奎躔炳瑞時則有
異國異書梯航九萬里
而來蓋曠古於今為烈
聖主崇文第令得廣致羣
英分曹摘譯以盡傾海

嶽之奇乎將河洛未足
誇鳳鳥不虛至而謂曩
所拾一屏一冊臥遊之
具尚足爲咫聞炫哉余
聞西域天文洪武中曾
譯之右文家法固然矣

禮樂盛百年聲教覃四
海儒有涵醇飫醲播頌
於無窮知必不與鳩摩
玄奘輩所致書同類而
並眡之也
天啟癸亥日躔天駟浙

西李之藻書於龍泓精舍

職方外紀序

方域大矣其間位置憑生日新富有在一方即有一方物用滿足周匝不相假貸有齊諧不能志隷首不能紀者是孰使之然哉有

大主宰在也楚辭問天地
何際儒者不能對今欲窮
思極索以求涯際必至狂
惑畔渙喪志而未有得何
居乎西方之人獨出千古
開創一家謂天地俱有窮

也而寔無窮以其形皆大
圜故無起止無中邊最輕
清者爲天天體多重迴出
地外最重濁者爲地心恰
恰正在天中以其爲重濁
本所有形有質者皆附就

之此外上下四傍皆係輕
清重地不能就輕自不能
倒落一處論其成位則天
包火火包氣氣包水水包
土重重包裹人之肉目止
見水土二行不見氣火二

行徧地周遭皆人所居不
得以地下之人與我腳底
相對疑其有傾倒也致圖
証說歷歷可據斯亦奇矣
揆厥所由西國有未經焚
刼之書籍有遠遊窮海之

畸人其所聞見比世獨詳然是編所摘猶是典籍中之百一卽彼國圖籍所紀又是宇宙中之萬一而微詭瑰奇業已不可思議矣又況自地而上窮無窮極

無極進之而虛空進之而
天載函蓋之間更無差數
可睹安能以人心分量彷
彿測之夫睹九重宮闕嵬
然煥然必非謂偶成也定
由工師搆之司空董之至

尊臨御之也方域至大其位置憑生日新富有徧地生齒各給其用各不相襲此不可窺測造物主之全能與賢重人類獨超萬物之上哉既知造物主全能

則世惟一尊無可與並即
生知安行之聖出有入無
之神不過全能中所造萬
類之一類而豈可以爝火
比太陽蹄涔並滄海乎惟
聖人見其然故凜凜昭事

畏天命對上帝暗室屋漏日監在茲不敢戲渝不敢怠荒此真能知天事天質之東海西海不相謀而符節合者西士引人歸向天帝往往借事為梯注述多

端皆有深意而是編則用悅耳娛目之玩以觸人之心靈言甚近指甚遠彼淺嘗者第認爲輶軒之雜錄博物之談資則還珠而買櫝者也

泌園居士楊廷筠

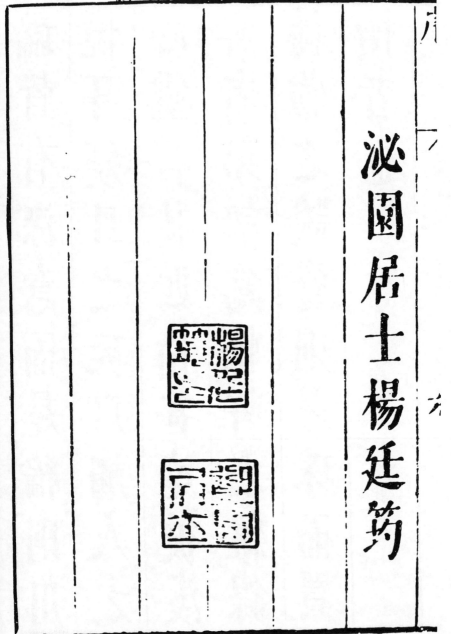

職方外紀小言

鄒子九州之說說者以爲閎大不經彼其言未足盡非也天地之際赤縣神州之外奚啻有九則見猶未墮方隅獨笑儒者未出門庭而一談絕國動輒言夷夏夷夏若謂中土而外盡爲侏離左衽之域而王化之所弗賓嗚呼是何言也吾夫子作春秋攘夷狄亦謂吳楚實周之臣而首奸王號故斥而弗與非謂凡在遐荒盡可夷狄擯之也試觀嵩高河洛古所謂天下之中耳自嵩高河洛而外皆四

夷也今其地曷嘗不受冠帶而講春秋敎詩書而說禮樂何獨海外不然則亦見之未廣也嘗試按圖而論中國於亞細亞十之一亞細亞又居天下五之一則自赤縣神州而外如赤縣神州者且十其九而戔戔持此一方胥天下而盡斥爲蠻貊得無紛井蛙之誚乎易徽之儒先曰東海西海心同理同雖謂心理同而精神之結搆不各自持一精彩顧斷斷然此是彼非亦大矇矣且夷夏亦何常之有其人而忠信焉明哲焉元元本本焉雖遠在

殊方諸夏也若夫汶汶焉汨汨焉寡廉鮮恥焉雖近在比肩戎狄也其可以地律人以華夷律地而輕為訾詆哉故愚謂茲刻之大有功于世道也不但使規管末者破蝸國之褊衷抑且令恣荒唐者實恒沙之虛見如第以娛心志悅耳目也者則雖上窮青冥亦山經穆傳之餘䰟下極黃壚亦志怪齊諧之賸馥而何以追玄造于生成荷神工于亭毒幾幾不為無益之談以度越鄒子也

後學海虞瞿式穀識

楊子法言曰吾寡見人之好遐者也邇文之視邇言之聽遐則偭焉曷芬兹之甚也好盡其心於聖人之道者君子也人亦有好盡其心矣未必聖人之道也多聞見而識乎正道者至識也多聞見而識乎邪道者迷識也迷莫迷於昧天西賢之條地規天尃以導人敬天事天而所以辯乎非天之天者不一而足而無奈譊譊者天下皆訟也天下之亡聖也久矣呱呱之子各識其親譊譊之學各習其師班固曰安其所習毀所不見終以自蔽此學

者之大患也精而精之是在中矣天下有三好衆人好已從賢人好已正聖人好已師職方外紀似亦稗官小說夏於袁齊諧異使人識造物主功化之無洲擴其所見不局於所未見而固以隴其錮習之迷以歸太正則不第多其見聞而已也人果盡心於知性知天嚮斯光窒斯通臨斯宏散游繁衍皆歸於宗如之何倘爲其遐而好盡心於通也浩浩之海濟樓航之力也航人無桁如流何燄魂曠枯糟莩曠洸擿坑索塗算行而已矣故曰聖人

聰明淵懿繼天測靈冠乎羣倫有以擬天地而參諸身乎或問天地易簡而聖人法之何支離爲曰支離蓋所以爲簡易也噫我華而不食我實小知之師亦賤矣衆言淆亂折諸聖萬物紛錯懸諸天彼所謂敬天事天者赫赫乎日出之光羣目之用也渾渾乎聖人之道羣心之用也已簡已易焉支焉離

後學錢唐許胥臣識

職方外紀自序

造物主之生我人類於世也如進之大庭中令饗豐醮又娛歌舞之樂也嘗試仰觀天象而有日月五星列宿之麗則天似室廬列象似瑰寶之飾垣壁者然俯察地形而有山川草木之羅列芬芳則猶劇戲之當場者然其他空中飛鳥江海潛鱗地上百穀果實則集五味八珍之薦列几筵者然然則造物主之恩厚亦極矣胡為乎人每日用不知若將謂固然宜然而莫究

其所以然也昔
神皇盛際
聖化翔洽無遠弗賓吾友利氏齎進萬國圖誌已
而吾友龐氏又奉繙譯西刻地圖之
命據所聞見譯為圖說以
獻都人士多樂道之者但未經刻本以傳迨至
今上御極而民物重新駸駸乎王會萬方之盛矣
儒略不敏幸厠觀光慨慕前麻誠不忍其久而
湮滅也偶從蠹簡得覩所遺舊藁乃更竊取西

來所携手輯方域梗槩爲增補以成一編名曰職方外紀私竊自哂殆不過如匠氏竹頭木屑之陳庖人蘋蘩薀藻之獻優伶雜劇百戲之搬演無當大觀非關實學惟用以供有識臥游之萬一則亦或者小有補云且夫士抱雅志將以周游四達或爲采風問俗以弘教化或爲搜珍覓寶以充美觀或窮此墹兩界以察地形或訪聖賢名流以資師友或運有無貨遷以求贏羨或考羣方萬國山川形勝以證經傳子史之載

紀或探奇覽秀以寄襟懷以開神智諸如此類即有志焉而勢不無道里跋涉之勞舟車貲費之經營以至寇賊風波意外之警又往往足爲我虞矧人壽之幾何勢非假羽翮以翔遊或莫能遍歷八荒以畢吾一生壯游之願也茲賴後先同志出游寰宇合聞合見以成此書不出户庭可以周知遐邇在創聞者固未免或駭爲奇然而非奇實常或疑爲虛然而非虛皆實夫惟造物主之神化無量是故五方萬國之奇詭

不窮倘一轉念思厥所繇返本還原須臾不遠
區區之愚艮有見於此耳而淇園楊公雅相欣
賞又為訂其無揣梓以行焉要亦契余不忘昔
若吾友芹曝自獻之夙志而代終有成所願共
戴天履地者既幸宅是庭饗是燃觀是樂因而
邀流窮源衍來求本言念創設爰有一大千宇
而喟然照事之是惕則危言警稱庶其不貽譏
鈴之誚乎否則與聞其見如以炫燿耳目則偏
略何人而敢於學海名區也此役備是又與於

玩物喪志之甚者也

天啟三年歲在癸亥八月望日浙海艾儒略識

職方外紀首

西海 艾儒略 增譯
東海 楊廷筠 彙記

五大州總圖界度解

天體一大圜也地則圜中一點定居中心永不移動蓋惟中心離天最遠之處乃爲最下之處萬重所趨而地體至重就下故不得不定居於中心稍有所移反與天體一邊相近不得爲最下處矣古賢有言試使掘地可通以一物縋下至地中心必

止其足底相對之方亦以一物纔下至地中心亦必止可見天圜地方乃語其動靜之德非以形論也地既圓形則無處非中所謂東西南北之分亦過就人所居立名初無定準地度上與天度相應天有南北二極為運動樞兩極相距之中界為赤道平分天之南北其黃道斜與赤道相交南北俱出二十三度半日躔黃道一日約行一度自西而東奈為宗動天所帶是以自東而西一日一週天其日輪正交赤道際為春秋二分規南出赤道二

十三度半為冬至規北出赤道二十三度半為夏
至規黃道之樞與赤道之樞亦相離二十三度半
其周天之度經緯各三百六十地既在天之中央
其度悉與天同如赤道之下與南北二極之下各
二十三度半也又二極二至規外四十三度也分
為五帶其赤道之下二至規以內此一帶者日輪
常行頂上故為熱帶夏至規之北至北極規冬至
規之南至南極規此兩帶者因日輪不甚遠近故
為溫帶北極規與南極規之內此兩帶者因日輪

此照半年。故為冷帶。赤道之下。終歲晝夜均平。自赤道以北。夏至晝漸長。行十二時之晝有一月之晝。有三月之晝。直至北極之下。則以半年為一晝矣。往南亦然。以南北距度考之。其熱不得不然也。其在東西同帶之地。凡南北極出入相等者。晝夜寒暑節氣俱同。但其時則有先後。或差一百八十度則此地為子。彼地為午。或差九十度。則此地為子彼處為卯。餘可類推也。人居赤道之下者。平望南北二極。離南往北。每二百五十里。則北極出地一度。南極入地一度。行二萬二千五百里。則見北極正當人頂。出地九十度。而南極入地九十度。正對人足矣。從南亦然。此南北經度也。至于東西緯度則天體轉環無定。不可據七政量之。隨方可作初度。而天文家又立一法算之。以宗動天一周則日月行三百六十度。故每時得三十度。如兩處相差一時。則東西便離三十度也。今兩處觀月食各自不同。則知差一時者。其地方相離三十度。以此推之。東西之度可考驗矣。或但以里數考之。古來地理家俱從西洋最西處爲初度即以過福島子午規爲始彷天度自西而東十度一規以分東西之度故畫圖必先畫東西南北之規後考本地離赤道之南北福島之東西幾何度數乃置本地方位譬如中國京師先知離赤道以北四十度離福島以東一百四十三度即于兩經緯線相交處得京師本位也但地形既圓則畫圖于橫圓木毬方能肖像如畫于平面則不免或直剖之爲一圖或橫截之爲兩圖故全圖設爲二種一長如卵形南北

極居上下。赤道居中。一圓如盤形。南北極爲心。赤道爲界。又于二全圖外。另各設爲一圓。曰亞細亞。曰歐邏巴。曰利未亞。曰亞墨利加也。而墨瓦蠟尼加。則國土未詳。圖不另立。云圖中南北規。規相等。皆以二百五十里爲一度。赤道之度亦然。其離赤道平行東西諸規。則漸近兩極者。其規漸小。然亦分爲三百六十度。其里數以次漸狹。別有算法。今晝圖爲方者。其晝線不免于稍變。畢竟惟圓形之圖。乃得其眞也。

[illegible]一夕[illegible]

[illegible]乙修

許所臣孫[illegible]

亞細亞總說

亞細亞者天下一大州也人類肇生之地聖賢首出之鄉其地西起那多理亞離福島六十二度東至亞尼俺峽離一百八十度南起爪（九川過）哇在赤道南十二度北至氷海在赤道北七十二度所容國土不啻百餘其大者首推中國此外曰韃而靼曰回回曰印弟亞曰莫臥爾曰百兒西亞曰度兒格曰如德亞並此州鉅邦也海中有鉅島曰則意蘭

曰蘇門答剌。曰爪哇。曰渤泥。曰呂宋。曰馬路古。更有地中海諸島。亦屬北州界內。中國則居其東南。自古帝王立極。聖哲遞興。聲名文物。禮樂衣冠之美。與夫山川土俗。物產人民之富庶。遠近所共宗仰。其北極出地之度。南起瓊州。出地一十八度。北至開平等處。出地四十二度。從南涉北。共得二十四度。徑六千里。東西大抵略同。其距大西洋路幾九萬。開闢未始相通。但海外傳聞。尊稱之爲大知納。近百年以來。西舶往來貿遷。始闢其途。而又耶穌會中諸士幸復遍歷覯光。益習中華風土。今欲揄揚萬一。則一統志諸書舊已詳盡至中華朝貢屬國。如韃靼西番女直朝鮮琉球安南暹羅眞臘之類。俱悉一統志中。亦不復贅。故略撮職方之所未載者于左

韃而靼

中國之北。迤西一帶。直抵歐邏巴東界。俱名韃而靼。其地江河絕少。平土多沙。大半皆山。大者曰意貌。中分亞細亞之南北。其北皆韃而靼種也。氣候

極寒冬月無雨入夏微零僅濕土而已人性好鬼以病殁為辱人罕得遍歷其地亦無文字相通故未悉其詳然大率少城郭居室駕屋於車以便遷徙產牛羊騾駝嗜馬肉以馬頭為絕品貴者方得啖之道行飢渴即刺所乘馬瀝血而飲復嗜酒以一醉為榮國俗大都如此更有殊異不倫如夜行晝伏身蒙鹿皮懸尸於樹喜食蛇蟻蜘蛛者有人身羊足氣候寒極夏月層冰二尺者有長人善躍一躍三丈履水如行陸者有人死不葬以鐵索掛

屍於樹者。有父母將老。即殺食之。以爲念親之處。必葬於腹。而不忍委之丘隴者。此皆韃靼東北諸種也。迤西舊有女國。曰亞瑪作搦。最驍勇善戰。嘗破一名都曰厄弗俗。即其地建一神祠。宏麗奇巧。殆非思議所及。西國稱天下有七奇。此居其一。國俗惟春月容男子一至其地。生子。男輒殺之。今亦爲他國所併。存其名耳。又有地曰得白得。不以金銀爲幣。止用珊瑚。至大剛國。惟竹樹皮爲餅。如錢。印王號其上。以當幣。其俗國王死後。與其侍從幾

道逢人輒殺之謬謂死者可事其主也嘗有一王會葬殺人以萬計者此皆韃靼西北諸種也

回回

中國之西北出嘉峪關過哈密土魯番曰加斯加爾多高山產玉石二種出水中者極美出山石中者以薪火燒石迸裂乃鑿取之甚費工力牛羊馬畜極多因不啖豕諸國無豕自此以西曰撒馬兒罕曰華利哈大藥曰加非爾斯當曰杜爾格斯當曰查理曰加木爾曰古查曰蒲加剌得皆回回諸

國也其人多習武若商旅防寇非聚數百不可行亦有好學好禮者初宗馬哈默之教諸國多同後各立門戶互相排擊持戒亦有數端其大者在不得辯論教中事謂教如此立則當貞心順受雖理有未安弗敢也

印弟亞

中國之西南曰印弟亞即天竺五印度也在印度河左右國人面皆紫色其南土號天文頗識性學亦善百工技巧無筆札以錐畫樹葉爲書國王之

統例不世及。以姊妹之子爲嗣。親子弟給祿自贍。男子不衣衣。僅以尺布掩臍下。女人有以布纏首至足者。其俗士農工賈各世其業。最貴者曰婆羅門。次曰乃勒。大抵奉佛。多設齋醮。今沿海諸國與西客往來者。亦率奉天主正教。其地有加得山。中分南北。南半則山川氣候鳥獸蟲魚艸木之屬無不各極詭異。其地自立夏以至秋分。無日不雨。及是則片雲不合。酷暑難堪。惟日有涼風解之。其風自巳至申。從海西來。自亥至寅。從陸東來。艸木畢于常者不可屈指西友鄧儒望嘗游其國獲覩艸木生平未嘗見者至五百餘種其所產木以造舟極堅永不破壞多產椰樹爲天下第一良材幹可造舟車葉可覆屋實能療飢漿能止渴又可爲酒爲醋爲油爲餙糖堅處可削爲釘殼可盛飲食瓤可索綯種一木而一室之利畢賴之矣又有二奇木其一名陰樹花形如茉莉日晝不開至夜始放向晨盡落地矣國人好臥于樹下至蚤花覆滿身其一木不花而實人不可食其枝飄揚下垂附地

便生根若柱如是歲久結成巨林國人蔭其下無異屋宇至有容千人者其樹之中近原幹處則以供佛名菩薩樹鳥類最多有巨鳥吻能解百毒國中甚貴之一吻直金錢五十地產象異於他種能識人言土人或命負物至某地往輙不爽他國象遇之則蹲伏有獸名獨角天下最少亦最奇利未亞亦有之額間一角極能解毒此地恒有毒蛇蛇飲泉水水染其毒人獸飲之必死百獸在水次雖渴不敢飲必俟此獸來以角攪其水毒遂解百獸

始就飲焉勿搦祭亞國庫云有兩角稱爲國寶又有獸形如牛身大如象而少低有兩角一在鼻上一在頂背間全身皮甲甚堅銃箭不能入其甲交接處比次如鎧甲甲面舉硧如鯊皮頭大尾短居水中可數十日從小豢之亦可馭百獸俱懾伏尤憎象與馬偶値必逐殺之其骨肉皮角牙蹄糞皆藥也西洋俱貴重之名爲羅逹或中國所謂麒麟天祿辟邪之類其猫有肉翅能飛蝙蝠大如猫蛇種類極多大半俱毒地勢爲三角形末銳處濶不

百步東西氣候無不各極相反此晴則彼雨此寒則彼熱此風濤蔽天則彼穩如平地矣故海船有乘順風而過者至鋭處則行如拔山此南印度之尤異也。

莫卧爾

印度有五惟南印度尚仍其舊餘四印度皆為莫卧爾併矣莫卧爾之國甚廣分為十四道象至三千餘隻近百年内呑併鄰國甚多嘗攻西印度其西印度王統兵五十萬馬十五萬象二百每象負

一木臺。容人可二十。又載銃千門。其大者四門。每門駕牛二百。又盛載金銀滿五十巨甖。以禦之。不勝。盡爲莫卧爾王所獲。又東印度有大河名安日國人謂經此水一浴。所作罪業。悉得消除。五印度之人。咸往沐浴。冀得滅罪生天也。其東近滿剌加處。國人各奉四元行之一。死後各用本行葬其屍如奉土者入土。奉水火者。投水火。至奉氣者。則懸掛尸於空中。亦大異也。

百爾西亞

印度河之西有大國曰百爾西亞。太古生民之始，人類聚居，言語惟一。自洪水之後，機智漸生，人心好異，即其地創一高臺，欲上窮天際。天主惻其長傲，遂亂諸人之語音為七十二種，各國其語，散厥五方。至今其址尚在，名曰罷百爾，譯言亂也，謂亂天下之言也。百爾西亞之初，為罷鼻落你亞，幅幀甚廣，都城百二十門，乘馬疾馳，一日未能周也。國中有一苑囿，造於空際，下以石柱擎之，上承土石，凡樓臺池沼艸木鳥獸之屬，無不畢具。大復踰於

一邑。天下七奇。此亦一也。後其國爲百爾西亞所
併。遂稱今名。至今强大。國王曾建一臺。純以所殺
囘囘頭纍之。臺成。髑髏幾五萬。廿年前。其國主好
獵。一圍獲鹿至三萬。欲傚其事。亦聚其首爲臺。今
尚存也。又東近撒馬兒罕界。一塔皆以黃金鑄成。
上頂一金剛石。如胡桃。光夜照十五里。其地江河
極大。有一河發水。水所及處。即生各種名花。南有
島。曰忽魯謨斯。在赤道北。二十七度。其地悉是鹽。
否則硫黃之屬。艸木不生。鳥獸絕跡。人若皮履過

雨過履底一日輙敗多地震氣候極熱人須坐臥水中沒至口方解又絕無淡水勺水亦從海外載至其艱如此因其地居三大州之中凡亞細亞歐邏巴利未亞之富商大賈多聚此地百貨騈集人烟輻輳凡海內極珍奇難致之物往輙取之如寄土人嘗言天下若一戒指此地則戒指中之寶物也

度爾格

百爾西亞西北諸國皆爲度爾格所併內有國曰

亞刺比亞中有大山名西乃上古之世天主垂訓下民召一聖人美瑟於此山賜以十誡著於石版左板三戒右板七戒今所傳十誡是也土產金銀極精亦多寶石地在二海之中氣候常和一歲再熟有樹如橡栗夜露降其上所凝為飴晨取食之極甘美更產百物供豊自古稱為福土其地有沙海廣二千餘里沙乘大風如浪行旅過之偶為沙浪所壓倏忽上成丘山凡欲渡者須以羅經定方向測道理又須備糧糗及兼旬之水乘以駱駝駝

行甚疾，可月馳四五百里。又耐渴，一飲可度五六月。其腹容水甚多，客或乏水，則剖駝飲其腹中水。傳聞有鳥名弗尼思，其壽四五百歲，自覺將終，則聚乾香木一堆，立其上，待天甚熱，搖尾燃火自焚矣。骨肉遺灰，變成一蟲，蟲又變為鳥，故天下止有一鳥而已。西國言人物奇異無兩者，皆謂之弗尼思云。其西北舊有瑣奪馬、古極富厚，名於西土。因恣男色之罪，天主降之重罰，命天神下界，止導一聖德士名落得者及其家人出聽，遂降火盡焚其國。至今小石遇火卽燃。臭惡不可近。產一果。如橘柚。形色鮮妍可玩。破之。則臭煙而已。其地有一海長四百里。廣百里。水味極鹹。性凝結不生波浪。常湧大塊如松脂。不能沉物。雖用力按抑。不能入。曾有國王異之。往觀。命人沉水試之。終不可入。海色一日屢變。日光炫燿。文成五色。因其不生水族。故命曰死海。度兒格之西北。曰那多理亞國。有山多瓊石。國人嘗往鑿之。至一石穴。見石人無筭。皆昔時避亂之民。穴居於此。死後爲寒氣所凝。漸化爲石。其地西界歐邏巴處中隔海寬五里許昔有一名王曰失蘭塞者造一跨海石梁通連兩地今爲風浪衝擊亦崩頹矣又有地名際剌產異羊羊之絨輕細無比雨中衣之略不沾濡即漬以油毫不汚染也一種異犬性好竊衣履巾帨之屬稍不慎輒爲竊匿矣有山生草木皆香過之則香氣馥郁襲人衣裾。

如德亞 古名拂林又名大秦唐貞觀中曾以經像來賓有景教流行碑刻可考

亞細亞之西近地中海有名邦曰如德亞此天主

開闢以後肇生人類之邦。天下諸國載籍上古事蹟。近者千年、遠者三四千年而上、多茫昧不明、或異同無據、惟如德亞史書自初生人類至今將六千年、世代相傳、及分散時候、萬事萬物造作原始悉記無訛、諸邦推為宗國。地甚豐厚、人烟稠密、是天主生人最初賜此沃壤、其國初有大聖人曰亞把刺杭、約當中國虞舜時、有孫十二人、支族繁衍天主分為十二區、厥後生有聖賢、世代不絕、故其人民百千年間、皆純一敬事天主、不為異端所惑其國王多有聖德，乃天主之所簡命也。至春秋時，有二聖王，父曰大味得，子曰撒剌滿，嘗造一天主大殿，皆金玉砌成，飾以珍寶，窮極美麗，其費以三十萬萬。其王德絕盛，智絕高，聲聞最遠，中國所傳謂西方聖人，疑即指此也。此地從來聖賢多有受命天主，能前知未來事者。國王有疑事，必從決之。其聖賢竭誠祈禱，以得天主默啟，其所前知悉載經典，後來無不符合。經典中第一大事，是天主降生救拔人罪，開萬世升天之路，預說甚詳，後果降生於如德亞白德稜之地。名曰耶穌。譯言救世主也。在世三十三年。教化世人。所顯神靈聖蹟。甚大且多。如命瞽者明。聾者聽。啞者言。跛者行。病者起以至死者生之類。不可殫述。有宗徒十二人。皆耶穌縱天之能。不假學力。即通各國語言文字。其後耶穌肉身升天。諸弟子分散萬國。闡明經典。宣揚教化。各著神奇事蹟。亦能令病者即愈。死者復生又能驅逐邪魔。緣此時天下萬國人。率爲邪魔誘惑。不遵天主正教。妄立邪主。各相崇奉。其所奉像又諸國不同不止千萬自天主降生垂教乃始曉悟眞理絕其向所崇信惡教而敬信崇向於一天主焉。所化國土如德亞諸國爲最先延及歐邏巴利未亞大小千餘國歷今千六百餘年來。其國皆久安長治。其人皆忠孝貞廉男女爲聖爲賢不可勝數。玆爲畧述教中要義數端。一曰天地間至尊至大爲人物之眞主大父者。止有其一不得有二一者即天主上帝而已其全智全能全善浩無窮際。萬神人物皆係天主所造。又恒賴其保持安養凡人禍福修短皆其主宰故吾人所當敬畏愛慕者獨有一天主也此外或神或人但能教人純一以事天主所爲善人吉神若以他道誘人求福免禍是僭居天主之位而明奪其權也其爲凶神惡人無疑祟信祭祀此類者不免獲罪一曰天地間惟一天主爲眞主故其聖教獨爲眞教從之則令人行眞善而絕不爲惡可升天堂永脫地獄若他教乃是人所建立斷未有能行眞善免罪戾而升天堂脫地獄者一曰人有形軀有靈魂形軀可滅

靈魂不可滅。人在世時可以行善可以去惡。一至命終。人品已定。永不轉移。天主於時。乃審判而賞罰之。其人純一敬事天主。及愛人如己。必升天叅配天神及諸聖賢。受無窮眞福。若不愛信天主。違犯教戒者。必墮地獄。永受苦難也。其苦樂永永無改。更無業盡復生爲人及輪迴異類等事。故實欲升天堂。脫地獄。只在生前實能爲善去惡。無他法也。一曰。人犯一切大小過惡。皆得罪於天主者也故惟天主能赦宥之。非神與人所能赦。亦非徒誦念徒施舍所能贖也。今人生孰能無過。欲求赦宥。必須深悔前非。勇猛遷改。故初入教。先悔罪有拔地斯摩之禮。既重犯求解罪。有恭棐桑之禮。遵依聖教守戒祈求。必獲赦宥。不然。一生罪過無法可去。地獄無法可脫也。所以教中要義。望人真能改過遷善。以獲赦免。而享升天真福。自有專書備論云。如德亞之西。有國名達馬斯谷。產絲綿絨罽刀劍顏料極佳。城有二層。不用磚石。是一活樹糾結無隙。甚厚而高峻。不可攀登。天下所未有也。土人

製一藥甚良名的里亞加能治百病尤解諸毒有試之者先覓一毒蛇咬傷毒發腫脹乃以藥少許啖之無弗愈者各國甚珍異之

則意蘭 以下皆海島

印弟亞之南有島曰則意蘭離赤道北四度人自幼以環繫耳漸垂至肩而止海中多珍珠江河生猫睛昔泥紅金剛石等山林多桂皮香木亦產水晶嘗琢成棺以歛死者相傳爲中國人所居今房屋殿宇亦頗相類西有小島總名馬兒地襪不下

數千悉爲人所居。海中生一椰樹其實甚小。可療諸病。

蘇門答剌 一名須文達那

蘇門答剌地度十餘度跨於赤道之中。至濕熱他國人至者多病。君長不一。其地產金甚多。向稱金島亦產銅鐵錫及諸色染料有大川有油泉可取爲油。多沉香龍腦金銀香椒桂人強健習武恒與敵國相攻殺多海獸海魚時登岸傷人其東北瀕剌加國地不甚廣而爲海商輻輳之地正居赤道下。春秋二分。正當於人頂。氣候極熱。無日不雨。故人可居之。產象及胡椒多佳果木。終歲不絕。人良善。不事生業。或彈琵琶閒游而已。

瓜哇

瓜哇大小有二。俱在蘇門答剌東南。離赤道南十度海島。各自有主。多象。無馬騾。僅產香料蘇木象牙之屬。不用錢。以胡椒及布為貨幣。人奸宄兇急。好作魘魅妖術。諸國每爭白象。即治兵相攻擊。爭白象者。白象所在。即為盟主也。

渤泥

渤泥島在赤道下出片腦極佳以燃火沉水中火不滅直焚至盡有獸似羊似鹿名把雜爾其腹中生一石能療百病西客極貴重之可至百換國王籍以爲利

呂宋

廣州之東南爲呂宋其地產一鷹有鷹王飛則衆鷹從之或得禽獸俟鷹王先取其睛然後羣鷹方啖其肉又有一樹百獸不得近之一過其下即斃

矣。

馬路古

呂宋之南有馬路古無五穀出沙谷米是一木磨粉而成產丁香胡椒二樹天下絕無惟本處折枝挿地即活性最熱祛濕氣與水酒同貯旋即吸乾樹傍不生他艸土人欲除艸莱惟折其枝揷地艸立稿矣又產異羊牝牡皆有乳有大龜一殼可容一人或用為盾以禦敵。

地中海諸島

亞細亞之地中海有島百千。其大者一曰哥阿島。曩國人盡患疫。有名醫名依卜加得不以藥石療之。令城內外遍舉大火。燒一晝夜。火息而病亦愈矣。蓋疫爲邪氣所侵。火氣猛烈。能盪滌諸邪。邪盡而疾愈。亦至理也。一曰羅得島。天氣常清明。終歲見日。無竟日陰霾者。其海畔嘗鑄一鉅銅人。高踰浮屠。海中築兩臺以盛其足。風帆直過跨下。其一指中可容一人直立。掌托銅盤。夜燃火於內。以照行海者。鑄十二年而成。後爲地震而崩。國人運其銅、以駱駝九百隻往負之。一曰際波里烏、物產極豐、每歲國賦至百萬、葡萄酒極美、可度八十年。又出火浣布。是煉石而成、非他物也。地熱少雨、常連晴三十六年。土人散往他國、今稍稍湊集矣。

職方外紀卷之一終

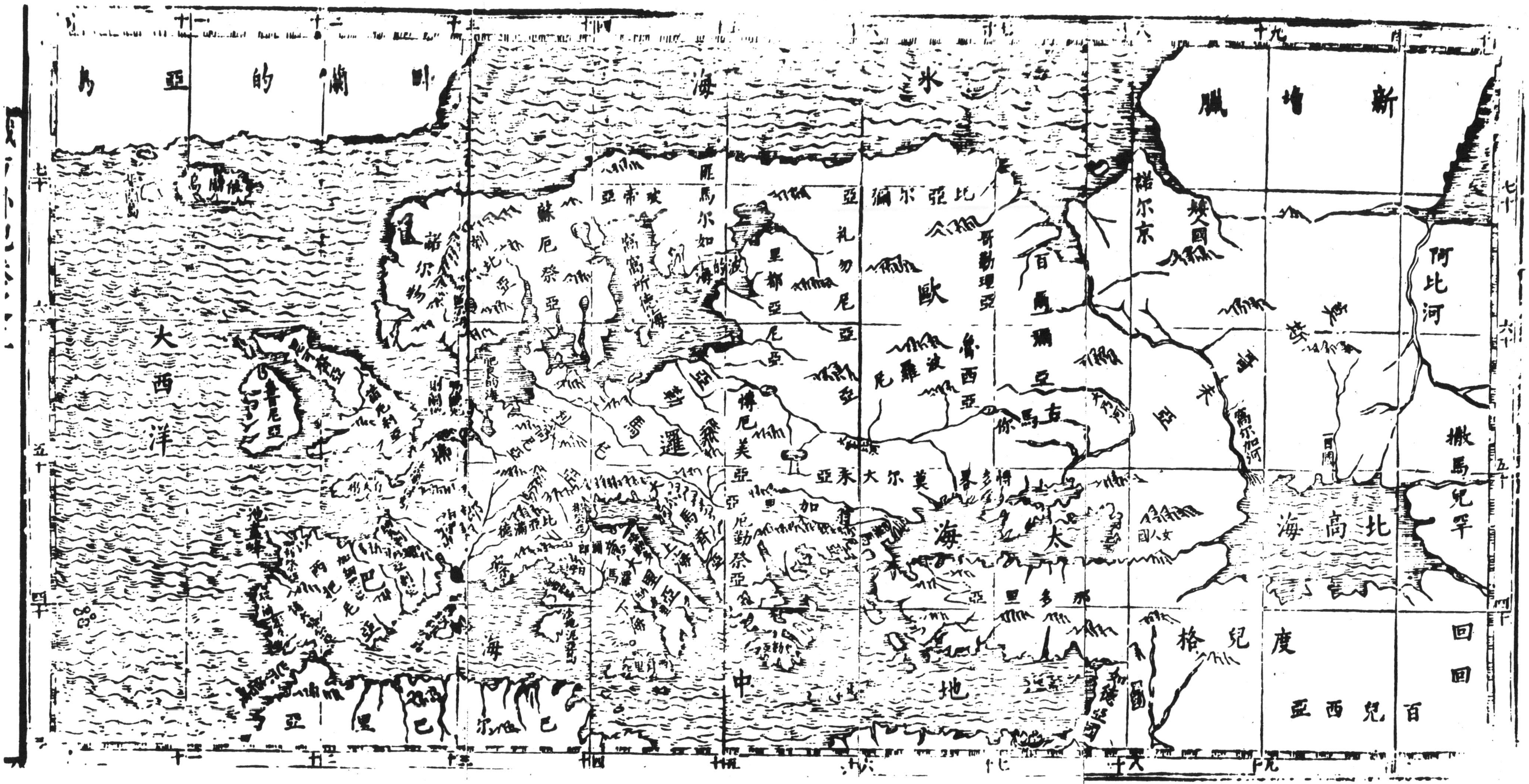
新增臘
氷海
大西洋
比亞尔彌亞
莫尔大未亞
北高海
撒馬兒罕
阿比河
回回
百兒西亞

職方外紀卷之二

歐邏巴總說

天下第二大州名曰歐邏巴。其地南起地中海北極出地三十五度北至冰海出地八十餘度南北相距四十五度徑一萬一千二百五十里西起西海福島初度東至阿比河九十二度徑二萬三千里共七十餘國。其大者。曰以西把尼亞曰拂郎察曰意大里亞曰亞勒馬尼亞曰法蘭得斯曰波羅尼亞曰翁加里亞曰大尼亞曰雪際亞曰諾勿惹

亞曰厄勒祭亞曰莫斯哥未亞其地中海則有并的亞諸島西海則有意而蘭大諳厄利亞諸島云

凡歐邏巴州內大小諸國自國王以及庶民皆奉天主耶穌正教纖悉異學不容竄入國主互為婚姻世相和好財用百物有無相通不私封殖其婚娶男子大約三十女子至二十外臨時議婚不預聘通國之中皆一夫一婦無敢有二色者土多肥饒產五穀來麥為重果實更繁出五金以金銀銅鑄錢為幣衣服蠶絲者有天鵝絨織金段之屬羊

氈者有毯罽鎖哈剌之屬。又有苧蔴之類名利諾者。爲布。絕細而堅。輕而滑。大勝棉布。做則可搗爲紙。極堅韌。今西洋紙。率此物。君臣冠服各有差等。相見以免冠爲禮。男子二十已上。槩衣青色。兵士勿論。女人以金寶爲飾。服御羅綺。佩帶諸香。至四十及未四十而寡者。卽屏去。衣素衣。酒悉以葡萄釀成。不雜他物。其酒可積至數十年。常生子之年釀酒。至兒年三十。娶婦時。用之。酒味愈美。諸種不同。無葡萄處。或用牟麥釀之。其宵酒之類味亦而用多者曰阿利襪是樹頭之果熟後即全為油其生最繁又易長平地山岡皆可栽種國人以法制之之最饒風味食之尚頗生津在橄欖馬金囊之上其核又可為炭滓可為餧葉可食牛羊此國人所稱貴產者大小麥第一葡萄酒次之阿利襪油又次之蓄牛羊者為下其國俗雖多酒但會客不以勸飲為禮偶兆醉者終身以為詬辱飲食用金銀玻璃及磁器天下萬國坐皆席地惟中國及歐邏巴諸國知用椅卓其屋有三等最上者純以石砌

其次磚爲牆柱，木爲棟梁，其下土爲牆，木爲梁柱，石屋磚屋築基最深，可上累六七層，高至十餘丈，地中亦有一層，既可窖藏，亦可除濕氣，或用鉛或輕石板或陶瓦。凡磚石屋，皆歷千年不壞，牆厚而實，外氣難通，冬不寒而夏不熱，其工作，如木工、石工、畫工、塑工、繡工之類，皆頗知度數之學，製造備極精巧。凡爲國工者，皆考選用之。其駕車，國王用八馬，大臣六馬，其次四馬，或二馬，乘載騾馬驢亦用。戰馬皆用牡，騸過則弱，不堪戰。又良馬非但大麥及稈。不雜他艸及豆。食豆者足重不可行。此歐邏巴飲食衣服宮室製度之大略也。

歐邏巴諸國皆尚文學。國王廣設學校。一國一郡有大學中學。一邑一鄉有小學。小學選學行之士爲師。中學大學。又選學行最優之士爲師。生徒多者至數萬人。其小學曰文科。有四種。一古賢名訓。一各國史書。一各種詩文。一文章議論。學者自七八歲學至十七八。學成。而本學之師儒試之。優者進於中學。曰理科。有三家。初年學落日加。譯言辯

是非之法。二年學費西加譯言察性理之道。二年
學默達費西加譯言察性理以上之學。總名斐錄
所費亞學成。而本學師儒又試之優者進於大學
乃分為四科。而聽人自擇。一曰醫科主療病疾。一
曰治科主習政事。一曰教科主守教法。一曰道科
主興教化皆學數年而後成。學成而師儒又嚴考
閱之。凡試士之法。師儒羣集於上。生徒北面於下
一師問難畢。又輪一師。果能對答如流然後取中
其試一日止一二人。一人遍應諸師之問。如是取

中使許任事學道者專務化民不與國事治民者秩滿後國王遣官察其政績詳訪于民間凡所爲聽理詞訟勸課農桑興革利弊育養人民之類皆審其功罪之實以告於王而黜陟之凡四科官祿入皆厚養廉有餘尚能推惠貧乏絕無交賄行賂等情其諸國所讀書籍皆聖賢撰著從古相傳而一以天主經典爲宗即後賢有作亦必合于大道有益人心乃許流傳國內亦專設檢書官看詳羣書經詳定訖方准書肆刊行故書院積書至數十

萬卷冊容一字蠱惑人心敗壞風俗者其都會大地皆有官設書院聚書於中日開門二次聽士子入內抄寫誦讀但不許攜出也又四科大學之外有度數之學曰瑪得瑪第加亦屬斐錄所科內此專究物形之度與數度其完者以為幾何大數其截者以為幾何多二者或脫物而空論之則數者立筭法家度者立量法家或體物而偕論之則數者在音相濟為和立律呂家度者在天迭運為時立曆法家此學亦設學立師但不以取士耳此歐

邏巴建學設官之大略也。

歐邏巴國人奉天主正教在遵持兩端其一愛敬天主萬物之上其一愛人如己愛敬天主者心堅信望仁三德而身則勤行瞻禮工夫其瞻禮殿堂自國都以至鄉井隨在建立復有掌教者專主教事人皆稱爲神父俱守童身屏俗緣純全一心敬事天主化誘世人其殿堂一切供億皆國王大臣民庶轉輸不絕國人羣往歸焉每七日則行公共瞻禮名曰彌撒此日百工悉罷通國上下往焉聽

掌教者講論經典勸善戒惡女婦則另居一處而
聽男女有別其愛人如已一是愛其靈魂使之爲
善去惡盡享生天之福二是愛其形軀如我不慈
人天主亦不慈我故歐邏巴人俱喜施捨千餘年
來未有因貧鬻子女者未有飢餓轉溝壑者在處
皆有貧院專養一方鰥寡孤獨處其中者又各有
業雖殘疾之人亦不廢如瞽者運手足跛者運耳
目各有攸當務使曲盡其才而不爲天壤之廢物
又有幼院專育小兒爲貧者生兒累之無力殺之

有罪故特設此院令人撫育以全兒命其族貴而家貧者恥于送子入院更有兩全之法其院穴牆以設轉盤內外隔絕不相見送兒者乘人不見置兒盤中扣牆則院中人轉兒入矣其胷領洗與否皆明記兒胸與時父母復欲收養則按所入之年月便得其子又有病院大城多至數十所有中下院處中下人有大人院處貴人凡貴人若羇旅若使客偶患疾病則入此院院倍美于常屋所需藥物悉有主者掌之預備名醫與病者診視復有

衣衾帷幔之屬調護看守之人病愈而去貧者量給資斧此乃國王大家所立或城中人併力而成月輪一大貴人總領其事凡藥物飲食皆親自驗視之各城邑遇豐年多積米麥飢歲以常價糶之如所謂常平倉者人遇道中遺物或獸畜之類必覓其主還之弗得主則養之國中錄年數日定一公所認識遺畜失者與得者偕來會集如遇原主則聽其領去如終弗得主則或宰肉或貨價以救貧人若拾金銀寶物則書于天主堂門外令人來

識。先令預言其狀。如一一符合。即以還之。不得主

亦散于貧乏之國中。又有天理堂。選盛德弘才。無求

于世者主之。凡國家有大舉動。大征伐。必先質之

此堂。問合天理與否。擬以為可。然後行之。國人病

危悔過祈赦。則分析產業。遺一分為仁用。或以救

貧乏。或以助病院。或以贖敵國所虜。或以修飾天

主殿庭。一切仁事。悉從病人之意。遺于子孫。謂子

孫之財。遺於仁用。謂己靈魂之財。其聖教中人。更

有慕道最深。拋棄世間福樂。或避居於山谷。或入

聖人聖女所立之會而畢世修持者其入會須發三誓一守貞以絕色一安貧以絕財一從命以絕意凡歐邏巴諸國從十六七歲願入會中矢守童身者自國王大臣宗室以下男女不可勝紀其女子入會後惟父母至戚得往見之餘絕不相交接其會中居室原極弘敞亦自不得遊息也其男子入會例有多端有專自修不務化人者有務化人不能遠游者又有化人而欲及天下者此則離本國捐朋友棄親戚遍歷遐方其視天下猶一家視

天下人犹一體，不辭險阻艱辛，雖啖人炙人之地亦身歷焉。惟祈普天之下，皆識眞主而救其靈魂升天，以畢素志。此歐邏巴敬天愛人之大畧也。

歐邏巴諸國賦稅不過十分之一，民皆自輸，無徵比催科之法。詞訟極簡，小事，里中有德者自與和解，大事乃聞官府。官府聽斷，不以己意裁決，所憑法律條例，皆從前格物窮理之王所立，至詳至當。官府必設三堂，詞訟大者，先訴第三堂；不服，告之第二堂；又不服，告之第一堂；終不服，則上之國堂。

經此堂判後。人無不聽於理矣。訟獄皆據實。証告則告者與証見。即以所告之罪坐之。若告者與訴者指言証見是仇。或生平無行。或嘗經酒醉。即不聽爲証者。凡官府判事。除實犯真贓外。亦不先事加刑。必俟事明罪定。招認允服。然後刑之。官亦始終不加罵詈。即詞色略有偏向。訟者亦得執言不服。改就他官聽斷焉。吏胥僚隸亦出于詞訟。但因事大小。以爲多寡。立有定例。刊布若前。不能多取。故官府無恃勢剝奪。吏胥無舞文詐官。此歐邏

巴刑政之大略也封內雖無戰鬬其有邪教異國
恃强侵侮不可德馴如韃而勒度爾格等者本國
除常設兵政外又有世族英賢智勇兼備者嘗以
數千人結爲義會大抵一可當十皆以保國護民
爲志其初入會者試果不憚諸艱方始聽入焉會
在地中海馬兒達島長者王之遇警則鳩集成師
而必能滅寇成功他國亦有別會俱彷彿乎此即
國王亦有與其會者此又歐邏巴武備之大略也

以西把尼亞

歐邏巴之極西曰以西把尼亞南起三十五度北至四十度東起七度西至十八度周一萬二千五百里壃域徧跨他國世稱天下萬國相連一處者中國爲冠若分散於他域者以西把尼亞爲冠以西把尼亞本地三面環海一面臨山山曰北勒搦何產駿馬五金絲綿細絨白糖之屬國人極好學有共學在撒辣蔓加與亞而加辣二所遠近學者聚焉高人輩出著作甚富而陸禄日亞與天文之

學尤精古一名賢曰多斯達篤者居俾斯玻之位著書最多壽僅五旬有二所著書籍並始生至卒計之每一日當得三十六章每章二千餘言盡屬奥理後人繪彼像兩手各持一筆章其勤敏也又有一王名亞豐肅者好天文曆法精研諸天之運列宿之躔撰成曆學全書世傳歲差本原皆其考定製爲一定圖象爲今曆家大用又將國典分門定類爲七大部法紀極備復取天主古今經籍有註疏者不下千餘卷遍閱至十有四次又纂本國

自古史書。夫既身親國政。又傍及著述種種如此。後世稱曰賢者之王。宜矣。此國人自古虔奉天主聖教。最忍耐。又剛果。且善遠游海上。曾有遶大地一周者。國中有二大名城。一曰西未利亞。近地中海。為亞墨利加諸船所聚。金銀如土。奇物無數。又多阿利襪果。有一林。長五百里者。一名多勒多城在山之巔。取山下之水。以供山上。其運水甚艱。近百年內。有巧者製一水器。能盤水直至山城。而絕不賴人力。其器晝夜自能轉動也。又有渾天象共大如屋人可以身入於其中見各重天之運動其度數皆與天合相傳製此象者注想十七年造作三年曾未重作一輪其境內有河曰寡第亞納伏流地中百餘里空若橋梁其上爲牧場畜牛羊無算有塞惡未亞城之井泉遙從遠山遞水架一石梁梁上作水道鑿以石柱綿亘數十里又一都城悉皆火石砌成故本國有言以西把尼亞有三奇有一橋萬羊牧其上有一橋水流其上有一城以火爲城池也國中奉天主之堂雖多而最著者

有三。一以奉雅歌默聖人。爲十二宗徒之一。首傳聖教於此國。國人尊爲大師大保主。四方鄰國之人。多至此瞻禮。一在多勒多城。創建極美。中有金寶祭器不下數千。有一精巧銀殿。高丈餘。潤丈許內有一小金殿。高數尺。其工費。又倍多于本殿金銀之數。其黃金。乃國人初通海外亞墨利加。所攜來者貢之于王。王用以供天主耶穌者。近來國主又造一瞻禮大堂。高大奇巧無比。修道之士環居焉。其內可容三國之王。水泉四十餘處。堂前有古王像六位每位高一丈八尺乃黑白玉琢成者堂內有三十六祭臺中臺左右有編簫二座中各有三十二層每層百管管各一音合三千餘管凡風雨波濤嘔吟戰鬬與夫百鳥之聲皆可模倣眞奇物也又有書堂潤三十步長一百八十五步周列諸國經典書籍種種皆備卽海外額勒濟亞國之古書亦以海船載來貯於此處其地原係曠野山林後因造此堂爲工伍集七年遂成一城云以西把尼亞屬國大者二十餘中下共百餘其在最西

者曰波爾杜瓦爾分爲五道向有本王後因王之嗣
以西把尼亞之君係其昆仲乃權署其國事焉其
境內大河曰得若經都城里西波亞入海故四方
商船皆聚都城爲歐邏巴總會之地也土產果實
絲綿極美水族亦繁所出土產葡萄酒最佳所過
海至中國者不損壞國中共學二所曰阨物辣曰
哥應拔其講學名賢曾經國王所聘雖已輟講亦
終身給祿不絕歐邏巴商人多出此學近有耶穌
會士蘇氏若陸祿日亞者最精最廣超數百年名

賢之上。其德更邁於文國都人行　地界兩河間周圍僅七百里。而高士聚會修道之所有一百三十處。又有天主堂二千四百八十所。水泉二萬五千。大方石橋二百。通海大市六處。由此可見其地之豐厚也。侯家苑囿有周數十里者。各種禽獸。花物其中異國名王過其地者往射獵焉。隨處立有仁會遍恤孤寡煢獨。或給衣食。或助貲賄。或保護其家。或殮死者。商船至。或有死而無主者。則為收其行李。訪其親戚還之。種種仁事。他國雖各有倣莫如此中之盛。此外國王隨處遣官專撫恤孤子。理其家產。廣其生殖。長則還所有。且增益焉。歐邏巴初通海道。周經利未亞過大浪山。抵小西洋而至中國貿遷者從此國始。詳見別紀

拂郎察

以西把尼東北爲拂郎察。南起四十一度。北至五十度。西起十五度。東至三十一度。周一萬一千二百里。地分十六道。屬國五十餘。其都城名把理斯設一共學。生徒嘗四萬餘人。併他方學共有七所

又設社院以教貧士。一切供億皆王主之。每士計費百金。院居數十人。其五十五處中古有一聖王名類斯者。惡回回佔據如德亞地。初興兵伐之。始制大銃。因其國在歐邏巴內。回回遂槩稱西土人爲弗郎機。而銃亦沿襲此名。是國之王。天主特賜寵異。自古迄今之王。皆賜一神能。以手撫人瘰癧應手而愈。至今其王每歲一日療人。先期齋戒三日。凡患此疾者。遠在萬里之外。預思集天主殿中國王舉手撫之。祝曰。王者撫汝。天主救汝。撫百人百人愈。撫千人。千人愈。其神異如此。國王元子。洲有土地。供其祿食。不異一小王。他國不爾也。國土極膏腴。物力豐富。居民安逸。有山出石鹽色質脆可鋸爲板。嘗取覆屋。國人性情溫爽。禮貌周全。尚文好學。都中梓行書籍繁盛。甚有聲聞。又奉教甚篤。所建瞻禮天主與講道殿堂。大小不下十萬。初傳教於此國者。原係如德亞國聖人辣雜琭。乃當時已死四日。蒙耶穌恩造命之復活。卽此人也。

意大里亞

拂郎察東南爲意大里亞。南北度數自三十八至四十六。東西度數自二十九至四十三。周圍一萬五千里。三面環地中海。一面臨高山。名牙而白。又有亞伯尼諾山横界於中。地產豐厚。物力十全。四達之人輻輳於此。昔有一千一百六十六郡。其最大者曰羅瑪。古爲總王之都。歐邏巴諸國皆臣服焉。城周一百五十里。地有大渠名曰地白里。穿出城外百里以入於海。四方商舶悉輪珍寶駢集此渠。自古名賢多出此地。曾建一大殿。圜形。寛大壯麗無比。上爲圓頂。悉用磚石，磚石之上，復加鉛板，當屋頂之正中，鑿空二丈餘，以透天光，顯其巧妙，供奉諸神於內。此殿至今二千餘年尚在也。耶穌升天之後，聖徒分走四方布教，中有二位，一伯多琭。一寶祿。皆至羅瑪都城講論天主事理。人多信從。此二聖之後，又累有盛德之士，相繼闡明。至於總王公斯瑺丁者，欽奉特虔，誥改前奉邪神之宇爲瞻禮諸聖人之殿。而更立他殿以奉天主，至今存焉。教皇即居於此，以代天主在世主教，自伯多琍至今一千六百餘年。相繼不絕。教皇皆不婚娶。亦無世及之事。但憑盛德輔弼大臣公推其一而立焉。歐邏巴列國之王。雖非其臣。然咸致敬盡禮稱為聖父神師。認為代天主教之君也。凡有大事莫決。必請命焉。其左右當備列國才全德備或即王侯至戚五六十人分領教事。此羅瑪城奇觀甚多。聊舉數事。宰輔之家有一名苑。中造流觴曲水機巧異常。多有銅鑄各類禽鳥。遇機一發。自能鼓翼而鳴。各有本類之聲。西樂編簫最有巧音。然亦多假人工風力成音。此苑中有二編簫。但置水中。機動則鳴。其音甚妙。此外又有高大渾全石柱。外周盡鏤古來王者形像故事。燦然可觀。其內則空虛可容幾人。登躋上下。如一塔然。仍多球聖人之殿。悉用精石製造。花素奇巧。寬大可容五六萬人。殿高處。視在下之人。如孩童然。城中有七山。其大者曰瑪山。人烟最稠密。第若無泉通來。造一高梁長六十里。梁上立溝。接其遶山之水。如通流河也。有水泉。飲之。其味與乳無異。汲之不竭。蓄之不溢。

近地曰羅肋多。一聖殿。即昔日聖母瑪利亞親身所居之室、此室舊在如德亞國。後為回回竊據、天神凌空移至此地。越海七千餘里、國人共致崇飾。恐失其舊、因周以玉牆、覆以大殿今逢聖母誕日、行旅來朝者常至數萬人。儒略嘗親詣此殿。今已屹然鉅鎮矣其西北為勿搦祭亞。無國王、世家共推一有功德者為主。城建海中。有一種木為樁、入水千萬年不腐、其上鋪石造室、復以磚石為之備極精美城內街衢。俱是海。兩傍可通陸行、城中有艘二萬又有一橋梁極濶上列三街俱有民居間隔了不異城市其高又可下度風帆國中精于造舟預庀物料一舟指顧可成他方賈客爭至其處閱視一兩時其工已成一巨舫可以航海者矣所造玻璃極佳甲于天下有勿里諾湖在山嶺從石峽瀉下聲如迅雷聞五十里飛泉噴沫成珠日光耀之恍惚皆虹霓狀有一異泉出山石中不拘何物墜於其內半月便生石皮周裹其物又有沸泉有溫泉沸泉常沸高丈餘不可染指投諸物于內

頃刻便可糜爛矣。溫泉。女子或浴或飲。不生育者育。能育者多乳。所產鐵鑛掘盡。踰二十五年復生。第在本土。任加火力。鐵終不鎔。之他所始鎔。其南爲納波里。地極豐厚。君長極多。有火山。晝夜出火爆石。噴射他方。恒至百里外。昔一名士。欲窮其故。近其山。爲火燎死。後移一聖人遺骸至本國。其害遂息。有一城名亞既諾。聖人多瑪斯著陸錄曰亞者生於此地。又地名哥生濟亞。有兩河。一河濯髮則黃。濯絲則白。一河濯絲髮俱黑。其外有博樂業城因多公學名爲學問之母昔有二大家爭爲奇事。一家造一方塔高出雲表以爲無復可踰。一家亦建一塔與前塔齊第彼塔直聳此則斜倚若傾而今已歷數百年未壞危聳者反將頹矣又有城名把都亞中有公堂縱二百步橫六十步上爲樓覆以鉛瓦而中間不立一柱又把兒瑪一堂廣可馳馬亦無一柱惟以梁如人字相倚尋丈至盈尺皆然上壓愈重則下挺持愈堅也從納波里至左里城有石山相間隔因人穴山以通道長可四五里。廣可容兩車。對視則如明星。又有地出火。四周皆小山。山洞甚多。入內皆可療病。又各主一疾。如欲得汗者入某洞。則汗至。欲除濕者入某洞則濕去。因有百洞。遂名曰一百所。此皆意大里亞屬國也。其大者六國。俱極富庶。西諺嘗曰。羅瑪爲聖。勿搦祭亞爲富。彌郎爲大。那坡里爲華。熱孥亞爲高。福楞察爲整。各有專書備論。意大里亞之名島有三。一西齊里亞。地極豐厚。俗稱國之倉之庫之魂。皆美其富庶也。亦有大山噴火。不絕百年前其火

特異火燼直飛踰海達利未亞境。山四周多艸木
積雪不消。常成晶石。亦有沸泉如醋物入便黑其
國人最慧善談論西土稱為三舌人。最精天文造
日晷法自此地始有巧工德大禄者造百鳥自能
飛即微如蠅虫亦能飛更有天文師名亞而幾墨
得者有三絕嘗有敵國駕數百艘臨其島國人計
無所出巳則鑄一巨鏡映日注射敵艘光照火發
數百艘。一時燒盡又其王命造一航海極大之舶
舶成將下之海計雖傾一國之力用牛馬駱駝千

萬莫能運舟幾畢得營運巧法令王一舉手舟
如山岳轉動須臾下海矣又造一自動渾天儀十
二重層層相間七政各有本動凡日月五星列宿
運行之遲疾一一與天無二其儀以玻璃為之重
重可透視真希世珍也其傍近有馬兒島不生毒
物即蛇蝎等皆不螫人苟物自外至至島輒死一
撒而地泥亞亦廣大生一草名撒而多泥人食之
輒笑死狀雖如笑中實楚也西諺凡謂無情之笑
皆名撒而多泥笑一哥而西加有三十三城所產

犬能戰。一犬可當一騎。故其國布陣。二騎間一犬。反有騎不如犬者。又近熱奴亞一雞島。滿島皆雞。自生自育。不須人養。又絕非野雉之屬。

亞勒瑪尼亞

拂郎察之東北。有國曰亞勒瑪尼亞。南四十五度半。北五十五度半。西二十三度。東四十六度。國王不世及。乃共七大爵國之君。所共推者。或用本國之臣。或用列國之君。須請命教化王立之中國設共學十九所。其氣候冬月極冷。善造煖室。微火溫之遂極煖土人散處各國以爲兵極忠實可用至死不貳各國護衛宮城或從征他國視兵皆選此國人充之本國人僅參其半其工作極精巧製器匪夷所思能於戒指內納一自鳴鐘地多水澤冰堅後人多于冰上用一種木屐兩足躡之一足立冰上一足從後擊之乘滑勢一激數丈其行甚速手中尚不廢常業也又有法蘭哥地人最貴直易信行旅過者輒詈之客或不答則大喜延入具酒食或爲計緩急未室者則妻之謂此人已經嘗試可信

託也多葡萄善造酒但沽與他方過客土人滴酒
不入口惟飲水而已即他國載酒至亦不容入境
其屬國名博厄美亞者地生金掘井恒得金塊有
重十餘斤者河底常有金如豆粒有羅得林日亞
國者最後決西士宮室多用帷幔障壁其王有一
延客堂四周皆列珊瑚瑯玕交錯儼一屏障又有
一大銃製作極巧二刻之間可連發四十次

法蘭得斯

亞勒馬尼亞之西南為法蘭得斯地不甚廣人居

稠密。有大城二百八十。小城六千三百六十八。共學三所。一學分二十餘院。人情俱樂易溫良。最好談論。善謳歌。其婦女與人貿易無異男子。顧其性極貞潔。能手作錯金絨。不煩機杼。西洋布最輕細者皆出此地

波羅泥亞

亞勒馬尼亞東北曰波羅尼亞。極豐厚。地多平衍。皆蜜林。國人採之不盡。多遺棄樹中者。又產鹽。及獸皮。鹽透光如晶。味極厚。其人美秀而文。和愛樸

實禮賓篤備，絕無盜賊。人生平未知有盜。國王亦不傳子，聽大臣擇立賢君。其王世守國法，不得變動分毫。亦有立其子者，但須前王在位時預擬。非預擬不得立，即推立本國之臣或他國之君亦然。國中分爲四區，區居三月，一年而徧。其地甚冷，冬月海凍，行旅常于冰上歷幾晝夜，望星而行。有屬國波多理亞，地甚易發生，種一歲有三歲之穫。蝍菜二三日內便長五六尺。海濱出琥珀，是海底脂膏從石隙流出，初如油，天熱流海，而見風始凝。天寒

出隙便凝毎爲大風衝至海濱

翁加里亞

翁加里亞在波羅尼亞之南物產極豐牛羊可供歐邏巴一州之用有四水甚奇其一從地中噴出即凝爲石其一冬月常流至夏反合爲氷其一以鐵投之便如泥再鎔之成精銅其一水色沉綠凍則便成綠石永不化矣

大泥亞諸國

歐邏巴西北有四大國曰大泥亞曰諾勿惹亞

曰雪際亞曰鄂底亞與亞勒馬尼亞相隔一海叅道阻難通西史稱爲別一天下南北經度自五十六至七十三其南夏至日長六十九刻其中長八十二刻其北夏至日輪橫行地面半年爲一晝夜地多山林產獸及海魚極大異於他方其大泥亞國沿海產牧麥牛羊最多牛輸往他國者歲常五萬海中魚蔽水向舟爲魚湧擁不能行捕魚不藉網罟隨手取之不盡也近二十年內一國王名地谷自剌格精嗜瑪得瑪第加之學常建一臺于高

山絕頂以窮天象究心三十餘年累黍不爽其所制窺天之器窮極要渺後有大國王延之國中以傳其學今為西土歷法之宗其諾而勿惹亞寡五穀山林多材木鳥獸海多魚鼈人性馴厚喜接遠方賓旅異舶過客僑居者絕不索物價令稍需即饜足矣故其地絕無盜賊其雪際亞地分七道屬國十二歐邏巴之北稱第一富庶多五穀五金財貨百物貿易不以金銀即以物相抵人好勇亦善遇遠方人鄂底亞在雪際亞之南亦繁庶

厄勒祭亞

厄勒祭亞在歐邏巴極南。地分四道。經度三十四至四十三。緯度四十四至五十五。其聲名天下傳聞。凡禮樂法度文字典籍。皆爲西土之宗。至今古經尚循其文字。所出聖賢及博物窮理者。後先接踵。今爲回回擾亂。漸不如前。其人喜啖水族。不嗜肉味。亦嗜美酒。東北有羅馬泥亞國。其都城周裹三層。生齒極衆。城外居民。綿亘二百五十里。有一聖女殿。門開三百六十。以象週天。附近有高山。名阿零薄其山頂終歲清明絕無風雨古時國王登山燎祀其灰至明年不動如故有河水一名亞施亞白羊飲之即變黑一名亞馬諾黑羊飲之即變白有二島一爲尼歐白亞海潮一日七次昔名士亞利斯多係窮物理惟此潮不得其故遂赴水死其諺云亞利斯多欲得此潮此潮反得亞利斯多一爲哥而府圖六百里出酒與油蜜極美遍島皆橘柚香櫞之屬更無別樹天氣清和野鳥不至其地

莫斯哥未亞

亞細亞西北之盡境有大國曰莫斯哥東西經萬五千里南北徑八千里中分十六道有窩兒加河最大支河八十皆以爲尾閭而以七十餘口入北高海國內兵力甚强日事吞併其地夜長晝短冬至日止二時氣極寒雪下則堅凝行旅駕車度雪中其馬疾如飛電其室宇多用火温雪中行旅爲嚴寒所侵血脈皆凍堅如冰石如欲入温室之中耳鼻輒墮於地每自外來者先以水沒其軀俟偏

體漸甦方可入溫室內故八月以至四月皆衣皮裘多獸皮如狐貉貂鼠之屬一裘或至千金者熊皮以爲臥褥永絕蟣虱產皮處卽用以充賦稅以遺鄰國多至數十車國人多盜人蓄猛犬見人則噬晝置穽中夜聞鐘聲始放人亟匿影閉戶矣惟國王許習文藝其餘雖貴戚大臣亦禁學恐其聰明過主爲主辱也故其國有天主能知國主能知之諺今亦稍信真教其王常手持十字國中亦傳流天主之經或聖賢傳記無禁矣俗最沉凡欲

貿易須假託外邦商賈方取信國人若言本土則
逆其詐矣有大鐘以搖不以撞搖非三十人不能
惟國主即位及其誕日鳴之所造大銃其長三丈
七尺一發用藥二石可容二人入內掃除又有一
蜜林其樹悉為蜂房國人各界其樹為恒產嘗有
人入蜜林見一枯樹大過合抱其人攀緣樹巔忽
墮樹腹中蜜沒至口踰三四日計無所出幸有熊
登樹陷蜜以掌探樹腹其人牢捉熊掌熊驚躍遂
得拔出

地中海諸島

地中海有島百千。其大者曰甘的亞。曩有百城。周二千三百里。古王造一苑囿。路徑交錯。一入便不能出。游者須以物識地。然後可入。生一草。名阿力滿。少嚼便能療饑。地中海風浪至冬極大難行。有鳥作巢於水次。一歲一乳。但自卵至翼。不過半月。此半月內海必平靜。無風波。商舶待之以渡海。鳥名亞爾爵虐。此半月遂名為亞爾爵虐日云。

西北海諸島

歐邏巴西海迤北一帶至氷海海島極大者曰諳
厄利亞曰意而蘭大其外小島不下千百意而蘭
大經度五十三至五十八氣候極和夏熱不擇陰
冬寒不需火產獸畜極多絕無毒物其國奉教之
初因一王宮之婢能識認眞主遂及王后國王以
訖一國其地有一湖插木于內入土一段化成鐵
水中一段化成石出水面方爲原木也又一小島
島中一地洞常出怪異之形或云鍊罪地獄之口
也諳厄利亞經度五十至六十緯度二三度半至十

三氣候融和地方廣大分爲三道其學二所其三十院其地有怪石能阻聲其長七丈高二丈隔石發大銃人寂不聞故名聾石有湖長百五十里廣五十里中容三十小島有三奇事一魚味甚佳而皆無鰭翅一天靜無風倏起大浪舟楫遇之無不破一有小島無根因風移動人弗敢居而艸木極茂孳息牛羊豕類極多近有一地死者不殮但移其尸於山千歲不朽子孫亦能認識地無鼠有從海舟來者至此遂死又有三湖細流相通達然其

魚鱷不相往來。此水魚誤入彼水輒死。傍有海鰌潮盛時鰌吸其水而未不盈。潮退即噴水如山高當吸水時人立其側。衣一沾水人即隨水吸入鰌中。如不沾水。雖近立亦無害至此一帶海島極多。至冬夜長數月行路工作皆以燈。產貂類極多人以爲衣。又有人長大多力遍體生毛如猿猴產牛羊鹿甚多。犬最猛烈。一犬可殺一虎遇獅亦不避也。冬月海冰爲風所擊。常湧積如山。人善漁獵。山多鳥獸。水多魚鼈。人以魚肉爲糧皮。磨魚爲燈油爲燈。骨造舟車屋宇。亦可爲薪。其魚皮以爲衣。遇風不沉不破。如陸走。則負皮舟而行。其海風甚猛。能拔樹折屋。及攝人物于他處。又開北海濱有小人國。高不二尺。鬚眉絕無。男女無辨。跨鹿而行。鸛鳥常欲食之。小人恒與鸛相戰。或預破其卵以絕種類。又有小島。其人性嗜酒。任飲不醉。年壽最長。近諳厄利亞國爲格落蘭得。其地多火。以磚石障之。仍可居處。或宛轉作溝以通火。火焰所至。便置釜甑。熟物更不須薪。其火亦終古不滅

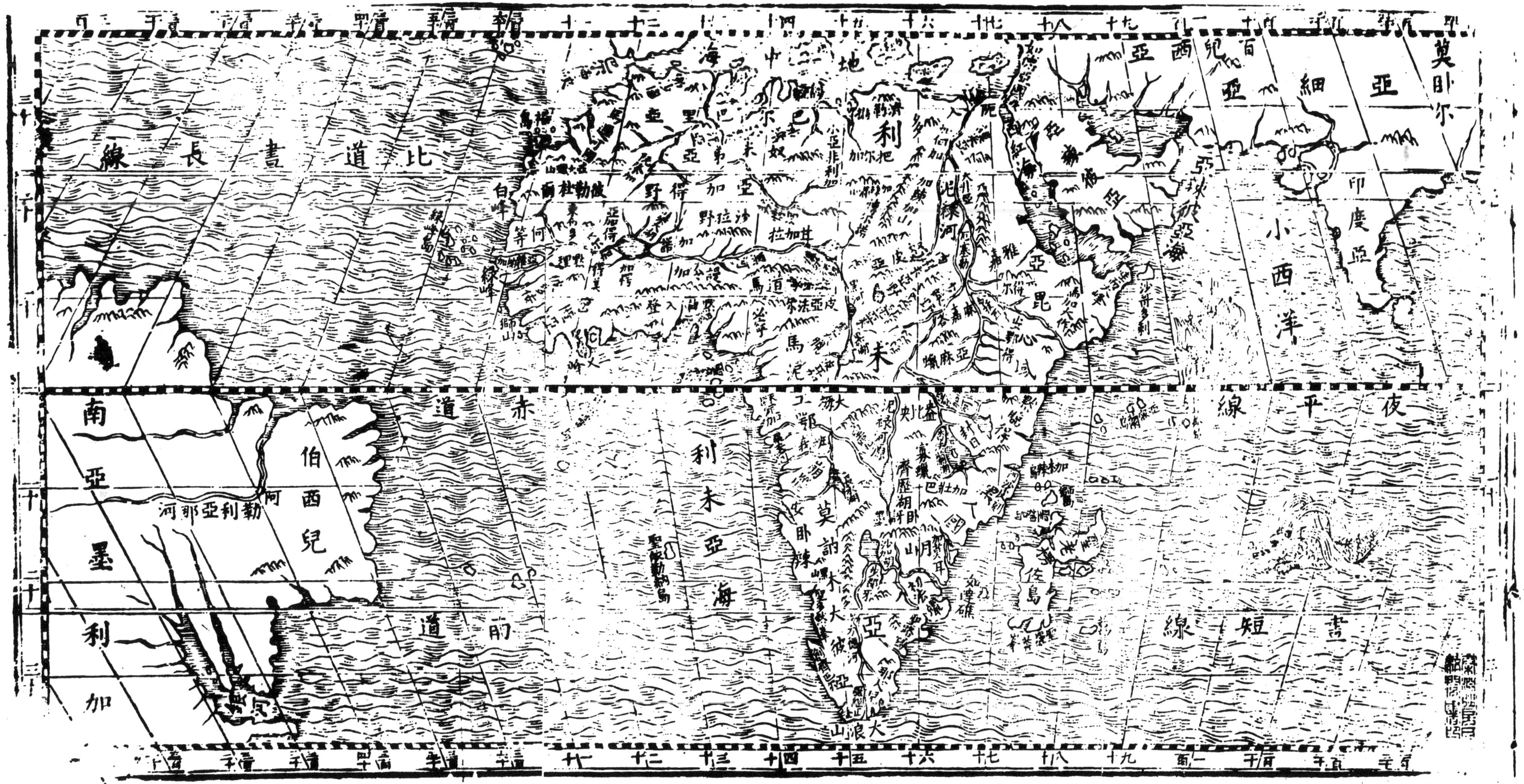
北道晝長線
赤道
夜平線
晝短線
南道
南亞墨利加
伯西兒
勒利亞那河
利未亞海
利未亞
地中海
小西洋
印度亞
莫臥爾
百兒西亞
大浪山

職方外紀卷之三

利未亞總說

天下第三大州曰利未亞大小共百餘國西南至利未亞海東至西紅海北至地中海極南南極出地三十五度極北北極出地三十五度東西廣七十八度其地中多曠野野獸極盛有極堅好文彩之木能入水土千年不朽者迤北近海諸國最豐饒五穀一歲再熟每種一斗可收十石穀熟時外國百鳥皆至其地避寒就食涉冬始歸故秋末冬

初近海諸地獵取禽鳥無算所產葡萄樹極高大生實繁衍他國所無地既曠野人或無常居每種一熟即移徙他處野地皆產異獸因其處水泉絕少水之所潴百獸聚焉更復異類相合輒產奇形怪狀之獸地多獅爲百獸之王凡禽獸見之皆匿影性最傲遇之者若亟俯伏雖饑時亦不噬也千人逐之亦徐行人不見處反任性疾行惟畏雄鷄車輪之聲聞之則遠遁又最有情受人德必報之常時病瘧四日則發一度其病時躁暴猛烈人不

能制擲之以毬則騰跳轉弄不息其近水成羣處頗爲行旅之害昔國王嘗命一官驅之其官計無所施惟擒捉幾隻斷其頭足肢體遍掛林中後稍驚竄有鳥名亞既剌乃百鳥之王也羽毛黃黑色高二三尺首有冠鉤喙如鷹隼飛極高巢于峻山石穴內生子則令視日日不瞬者乃留之壽最長久老者脫去羽毛復生新羽與雛不異性鷙猛能攫牛鹿百鳥食之肉經宿則不食矣有冒險者求得其巢取其餘肉可供終歲有毒蛇能害其子則

知先尋一種石置巢邊蛇毒遂解其性有知覺受人德亦必報焉西國大王恒用此鳥像為號有山狸似麝臍後有肉囊香滿其中輙病向石上剔出之如安香如蘇合油而黑其貴次于龍涎能療耳病又產一獸羊甚鉅一尾便得數十斤其味最美有毒蛇能殺人人有能制蛇者蛇至其前自能驅逐又非有方術禁制此等人世世子孫皆然有尊貴人行路必覓此人自隨又有如狼狀者名大布獸其身人其手足專穴人墓食人尸又有一獸

軀極大。狀極異。其長五丈許。口吐涎。即龍涎香。或云龍涎。是土中所產。初流出如脂。至海漸凝爲塊大有千餘斤者。海魚或食之。又在魚腹中剖出。非此獸所吐也。其地馬最善走。又猛能與虎鬭。虎豹熊羆之類。種種不一。土人多以田獵爲事。貴人亦時出獵。搏獅虎以爲娛。界內名山。有亞大蠟者。在西北。天下惟此山最高。凡風雨露雷。皆在山半。山頂終古晴明。視日星倍大。昔人有書字於灰上者。歷千年不動。無風故也。國人呼爲天柱。此方人夜睡無夢，甚爲奇。有月山，在赤道南二十三度，極險峻，不可躋攀。有獅山，在西南境，其上頻與雷電轟擊不絕，不問寒暑。其在曷噩剌國者，出銀鑛甚多。取之不可盡。其在西南海者，曰大浪山，其下海風迅急，浪起極大，商舶至此，或不能過，則退歸西洋。船破敗率在此處，過之則大喜，可望登岸矣。故亦稱喜望峰。此山而東，嘗有暗礁，全是珊瑚之屬，剛者利若鋒刃，海船極畏避之。凡利未亞之國著者曰阨入多，曰馬邏可，曰弗沙，曰亞費利加，曰奴米

弟亞、曰亞毘心域。曰馬拿莫大巴曰西爾得散處者曰井巴島、曰聖多默島。意勒訥島聖老楞佐島

阨入多

利未亞之東北、有大國曰阨入多。自古有名。極稱富厚。中古時曾大饑七載、繼即大歉七載。當時天主教中有前知聖人、名若瑟者、預教國人廣儲蓄令盡國中之財悉用積穀。至荒時出之、不惟救本國之饑、而四方財貨因來糴穀、盡輸入其國中。故富厚無比。至今五穀極饒、所產最多。凡他方有果

草木移至此地即茂盛倍常其地千萬年無雨亦無雲氣國中有一大河名曰泥祿河河水每年一發自五月始以漸而長土人視水漲多少以爲豐歉之候大率最大不過二丈一尺最小不過一丈五尺至一丈五尺則歉收二丈一尺則大有年矣凡水漲無過四十日其水中有膏腴水所極處膏腴即着土中又不泥濘故地極肥饒百穀艸木俱暢茂當水盛時城郭多被淹沒國人于水未發前預杜門戶移家於舟以避之去河遠處水亦不至

昔有國王專求救旱潦之法得一智巧士曰亞爾幾默得者爲作一水器以時注洩便利無比即今龍尾車也國人極有機智好攻格物窮理之學又精天文因其地不雨並無雲霧日月星辰晝夜明朗夜卧又不須入屋內舉目即見天象故其考驗益精他國不如也其國未奉真教時好爲淫祀即禽獸艸木之利賴於人者如牛司耕馬司負雞司晨以至蔬品中爲葱爲蒜之類皆欽若鬼神祀之或不敢食其誕妄若此至天主耶穌降生少時嘗

至其地方入境諸魔像皆傾頹纔有二三聖徒到彼化誨遂出有名聖賢甚多其國女人恒一乳生三四子天下騾不孳生惟此地騾能傳種昔國王嘗鑿致石臺如浮屠狀非以石砌是擇大石如陵阜者鏟削成之大者下趾濶三百二十四步高二百七十五級級高四尺登臺頂極力遠射箭不能越其臺趾也有城古名曰孟斐斯今曰該祿是古昔大國之都城名開西土其城有百門門高百尺街衢行三日始遍城用本處一種脂膏砌石成之

堅緻無比。五百年前此國最爲強盛。善用象戰。鄰國大小皆畏服之。象戰時以桑椹色視象。則怒而奔敵所向披靡。都城極富厚。屬國甚多。今其國已廢。城亦爲大水衝擊。齧其下土。因而傾倒。然此城雖不如舊。尚有街長三十里。悉爲市肆。行旅喧塡。百貨具集。城中常有駱駝二三萬。

馬邏可　非沙　亞非利加　奴米弟亞、

阨入多近地中海一帶。爲馬邏可。與非沙。國馬邏可地分七道。出獸皮。羊皮。極珍美。寨城多。國人以蜜爲糧其俗最以冠爲重非貴人老人不得加冠于首僅以尺布蔽頂而已弗沙地分七道都城之大爲利未亞之最宮室殿宇極其華整高大有一殿周圍三里開三十門夜則燃燈九百盞國人亦略識理義入多之西爲亞非利加地最肥饒易生一麥嘗秀三百四十一穗以此極爲富厚西土稱爲天下之倉焉還之南有國名奴米弟亞人性獰惡不可教誨有果樹如棗可食其地有小利未亞乏水泉方千里無江河行旅過者須備兼旬之水

亞毘心域

馬拿莫大巴者

利未亞東北近紅海處，其國甚多，人皆墨色。迤北稍有白色，向南漸黑，甚者色如漆矣，惟齒目極白。其人有兩種：一在利未亞之東者，名亞毘心域，地方極大，據本州三分之一，從西紅海至月山皆其封域。產五穀、五金，金不善鍊，恒以生金塊易物。糖蠟極多，造燭純以蠟，不知用油。國中道不拾遺，夜不閉戶，從來不知有寇盜。其人極智慧，又能崇奉天主。修道者手持十字，或懸掛胸前，極知敬愛西土篤默聖人為其傳道自彼始也王行遊國中常有六千皮帳隨之僕從車徒恆滿五六十里一種在利未亞之南名馬拿莫大巴者國土最多皆極愚蠢不識理義其地氣候甚熱沿海處皆沙人踐之即成瘡痏焦人坐臥其中安然無恙也所居極穢如豕牢喜食象肉亦食人市中有市人肉處皆生齕之故齒皆銼銳若犬牙然奔走疾于馳馬不衣衣反笑人衣衣者或塗油于身以為美樂絕無文字初歐邏巴人到此黑人見其看誦經書講說

道理大相驚訝以爲書中有言語可傳達也其志

如此地無兵刃惟以木爲標鎗火炙其銳處用之

極銛利身有猳氣求不可除性不知憂慮若鳥獸

然聞衡管琴瑟諸樂音便起舞不能止但其性朴

實耐久教之爲善事即盡力爲之爲人奴極忠於

主爲主用力視死如歸避難直前了無避忌其俗

大略不崇塑像亦知天地有主但視其主若神靈

亦以爲天地之主凡陰晴旱澇皆往祈之主若偶

一噴嚏舉朝皆高聲應諾又舉國皆高聲應諾大

可笑也。人性喜飲酒易醉。所產雞亦皆黑。獨豕肉爲天下第一美味。病者食之亦無害。產象極大一牙有重二百斤者。又有獸如猫。名亞爾加里亞。尾後有汗極香。黑人穽于木籠中。汗沾于木。乾之以刀削下便爲奇香。烏木黃金最多。地無寸鐵。特貴重之布帛。喜紅色班色及玻璃器。又善浮水。他國名爲海鬼。共亞毘心域屬國。有名諳哥得者。夜食不晝食。又止一飡。食絕不再食。以鹽鐵爲幣。又一種名步冬。頗知學問。重書籍。善歌舞。亦亞毘心域之類也。

西爾得　工鄂

利未亞之西有海濱國名西爾得其地有兩大沙其一在海中隨水游移不定其一在地隨風飄泊所至積如丘山城郭田疇皆被壓沒國人甚苦之。

又有工鄂國地亦豐饒頗解義理自與西客往來國中大都崇奉眞教其王又遣子往歐邏巴習學文字講明格物窮理之學焉

井巴

利未亞之南有一種夷狄名曰井巴聚衆十餘萬極勇猛又善用兵無定居以馬及駱駝乘載遷徙所至即食其人及鳥獸蟲蛇必生命盡絕乃轉他國爲南方諸小國之大害

福島

利未亞西北有七島福島其總名也其地甚饒凡生人所需無所不有絕無雨而風氣滋潤易長草木百穀亦不煩耕種布種自生葡萄酒及白糖至多西土商船往來必到此島市物以爲舟中之用

七島中有一鐵島絕無泉水而生一種大樹每日沒即有雲氣抱之釀成甘水滴下至明旦日出方雲散水歇樹下作數池一夜輒滿人畜皆沾足焉終古如此名曰聖迹水言天主不絕人用特造此奇異之迹以養人各國人多盛歸以爲異物

聖多默島　意勒納島　聖老楞佐島

聖多默島在利未亞之西赤道之下圍千里徑三百里其地濃陰多雨愈近日處雲愈重雨愈多凡在此島之果俱無核又有意勒納島鳥獸果實甚繁而絕無人居海舶從小西洋至大西洋者恒泊

此十餘日。樵採漁獵備二三萬塁之用而去。又赤道南有聖老楞佐島圍二萬餘里從十七度至二十六度半人多黑色散處林麓無定居出琥珀象牙極廣。

職方外紀卷之三終

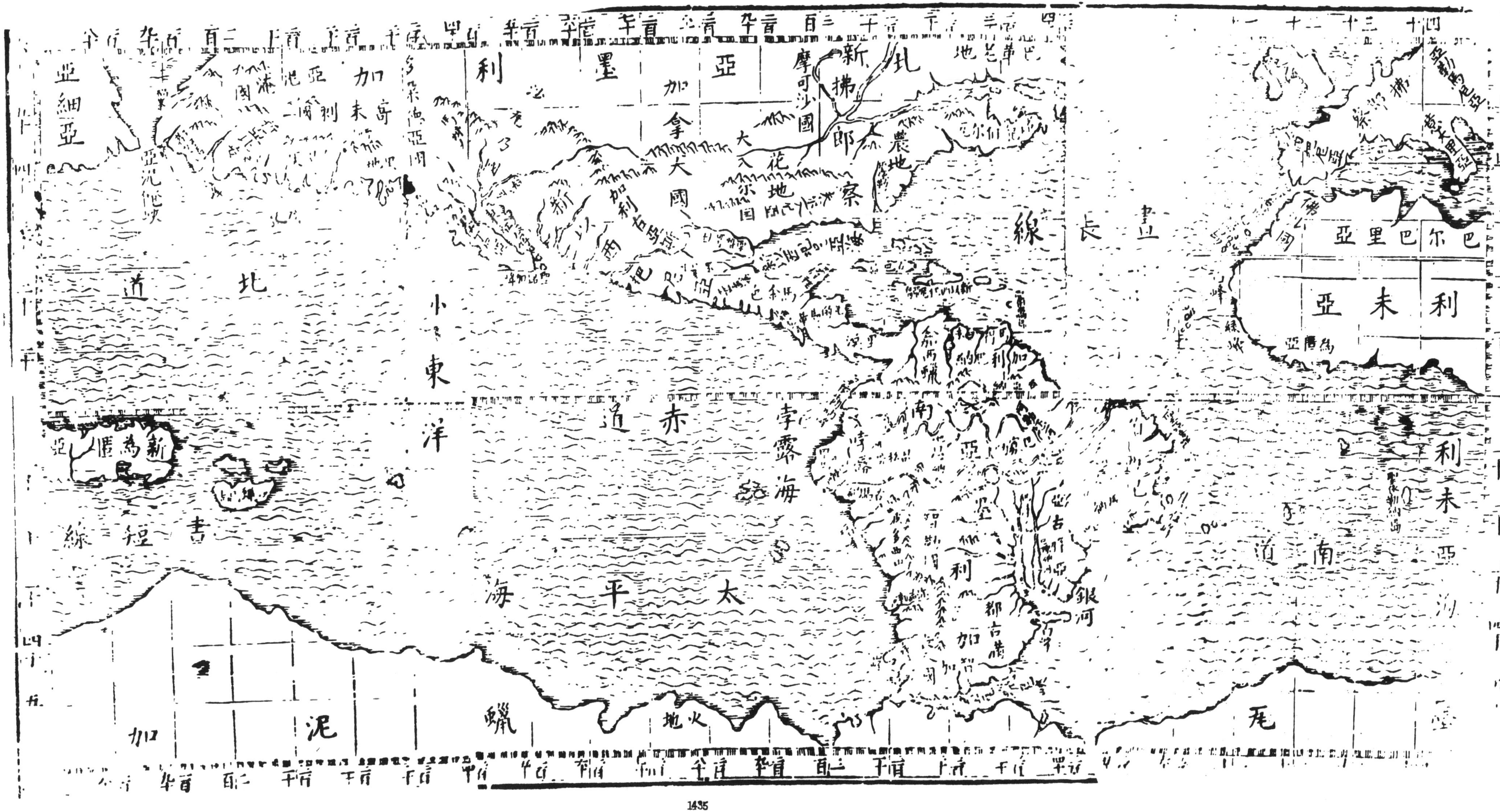
亞細亞
晝長線
巴尔巴里亞
利未亞
北道
小東洋
赤道
孛露海
晝短線
太平海
南道
利未亞
加拿大國
銀河
火地

職方外紀卷之四

亞墨利加總說

亞墨利加。第四大州總名也。地分南北。中有一峽相連。峽南曰南亞墨利加。南起墨瓦蠟泥海峽。南極出地五十二度。北至加納達。北極出地十度半。西起二百八十六度。東至三百五十五度。峽北曰北亞墨利加。南起加納達。南極出地十度半。北至冰海。北極出地度數未詳。西起一百八十度。東盡福島。三百六十度。地方極廣。平分天下之半。初西土。僅知有亞細亞歐邏巴利未亞三大州於大地全體中。止得什三。餘什七悉云是海。至百年前西國有一大臣。名閣龍者。素深於格物窮理之學。又生平講習行海之法。居常自念天主化生天地。本爲人生。據所傳聞海多於地。天主愛人之意恐不其然。畢竟三州之外。海中尚應有地。又慮海外有國聲教不通。沉于惡俗。更當遠出尋求。廣行化誨。于是天主默啟其衷。一日行游西海。嗅海中氣味。忽有省悟。謂此非海水之氣。乃土地之氣也。自此以西。必有人烟國土矣。因聞諸國王。資以舟航糧糗。器具貨財。且與將卒。以防寇盜。珍寶以備交易。閣龍遂率衆出海。展轉數月。茫茫無得。路既危險。復生疾病。從人咸怨。欲還。閣龍志意堅決。只促令前行。忽一日。舶上望樓中人。大聲言有地矣。衆共歡喜。頌謝天主。亟取道前行。果至一地。初時未敢登岸。因土人未嘗航海。亦但知有本處。不知海外復有人物。且彼國之舟。向不用帆。乍見海舶既大。又駕風帆迅疾。發大砲如雷。咸相詫異。或疑天神

或謂海怪。皆驚竄奔逸。莫敢前。舟人無計與通。偶
一女子在近。因遺之美物錦衣。金寶裝飾。及玩好
器具。而縱之歸。明日其父母同衆來觀。又與之寶
貨。土人大悅。遂欵留西客。與地作屋。以便往來。閣
龍命來人一半留彼。一半還報國王。致其物產。其
明年。國王又命載百穀百果之種。併攜農師巧匠。
往教其地。人情益喜。居數年。頗得曲折。然猶滯在
一隅。其後又有亞墨利哥者。至歐邏巴西南海。尋
得赤道以南之大地。卽以其名名之。故曰亞墨利

加戳年之後又有一人名曰爾德斯國王仍賜海舶命往西北尋訪復得大地在赤道以北卽北極界利加其地從來無馬土人見識其狀遇舟人乘馬登岸彼中人見之大驚以爲人馬合爲一體疑獸非獸疑人非人急奔告本處官長以達國王國王遣人來視亦錯愕不辨爲人但齎所種物來二是鷄豚食物等云爾若人類則享此二是香花爲羽箒云爾若天神則享此既而嘗其食物方明是人從此往來不絕其中人國與歐邏巴總道相通

西土國王亦命教中掌教諸士至彼勸人為善數十年來相沿惡俗稍稍更變其國在南亞墨利加者有孛露有伯西爾有智加有金加西蠟南北相連處有宇革單加達納在北亞墨利加者有墨是可有花地有新拂郎察有拔革老有農地有寄未利有新亞比俺有加里伏爾尼亞有西北諸蠻方其外有諸島總名亞墨利加島云。

南亞墨利加

孛露

南亞墨利亞之西。自孛露起赤道以北三度。至赤道以南四十一度。大小數十國。廣袤一萬餘里。山間平壤沃野。亦一萬餘里。地肥磽不一。肥者不煩耕治。布子自能生長。凡五穀百果草木。悉皆上品。本地人自以爲人地之苑囿也。其鳥獸之多。羽毛之麗。聲音之美。亦天下第一。地出金鑛。取時金土石淵別之。金多土少。故金銀最多。國王宮殿皆以黃金爲飾。飾之獨不用鐵。其器皆用燒木銛石。今貿易相通。漸知用鐵。然貴於餘器物。皆金銀銅三種爲之。有數國從來無雨。地中自有濕性。或資水澤。有樹生脂膏。極香烈。名拔爾撒摩。傅諸傷損。一晝一夜。肌肉復合如故。塗痘不瘢。以塗屍。千萬年不朽壞。有一種異羊。可當騾馬。性甚倔強。有時倒臥。雖鞭策至死不起。以好言慰之。卽起而走。惟所使矣。食物最少。可絕食三四日。腹生一物如卵。可療諸病。海國甚貴之。天鸚鵡尤多。有一鳥名厄馬。最大。生曠野中。長頸高足。翼翎極美麗。通身無毛。不能飛。足若牛蹄。善奔走。馬不能及。卵可作杯器。今番舶所市龍卵即此物也。產棉花甚多。亦織爲布。而不甚用之。專易大西洋布帛及利諾作。或剪馬毛。織爲服。其地江河極大。有泉如脂。常出不竭。人取燃燈。或塗舟。砌墻。當油漆用。又有一種泉水出於石罅。繞鄰數十步。即變爲石。有土能燃火。可當炭用。平地山岡皆有之。地震極多。一鄉一邑常有沉埋無遺者。或平地突起山阜。或移山至於別地。皆地震之所爲也。故不敢爲大宮室。上蓋必以薄板。以備震壓。其俗大抵無文字。惟結繩爲識。或以五色狀物形。以當字。卽史書亦然。算數用小石子。亦精敏。其文飾以珍寶篏向。或以金銀爲環穿唇及鼻脅腿。或繫金鈴。復飾重寶。夜中光照一室。其國都以達萬餘里。鑿山平谷爲坦途。更布石以便驛使。傳命則數里一吏。三日夜可達二千里。人性良善。不長傲。不飾詐。頗似淳古之風。因其地金銀最多。任意可取。故亦無竊盜貪吝。亦不自知其富。或反作細微無益之務。以當常業。但順俗最多。近天主教中士人。往彼勸化。教之經典書文。

與談道德理義往時惡俗如殺人祭魔驅人角鬥
等事俱不復然。為善反力于諸國，有指點不儕於
其間亦有最醜惡地，土產極游人，拾蟲蟻為糧，以
網四角掛樹而臥。蓋因地氣最濕，又有最毒之蛇
人犯之必死，其人不敢下臥者，恐蛛時嚙之也。其土
音各種不同，有一正音可通萬里之外，比天下所
言過了萬里必須傳譯，其正音能通萬里之外，惟是
中國與字義而已。近有一人國名當老噉人，深毅
果敢善用方久及鐵作，不立文字，一切政教號令
我國下也

皆口傳說。辨論極精。聞者最易感動。凡出兵時。大將戒諭兵士。不過數言。無不感激流涕。願效死者。他談論皆如此。

伯西爾

南亞墨利加之東境有大國名伯西爾。起赤道以南二度至三十五度而止。天氣融和。人壽綿長。亦無病疾。他方有痼疾不能療者。至此即瘳。地甚肥饒。多奇異鳥獸。江河為天下最大。最有名。有大山介孛露者。高甚。飛鳥莫能過。產白糖最多。嘉木種種

不一。而蘇木更多。亦稱爲蘇木國。有一獸名懶面
甚猛。爪如人指。有鬣如馬。腹垂着地。不能行。盡一
月不踰百步。喜食樹葉。緣樹取之。亦須兩月。下樹
亦然。決無法可使之速。又有獸。前半類狸。後半類
狐。人足梟耳。腹下有房。可張可合。恒納其子于中。
欲乳方出之。其地之虎。餓時百夫莫可當。値其飽
後。一人制之有餘。即犬亦可斃之也。饕餮之害如
此。國人善射。前矢中的。後矢即破前笴。速發數矢。
常相接如貫。無一失者。俗多裸體。獨婦人以髮蔽

前後少之時。鑿頰及下唇作孔。以貓睛夜光諸寶石嵌入爲美。婦人生子。即起作務如常。其夫則坐蓐數十日。服攝調養。親戚俱來問候。餽遺分食物。通國皆然。世間風俗多有難以理道。如此類者。然人情習慣。亦莫覺其非也。地不產米麥。不醞酒。用艸根曬乾磨麪。作餅以當飯。凡物皆公用。不自私。土人能居水中一二時刻。復能張目明視。亦有能游水最捷者。恒追執一大魚名鄂刊狼而騎之。以鐵鉤鉤入魚目。曳之東西走。轉捕他魚。然無待長書籍亦無衣冠散居聚落喜啖人肉西土常言其地缺三字王法文是也今已稍稍歸化頗成人理其南有銀河水味甘美嘗湧溢平地水退布地皆銀沙銀粒矣河身最大入海處闊數百里海中五百里一泒尚爲銀泉不入鹵味其北又有一大河名阿勒戀亦名馬良溫河身曲折三萬里未得其源兩河俱爲天下第一

智加

南亞墨利加之南爲智加即長人國也地方頗冷

人長一丈許。遍體皆毛。昔時人更長大。曾掘地得人齒。闊三指。長四指。餘則全身可知也。其人好持弓矢。矢長六尺。每握一矢。插入口中。至於沒羽以示勇。男女以五色畫面為文飾。

金加西蠟

南亞墨利加之北。曰金加西蠟。其地出金銀。天下稱首。其鑛有四坑。深者皆二百丈。土人以牛皮造軟梯下之。役者常三萬人。其所得金銀。國王什取其一。七月約得課銀三萬兩。其山麓有城。名曰銀城。百物俱貴。獨銀至賤。貿易用銀錢五等。大者八錢。小至五分。金錢四等。大者十兩。小者一兩。歐邏巴自通道以來。歲歲交易。所獲金銀甚多。故西土之金銀漸賤。而米穀用物漸貴。識者以為後來當受多金之累。然獲利既厚。雖知不能絕也。其南北地相連處。名宇革剌。近赤道北十八度之下。南北亞墨利加從此而通。東西二大海從此而隔。周圍五千餘里。大主教未行之先。其國已頗知尊敬十字聖架。國俗以文身為飾。

北亞墨利加

墨是可

北亞墨利加地土多富饒。鳥獸魚鼈極多。畜類更繁。富家畜羊。常至五六萬頭。又有屠牛萬餘。僅取其皮。華餘悉棄去不用。百年前無馬。今得西國馬種。野中生馬甚衆。又最良。有鷄大于鵝。羽毛華彩特甚。味最佳。吻上有鼻。可伸縮如象。縮之僅寸餘。伸之可五寸許。諸國未通時。地少五穀。今亦漸饒。新田斗種可收十石。又產良藥甚多。其南總名新

以西把尼亞內有大國曰墨是可屬國三十境內
有兩大湖甘鹹各一俱不通海鹹者水恒消長若
海潮土人取以熬鹽其甘者中多鱗介之屬湖四
面皆環以山山多積雪人烟輻輳集于山下舊都
城容三十萬家大率富饒安樂每用兵與他國相
爭鄰國即助兵十餘萬共守都城亦恒用三十萬
人但圖于封城間人言他方有大國土大君長極
笑而不信今所建都城周四十八里不在地而直
從大湖中創起竪木爲椿密植湖中上加板以承

城郭宮室。其堅木名則獨鹿。能入水千年不朽。城內街衢室屋。又皆宏敞精絕。其國王寶藏極多。所重金銀鳥羽。鳥羽有奇彩者。用以供神。工人或輯鳥毛爲畫。光彩生動。初國內不知文字。今已能讀書。肆中有鬻書者矣。其業大抵務農工。以尊貴爲長。人面目甚美秀。彼自言有四絕。一馬。二屋。三街衢。四相貌也。昔年土俗事魔。殺人以祭。或遭災亂。則以魔嫌人祭少。故每歲輒加。多至殺人二萬。其魔像多手多頭。極其險怪。祭法以綠石爲山。寘人背於上。持石刀。剖取人心。以擲魔面。人肢體則分食之。所殺人。皆取于鄰國。故頻年戰鬬不休。今堂教士人。感以天主愛人之心。亦知事魔之謬。不復祭魔食人矣。其中有一大山。山谷野人最勇猛。一可當百。善走如飛。馬不能及。又善射。人發一矢。彼發三矢矣。百發百中。亦喜啖人肉。鑿人腦骨以爲飾。今亦漸習于善。最喜得衣。如商客與衣一襲。則一歲盡力爲之防守。迤北有墨古亞剛。不過千里。地極豐饒。人强力多壽。生一種嘉穀。一歲可三熟牛羊駱駝糖蜜絲布之類尤多更北有古哩亞加納地苦貧人皆露臥以漁獵爲生有家斯大人性良善亦以漁爲業其地有山出二泉稠膩如脂膏一紅一墨色

花地　新拂郎察　拔革老　農地

北亞墨利加之西南有花地富饒人好戰不休不尚文事男女皆裸體僅以木葉或獸皮蔽前後間飾以金銀纓絡人皆牧鹿若牧羊然亦飲其乳有新拂郎察往時西土拂郎察人所通故有今名地

曠野亦多險峻稍生五穀土瘠民貧亦嗜人肉又有拔華老本魚名也因海中產此魚甚多商販往他國恒數千艘故以魚名其地土瘠人愚地純沙不生五穀土人造魚腊時取魚頭數萬瘞布沙中每頭種穀二三粒後魚腐地肥穀生暢茂其收穫倍於常土又有農地多崇山茂林腹出異獸人強力果敢搏獸取皮爲裘亦以爲屋其緣飾以金銀爲環鉗項穿耳近海有大河濶五百里窮四千里不得其源如中國黃河之屬

既未蠟　新亞比俺　加里伕爾泥亞

北亞墨利加之西爲既未蠟、爲新亞比俺。爲加里伕爾尼亞。地勢相連屬、國俗畧同、男婦皆衣羽毛、及虎豹熊羆等裘。間以金銀飾之。其地多大山。一最大者。高六七十里、廣八百里、長三四千里、山下終歲極熱、山半則溫和、至山巔極冷。頻年多雪。盛時深六七尺。雪消後。一望平濤數百里、山出泉極大。滙爲大江數處。皆廣數百里、樹木茂盛參天蔽日。松實徑數寸、十大于常數倍。松木腐爛者蜂蝂蜂之作房。蜜瑩白味美。採蜜者預次永邊。候蜂來隨之而去。獲蜜甚多。獨少鹽。得之如至寶。相傳餂之。不忍食。獅象虎豹等獸。動輒成羣。皮亦甚賤。雞有大者重十五六斤。地多雷電。樹木多被震壞。有小鳥如雀。於枯樹啄小孔千數。每孔輒藏一栗爲冬月之儲。

西北諸蠻方

北亞墨利加地愈北。人愈野。無城郭君長文字。數家成一聚落。四周以木柵爲城。其俗好飲酒。日以報仇攻殺爲事即平居無事亦以鬪爲戲而以牛羊相賭凡壯男出戰則一家老弱婦女咸持齋以祈勝戰勝則家人迎賀斷敵人頭以築墻若欲再戰臨行其老人輙指墻上髑髏以相勸勉其女人則砍其指骨連爲身首之飾人肉則三分之以一祭所事魔神以一賞戰功以一分給持齋助禱者若獲大仇則削其骨長三寸許鑿頂作孔以骨栽入露寸許於外用表其功頂有樹三骨者人咸敬畏之戰之時家中所有寶物皆携而去誓不反顧

以期必勝也。其尚勇好殺如此。蓋山地木宿饒人家星列。又無君長官府以理法斷其曲直故小小爭競便相攻殺也此地人多力。女人亦然。每遷徙凡什物器皿糧糗子女。共作一駝。負之而行上下峻山。如履平地。坐則以右足爲席。男女皆以飾髮爲事。首飾甚多。亦帶螺貝等物。男女皆垂耳環。若傷觸其耳及環。則爲大辱。必反報之。所居屋舉爐門戶低甚。以備敵也。背年極信邪魔。持齋極虔。齋時。絕不言語。一日僅食麩一握。飲水一杯而已。尼將與人攻戰者或將漁獵耕穫者或將音樂宴飲者或忽遇仇家者輒持齋各有日數耕者祀兎與鹿求不傷稼獵者祭大鹿角以求多獲鹿角大者長五六尺徑五六寸也有大鷙鳥西國所謂鳥王者巫藏其乾腊一具數百年矣亦以爲神獵者祭之巫覡甚多凡祈晴雨則於衆石中尋取一石彷彿似物形者卽以爲神而祭之一日不驗卽棄去別求一石偶値晴雨輒歸功焉歲獲新穀亦必先以供巫其矯誣如此近歐邏巴行教士人至彼勸

令敬事天主。戒勿相殺。勿食人。遂翕然一變。又諳穀有恒心。既改之後。永不犯也。俗既富足。又好施予。人家每作熟食。置於門首。往來者任意取之

亞墨利加諸島

兩亞墨利加之島。不可勝數。其大者為小以西把尼亞。為古巴。為牙賣加。等。氣候大抵多熱。草木開花結實。終歲不斷。有一異艸。食之殺人。去其汁則甚美。亦可為糧。有毒木。人過其影即死。手持其枝葉亦死。覺中其毒。亟沉水中可免。有鳥夜飛。其頸

則發大光可自照野豬猛獸縱橫原野土人善走疾如奔馬又能負重若足力竭後以鍼刺股出黑血少許則疾走如初取黃金一歲限定幾日先期齋戒以祈神佑又有一島女人善射又甚勇猛生數歲即割其右乳以便弓矢昔有商舶行近此島遇女子盪小舟來射殺商舶二人去如飛不可追逐更有一島土人言其泉水甚異於日未出時往取其水洗面百遍老容可復如少又有一島名亞而誤達無人居魔叢其上其側近海無風恒起大

沙海船至此甚險四十年前曾有一船至彼處為登其舟舟中人皆驚仆獨一舵師不為動且詰問何物魔即應言舟中有何工作我當代汝舵師指授所為魔一一與言相反如命東即西命行則止舵師恍悟一一法旋復顛倒命之舟即疾行甚如飛鳥海道三萬里三日而至抵家言起程之則人皆不信視所寄書中日月果然其怪異如此又有一島曰黑尼蘭嘗過此島不見人物謂之曰無關島又有珊瑚島以多生珊瑚樹故名之有新為[illegible]

大其勢貌似利未亞之爲隅，故以爲名，亦曰入匿。向未週遶此地，意其與墨瓦蠟尼相連。十餘年前乃知有海船過其南，見爲一島。經度起赤道以南一度至十二度止，緯度起一百六十五至一百九十止。其土風未詳。

墨瓦蠟尼加總說

先是閣龍諸人既已覓得兩亞墨利加矣，西土以西把尼亞之君復念地爲圓體，徂西自可達東，向至亞墨利加，而海道遂阻，必有西行入海之處。於是泊海船遣舟師。裹餱糧裝金寳繕甲兵。命一强有力之臣名墨瓦蘭者。載而往訪。墨瓦蘭既承國命。沿亞墨利加之東偏紆迴數萬里。展轉經年歲亦漭然未識津涯。人情厭斁。輒思返國。墨瓦蘭懼功用弗成。無以復命。拔劍下令舟中曰。有言歸國者斬。於是舟人震懾。賈勇而前。已盡亞墨利加之界。忽得海峽。亘千餘里。海南大地又復恍一乾坤。墨瓦蘭率衆巡行。間關前進。祗見平原漭蕩。杳無涯際。入夜則燐火星流。瀰漫山谷而已。因命爲火地而他方或以鸚鵡名州者亦此大地之一隅其後追厥所自謂墨瓦蘭實開此區因以其名命之曰墨瓦蠟尼加爲天下之第五大州也墨瓦蘭既踰此峽遂入太平大海自西復東業知大地已週其半竟直抵呂宋馬路古界度小西洋越利未亞大浪山而北折遵海以還報本國遍遶大地一週四過赤道之下歷地三十萬餘里從古航海之績未有若斯盛者因名其舟爲勝舶言戰勝風濤之險而奏巡方偉功也其人物風俗山川畜產

夫鳥獸蟲魚俱無傳說。即南極度數道里遠幾何
皆推步未周。不漫述。後或有詳之者。

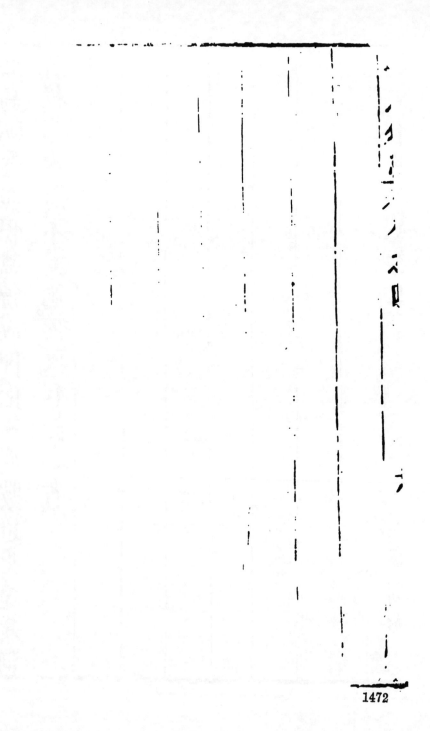

職方外紀卷之五

四海總說

造物主之化成天地也四行包裹以漸而堅凝故火最居上而火包氣氣包水土則居于下焉是環地面皆水也然玄黃始判本為生人水土未分從何立命造物主於是別地為高深而水盡行于地中與平土各得什五所瀦曰川曰湖曰海川則流湖則聚海則潮川與湖不過水之支派而海則衆流所鍾稱百谷王焉故說水必詳於海海有二焉海

在國之中國包乎海者曰地中海國在海之中海
包乎國者曰寰海川與湖估度無多不具論寰海
極廣隨處異名或以州域稱則近亞細亞者謂亞
細亞海近歐邏巴者謂歐邏巴海他如利未亞如
亞墨利加如墨瓦蠟尼加及其他最爾小國皆可
隨本地所稱又或隨其本地方隅命之則在南者
謂南海在北者謂北海東西亦然隨方易向都無
定準也茲將中國列中央則從大東洋至小東洋
為東海從小西洋至大西洋為西海近墨瓦蠟尼

一帶爲南海近北極下爲北海而地中海附焉天下之水盡於此裨海大瀛屬近荒唐無可證據

海名

海雖分而爲四然中各異名如大明海太平海東紅海孛露海新以西把尼亞海百西紀海皆東海也如榜葛蠟海百爾西海亞剌比海西紅海利未亞海何摺亞諾滄海亞大蠟海以西把尼亞海皆西海也而南海則人跡罕至不聞異名北海則冰海新增蠟海伯爾昨客海皆是至地中海之外有

波的海窩窩所德海大爾蔣泥海太海北高海皆在地中可附地中海

海島

海島之大者附載各國之後其小者不下千萬難以彌述大率在亞細亞者蘇門答蠟日本浡泥最大在歐邏巴者諳厄利亞最大在利未亞者聖老楞佐島最大在亞墨利加者小以西把尼亞最大在墨瓦蠟尼加者新爲匿亞最大而太平海中則有七千四百四十島此外有石礁或見水面或隱

水中。水中者船極畏之。又有沙渚。船値之則陷。此時盡棄船中重貨。雖百萬金錢所不恤。乘潮至方得脫之。否則斷無出理。

海族

海中族類不可勝窮。自鱗介而外。凡陸地之走獸。如虎狼犬豕之屬。海中多有相似者。今聊擧船行所見。述一二以新聽聞。魚之族。一名把勒亞。身長數十丈。首有二大孔。噴水上出。勢若懸河。每遇海舶。則昂首注水舶中。頃刻水滿船沉。遇之者亟以盛酒鉅木器投之。連吞數甕則俛首而逝。淺處得之熬油可數千斤。一魚名斯得白。長二十五丈。其性最良善能保護人。或漁人爲惡魚所困。此魚輒往鬬。解漁人之困。爲故彼國法禁人捕之。一名薄里波。其色能隨物而變。如附土則如土色。附石則如石色。一名仁魚。西書記此魚嘗負一小兒登岸。偶以鬐觸傷兒。兒死。魚不勝悲痛。亦觸石死。西國取海豚常藉仁魚爲招。每呼仁魚入網。即入海豚亦與之俱。俟豚入盡。復呼仁魚出網。而海豚悉羅矣。一名劍魚其嘴長丈許有齒刻如鋸猛而多力能與把勒亞魚戰海水皆紅此魚輒勝以嘴觸船則破海船甚畏之一魚甚大長十餘丈濶丈餘目大二尺頭高八尺其口在腹下有三十二齒齒皆徑尺頰骨亦長五六尺迅風起嘗衝至海涯一魚甚大且有力海舶嘗遇之其魚竟以頭尾抱船兩頭舟人欲擊之恐一動則舟必覆惟跪祈天主須臾解去一如鱷魚名曰剌尾而多長尾堅鱗甲刀箭不能入足有利爪鋸牙滿口性甚獰惡入水食魚登陸人畜無所擇百魚遠近皆避第其行甚遲小魚百種常隨之以避他魚之吞啖也其生子初如鵝卵後漸長以至二丈每吐涎于地人畜踐之即仆因就食之凡物開口皆動下頦此魚獨動上齶口中亦無舌冬月則不食物人見之却走必逐而食之人返逐之彼亦却走其目入水則鈍出水極明見人遠則哭之近則噬之故西國稱假慈悲者為剌尾而多哭獨有三物能制之一為仁魚蓋此魚通身鱗甲惟腹下有輭處仁魚鬐甚利能刺

殺之。一為乙苟滿，鼠屬也，其大如猫，善以泥塗身，令滑，俟此魚開口，輒入腹嚙其五臟而出，又能破壞其卵。一為雜腹蘭，香草也，此魚最喜食，蜜養蜂家，四周種雜腹蘭，即弗敢入。有名落斯馬，長四丈許，足短，居海底，罕出水面，皮甚堅，用力刺之不可入，額有二角如鉤，寐時則以角掛石，盡一日不醒。有海魚、海獸，大如海島者，嘗有西舶就一海島纜舟，登岸行游，半晌又復在岸[illegible]食，漸次登舟解維，不幾里，忽聞海中起大聲，回視向所登之島

已沒方知是一魚背也有獸形體稍方其骨軟脆
有翼能鼓大風以覆海舟其形亦大□島又有一
獸二手二足氣力猛甚遇海艄輙顛倒播弄之多
遭沒溺西艄稱為海魔惡之甚也其小者有飛魚
僅尺許能掠水面而飛又有白角兒魚善窺飛魚
之影伺其所向先至其所開口待啖恒相追數十
里飛魚急輙上人舟為人得之舟人以雞羽或白
練飄揚水面上著利鉤白角兒認為飛魚躍起吞
之便為舟人所獲又有介屬之魚僅尺許有殼而

六足有皮如欲他徙則豎半殼當舟張足皮當帆乘風而行名曰航魚有蟹大踰丈許其螯以箝人首人首立斷箝人肱人肱立斷以其殼覆地如矮屋然可容人臥又有海馬其牙堅白而瑩淨文理細如絲髮可爲念珠等物復有海女上體並是女人下體則爲魚形亦以其骨爲念珠等物可止下血二者皆魚骨中上品各國甚貴重之海鳥有二種其一宿島中者曰常飛颶海向海船遇之則可占海島遠近其一木生長於海中不知從岸衍

上欲取之則以皮布水面以鈎着餌置皮上鳥就食之輒可鈎至若鈎魚然又有鳥能捕魚者身生皮囊如網入水裹魚而出人因取之又有極異者爲海人有二種其一通體皆人鬚眉畢具特手指略相連如鳧爪西海曾捕得之進於國王與之言不應與之飲食不嘗王以爲不可狎復縱之海轉盻視人鼓掌大笑而去二百年前西洋喝蘭達地曾於海中獲一女人與之食輒食亦肯爲人役使且活多年見十字聖架亦能起敬俯伏但不能言

其一身有肉皮下垂至地如衣袍服者然但其連而生不可脫卸也二者俱可登岸數日不死但亦識其性情莫測其族類又不知其在海宅于何所似人非人良可怪

海產

海產以明璣為貴則意蘭最上土人取海中蚌置日中晒之俟其口自開然後取珠則珠色鮮白光瑩有大如雞子者光照數里南海皆剖蚌出珠故珠色黯黯無光有珊瑚島其下多出珊瑚初在海

中。色綠而質柔軟。上生白子。土人以鐵網取之。出水便堅。有紅黑白三色。紅色者堅而脆。白黑色者鬆脆不堪用。大浪山之東北。有暗礁。水涸礁出。悉是珊瑚之屬。猫睛寶石。各處不乏。小西洋更多。琥珀則歐邏巴波羅尼亞有之。沿海三千里皆是。蓋爲風浪所湧。堆積此地。土人取爲器物。龍涎香。黑人國與伯西兒兩海最多。曾有大塊重千餘斤者。望之如島然。每爲風濤湧泊於岸。諸蟲魚獸並喜食之。他狀前已具論。海水。本皆鹽味。然亦有不假煎熬自凝爲鹽塊者。近忽魯謨斯處有山。五色相間。亦純是鹽。土人鑿山石鏇以爲器。貯食物則不須和鹽。蓋其器已是鹽。自生鹹味也。又有海樹。太平海內。淺處生艸。一望如林。蔥菁可愛。

海狀

地心最爲重濁。水附于地。到處就其重心。故地形圓。而水勢亦圓。隔數百里。水面便如橋梁。遠望者不可見。須登桅望之。乃見其前。或夷或險。而海中夷險各處不同。惟太平海極淺。亘古至今無大風浪大西洋極深深十餘里。從大西洋至大明海，四十五度以南，其風常有定候，至四十五度以北，風色便錯亂不常，其尤異者在大明東南一隅，常有異風變亂凌雜，倏忽更二十四向，海船惟任風而飄。風水又各異道，如前為南風，水必北行，倏轉為北風，而水勢尚未趨南，舟莫適從。因至摧破，至小西洋海潮極高大，又極迅急，平地頃刻湧數百里，海中大船及蛟龍魚鱉之屬，皆乘潮勢湧入山中，不可出。歐邏巴新曾蠟利未亞大浪山亦時起風浪甚險急至滿剌加海無風倏起波浪又不全海皆然惟里許一處以次第興後浪將起前浪已息矣海上雖多有風獨利未亞海近爲匿亞之地當赤道下者常苦無風又天氣鬱熱舶如至此食物俱壞人易生疾海淺不得下碇船太不能用櫓海水暗流及潮湧飄舶至淺處壞者多在於此海水味鹹中有火性又勢常激盪故不成氷至北海則半年無日氣候極寒而水故曰氷海海船爲氷堅所阻直須守至氷解方得去又苦氷山海中氷堆

爲風所擊。堆叠成山。海舶觸之。定爲虀粉矣。赤道之下。則終歲常熱。食物水酒。至此色味皆變。過之卽復如常。凡海中之色。大率都綠。惟東西二紅海。其色淡紅。或云海底珊瑚所映而然。亦非本色也。又近小西洋一處。入夜則海水通明如火。西儒常親見而異之。持器汲起滿器俱火光。又滴入掌中。光亦瑩然可玩。後來漸次消滅。

海舶

海舶百種不止。約有三等。其小者僅容數十人。

用以傳書信不以載物其舟腹空虛可容自上達下僅留一孔四圍點水不漏下鎮以石使舟底常就下一遇風濤不習水者盡入舟腹中密閉其孔復塗以瀝青使水不進其操舟者則綑縛其身于檣桅任水飄蕩因其腹中空虛水不沉溺船底又有鎮石亦不翻覆俟浪平舟人自解縛運舟與無一失。日可行千里中者可容數百人行小西洋以達廣東則用此船其大者上下八層最下一層鎮以沙石千餘石使船不傾側震盪全藉此沙石二三層載貨與食用之物。海中最難得水。須裝淡水千餘大桶。以足千人一年之用。他物稱是。其上近地平板一層。則船內中下人居之。或裝細軟切用等物。地平板之外。則虛其中百步。以為揚帆習武游戲作劇之地。前後各建屋四層。以為尊貴者之居。中有甬道可通頭尾。尾後建水閣。為納涼之處。以待貴者之遊息。船兩傍列大銃數十門。以備不虞。其鐵彈有三十餘斤重者。上下前後有風帆十餘道。桅之大者長十四丈。帆濶八丈。水手二三百人將卒鎗士三四百人客商數百有船總管一人是西國貴官國王所命以掌一船之事有賞罰生殺之權又有銃師三人醫師二人船師專掌候風使帆整理器用吹掌號頭指使夫役探試淺水礁石以定趨避曆師專掌窺測天文晝則測日夜則測星用海圖量取度數以識險易以知道里又有官醫士一船之疾病亦有市肆貿易食物大船不畏風浪獨畏山礁淺沙又畏火船上火禁極嚴蓋千人之命攸係然其起程但候風色未嘗選擇

時日亦未嘗有大失也

海道

儒略輩從歐邏巴各國起程遠近不一水陸各異大都一年之內皆聚于邊海波爾杜瓦爾國里西波亞都城候西商官舶春發入大洋從福島之北過夏至線在赤道北二十三度半踰赤道而南此處北極已沒南極漸高又過冬至線在赤道南二十三度半越大浪山見南極高三十餘度又逆轉冬至線過黑人國老楞佐島夾界中又踰赤道至

小西洋南印度臥亞城在赤道北十六度風有順逆大率亦一年之內可抵小西洋至此則海中多島道險窄難行矣乃換小船亦乘春月而行抵則意蘭經榜葛剌海從蘇門答臘與滿剌加之中又經新加步峽進北過占城暹邏界閱三年方抵中國嶺南廣州府此從西達中國之路也若從東而來自以西把尼亞地中海過巴爾德峽往亞墨利加之界有二道或從墨瓦蠟尼加峽出太平洋或從新以西把尼亞界泊舟從陸路出孛露海過呂

路古呂宋等島至大明海以達廣州然某輩皆從西而來不由東道西來之路經九萬里也行海晝夜無停有山島可記者則指山島而行至大洋中常萬里無山島則用羅經以審方其審方之法全在海圖量取度數即知海船行至某處離某處若干里瞭如指掌百不失一

職方外紀卷之五　終

刻天學初函題辭

天學者唐稱景教自貞觀九年入中國歷千載矣其學刻苦昭事絕財色意頗與俗情相盭要於知天事天不詭六經之旨稽古五

帝三王施令悉夫愚婦性所固然所謂最初最眞最廣之教聖人復起不易也

皇朝

聖聖相承紹天闡繹時時

有利瑪竇者九萬里抱道

來賓重演斯義迄今又五
十年多賢似續斷譯漸廣
顯自法象名理微及性命
根宗義暢旨玄得未曾有
顧其書散在四方願學者
每以不能盡覩為憾茲為

叢諸舊刻臚作理器二編
編各十種以公同志略見
九鼎一臠其曰初函蓋尚
有唐譯多部散在釋氏藏
中者未及撿入又近歲西
來七千卷方在候

旨將來問奇探賾尚有待
云天不愛道世不乏子雲
夾漈鴻業方隆所望好是
懿德者相與共臻厥成若
乃認識眞宗直尋天路超
性而上自須實地修爲罔

非可於說鈴書肆求之也

涼菴逸民識

器編總目

簡平儀

同文算指前通編

圜容較義

測量法義

句股義

泰西水法序

泰西諸君子以茂德上才利賓于

國其始至也人人共歎異之及驟與之言久與之處無不意消而中悅服者其實心實行實學誠信于士大夫也其談道也以踐形盡性欽若

上帝為宗所教戒者人人可共由一軌于至公至正而歸極于惠迪吉從逆凶之旨以分趨避之路余嘗謂其教必可以補儒易佛而其緒餘更有一種格物窮理之學凡世間世外萬事萬物之理叩之無不河懸響答絲分理解退而思之窮年累月愈

見其說之必然而不可易也格物窮理之中又復旁出一種象數之學象數之學大者爲曆法爲律呂至其他有形有質之物有度有數之事無不賴以爲用用之無不盡巧極妙者昔與利先生游嘗爲我言游數十百國所見中土土地人民聲名禮

樂寔海內雖寬而其民頑多貧乏一遇水旱則有道殣國計亦詘焉者何也身被主上禮遇隆恩思得當以報頑已久謝人間事矣筋力之用無所可効有所聞水法一事象數之流也可以言傳器寫倘得布在將作即富國足民或且歲月見效私願

以此爲
主上代
天眷民之卹特遣鸞旅孤踪有言不信耳
余嘗留意茲事二十餘年矣詢諸人人最
多畫餅驟聞若言則庖子之見故人也就
而請益輒爲余說其大指悉皆意外奇妙

了非疇昔所及值余銜恤歸言別則以其
友熊先生來謂余昨所言水法不獲竟之
他日以叩之此公可也迨余服闋趨朝而
先生已長逝矣閒以請於熊先生唯唯者
久之察其心神殆無吝色也而頗有怍色
余因私揣焉無吝色者諸君子講學論道

所求者亡非福
國庇民翊茲土豈以爲人豈不視猶敝蓰
哉有作色者深恐此法盛傳天下後世見
視以公輸墨翟即非其數萬里東來捐頂
踵冒危難慵世兼善之意耳輙解之曰人
富而仁義附焉或東西之通理也道之精

微擬人之神事理麤迹擬人之形並說之並傳之以俟知者不亦可乎先聖有言備物致用立成器以為天下利莫大乎聖人器雖形下而切世用茲事體不細已且窺豹者得一斑相劘者見若狐甲而知鈍利因小識大智者覘之又何遽非維德之隅

也先生復唯唯都下諸公聞而亟賞之多慕巧工從受其法器成即又人人亟賞之余因筆記其說實不文然而諸公實存心于濟物以命余其可辭抑六載成言亦以此竟利先生之志也梓成復命余申言其端夫諸器利益諸公已深言之冐贅為然

而有兩言焉嘗試虛心揣之西方諸君子而猶世局中人也是着種種有用之學不乃其秘密家珍乎亟請之往往無吝色而有怍色斯足以窺其人矣抑人情勞則思佚則忘善此器也而為世用誰則不佚倘弗思而忘善乎不乃階之為厲矣余顧用

茲器者相與共默計之先生之所爲感然而色怍也將無或出于此

萬曆壬子春月吳淞徐光啓序

ラマウンク

泰西水法序

惟

上帝好生既生人則為之生食食出於地藝於人人有遺能地乃有遺利食乃不足其不足恒以旱乾天澤既不可徼則渠塘溉灌急焉顧亦罕所講究而西北之鄉尤

未閑習土高泉寡井有淺溪甘鹻大段不
得水之用即有用之者工力繁浩不償所
費然大禹疏治溝洫必於冀州建都之域
不至獨遺今胡以一望岡鹵豈阡陌開後
因仍墮廢遂謂水泉之利若靳於此方田
家終歲懸懸占雲盼雨雨愆其期立視苗

槁猥云天實爲之人力無可柰何枵腹菜
面展轉爲溝中之瘠而已矣太史玄扈徐
公軫念民隱於凡農事之可興靡不採羅
閱泰西水器及水庫之法精巧奇絕譯爲
書而傳之規制具陳分秒有度江河之水
井泉之水雨雪之水無不可資爲用用力

約而收效廣蓋肇議於利君西太其同儕共終厥志而器成於熊君有綱中華之有此法自今始粤稽曩昔盛世首重民食而田器亦有司存周禮稲人掌稼蓄水止水蕩水均水舍水瀉水俱有經畫令也牧民之宰簿書不遑遇饑饉間桑麻亦未多覩

俶何論哉雖前人樹藝之方載於月令諸編上不倡下不譜也食胡以足竊意冬曹當以此書頒之直省而方岳之長宜宣告郡邑倣而行觸類而長尚何患粒食之難乎夫士人談及參贊遜為聖神若無敢望涯涘者不知此類事即贊化育井田壞而

古今分雖猝不能言復然崇重褒功閭王道之光也不圖於是而欲躋蹤隆古之治必弗可覬已且安有尊處民上坐享民膏不為民生熟計忍令其饑以死此豈天之意也哉

萬曆壬子歲夏五月望日

賜同進士出身吏科都給事中河東曹于汴撰

泉西水志序

聖德來遠序

聖明在宥道化淳備有歐羅巴利先生偕其國聰慧有學者諸儒彥航海西洋修我貢事至懿美也兩先生曆法律呂巧奪化工言動周旋悉程軌物澹然忘其家而設教則歸於天主彭子於辛丑一

見大玄賞之自以爲得塵外鑣也予後供奉鳳池旋入瑣闥轉盼十二年懷人憶舊欲再見利先生則拜之北邙矣低徊悲痛不能已已與熊有綱先生依然道故亦猶之利先生也予得其日晷尚難解其測法又得其取水具遂命工習

之攜工南行以廣高人教澤攄予夙心
熊先生徵予一言予冗久未相酬茲於
途次憶其交友論二十五言畸人篇等
書如李冢宰馮宗伯曹都諫李工部徐
太史諸公鳴珂清暇相與講德豈非我
聖明雍熙之會而至德來遠之賜哉猗歟

盛矣然予實有以見夫往古來今宇宙寥廓懷瑾握瑜彥聖崇閎而語水語海固未可東予畀也吾輩所見者不及几邃以上惟讀伏羲神農黃帝以來虞夏商周之書而西洋諸先生則往往無吾之所有而又有吾之所無可嘉尚者彼

其多能而不皦皦以智名好修而不沾
沾以學著以是將進之於汾穆之世則
有其能有其修將偕之於聲華之塲則
又無其能無其修
朝廷予之官不拜高準碧瞳方巾青袍身
為遠臣日給大官之奉讀中原書習中

原語隨人所問即開心授人近用

廷議與修曆法先生輩其高人而吾輩其

玄賞也已昔者聖人覩象於乾坤考度

於神明探命曆之去就首群後之德業

類族辨物繁有千品少昊氏都於曲阜

韃鞮毛人獻其羽裘渠搜之人服禹之

德獻其琛裘毛出五彩今西洋儒彥覯我
文明而來其人皆學識才藝何啻一羽裘
琛裘之獻乎吾輩相與邂逅緬惟疇昔
博物洽聞吹藜天祿固已知其所知者
茲於西洋儒彥獲知其所未知焉吾未
知西洋之所知猶之乎西洋未知吾之

所知也由是而之焉極天所際如西洋者又何可勝數推是義理無盡寥廓無邊超然大觀可以破小此借貲於高人而取精於玄賞不亦奇乎彭子曰奇矣而未為奇也何也夫子論至聖配天曰聰明睿知曰溥博淵泉至精微矣而曰

洋溢中國施及蠻貊則性於天者中國
蠻貊之所有即至聖之所有如水然隨
所洋溢無不同流如朋友交際然此有
施及彼即茹受夫子固已觀其所以一
而不貳者藉使蠻貊不與中國一中國
不與至聖一則睥睨之外即相枘鑿何

以日洋溢日施及哉況熊先生輩津津
理窟彬彬儒生縱一帯之所如而觀光於
天朝其於至聖之妙當必有所脗合者吾
輩得此雅游世不常有史不多書所謂
奇者固自真奇矣熊先生之教在天主
即吾輩事天之學人身喘息呼吸無一

不與天通造化聚散升沉無一不與人應譬如髮潤則將雨亦人天合一之證矣是書成于太史公手左遂古讀之恍然忘其爲今之人也因歎天壤間有一奇事必有習其精微筆之書以利天下傳於後世者余恨十載京華未面太史

耳嗟乎西洋諸先生之得太史以傳也

幸矣哉

萬曆壬子孟夏日廬陵彭惟成書于良

鄉公館

泰西水法序

此泰西水法熊先生成利先生之志而傳之者也法五種曰龍尾圖凡五曰玉衡圖凡四曰恒升圖凡四曰水庫圖凡三而終之以藥露諸器圖凡一用以取水力省而功倍徐太史子先譜之最悉一開卷即不

必見其具可按文而匠也書成中國不憂傳焉盖開闢以来修水用者數易矣標枝之世掬而飲已何蠡焉盂焉尊焉井焉使掬者視之不亦最巧也乎用矣而未廣其後偃鴻井其田以受潤廣矣而未備又其後阡陌開而陂池興雨雲從渠揷中出也

備矣而未有機又其後桔槔出機矣而井田陂泄亦不可復覩古者水土共為一官統之司空土行不脩則水利愈巧巧固生于竊歟然未有若此之利者夫田不可復井何者必十年始驅民田入之官必十年始溝官田畫之澮墳廬城郭之阻又已論

則必廢二十餘年畊而可此可幾乎意者
水田可也而守郡徐伯繼尚寶一為而蹟
故為令之農仰天不雨惟取土龍而祝之
耳守家世農見鄉土最壚浹旬晴則枯江
而之田浹旬雨則又決田而之江遭苦旱
醵錢為車如碓加輪焉實筒其表前軒後

輕與水為無窮一晝夜度灌二十鍾頗必
急流而可不然則法窮又山之民緣泉于
竹以溉而不費人力頗必山泉而可不然
則法窮茲法也而傳急流可即吳越緩流
也亦可山泉可即燕齊平蕪也亦可隨俗
之便或用中土法或用此法可以佐水車

之不及而前民用所謂巧生于窮而窮亦因巧而濟者耶人云考工記可補冬官予直謂冬官未亡第錯於他官如稻人瀦溝之類徐太史文既酷似考工記此法即不敢補冬官或可備稻人之採非墨子輩焉比也利先生為歐羅巴人偕其儕用賓于

朝甲辰予識其人于
都中綠瞳虬鬚與之言恂恂有道君子也
予休澣別去利先生已化曾為詩以哭之
至壬子復趨
朝則墓草已宿矣悲愴久之乃訪熊先生
見其家削者髹者絧者則治水具也彼方

日以錢易水而飲顧切切然思人田之毛澤又且遠臣此其人豈區區踵頂利所可及哉永樂時神機火槍法得之交南嘉靖時刀法佛狼機鳥嘴炮法得之日本然金火之用耳師金火以致利詘水土而靡巧則爲敢于殺人而不敢于養人矣而可乎

大都西洋之學尊天而貴神其餘伎復善曆算精于勾股予每欲學而苦不得暇至其言物理則頗與之相與質難于無窮而此不具論論其水法如此

上饒鄭以偉撰

偉

考訂校刻姓氏

安邑曹于汴

廬陵彭惟成

上海姚永濟

徐州萬崇德

瀘州張鍵

[illegible]

平湖劉廷元

華亭張鼐

永年李養志

華亭李凌雲

銅仁楊如臯

水法本論

昔者造物主之作天地萬物也如大匠之作宮室器用也工人造作必先庀具土木金石物具而後攻之所造宮室器用必也土木金石爲之體焉造物之主備大全能能以無爲有其始有之物爲元行元行四一曰土二曰水三曰氣四曰火因之以爲體而造萬物也非獨爲體而已既生之物不依四行不能自存不賴四行不能自養如人一身全賴四行會合所生會合所成身中溫煖蒸化食飲令成血氣是用火行身中脉絡出入呼吸調和內外是用氣行身中四液津潤臟腑以及百骸是用水行百體充內受質

成形外資食物草木血肉是用土行也人身若此萬類盡然因此四行為是世界所需至切至急以故造物之主作此四行遍在世間至廣至足試觀氣行塞滿空際人物有生之類呼吸其中草木百昌因緣茁發又觀火行因緣于日温煖下濟萬物發生成熟變化土則承載萬生發育品類水則遍滋壓行任意出納是此四行隨處可得任物取資不若珍寶諸類深藏希有大珍寶諸類不切世用則深藏希有水氣火土世用至急則遍滿充足伊誰之力實本玄功以是可推生物之初必有造物之主其綜理籌度悉由仁愛裁制多寡具有權量也四行之論其理甚廣其說

甚長宜有專書備論今獨就水行略言其緒夫四行各有
本所水之本所當是海也海不遍大地即又作為流泉溝
洫江河川瀆令平地高山遍行之又不能遍大地為江河
即又作為地脈旁通潛演掘地穿井無不得之井養之利
足資人用人力有限或熯竭之地水所不至高原上地水
脈甚深物生其間無由滋潤遂其長育即又作為雨露霜
雪用霑溉生養之下是為海為川為井為雨皆水之本所
有生之類受澤于茲取之無禁求之至足矣主宰之恩猶
未既也復俾人靈承天制用于是古先迪哲作為水器以
利天下或取諸江河或取諸井或取諸雨雪藉以收災捍

思生物養民積久彌智變化日新焉嗟夫深心實理巧思回伏誰介人類得與于斯斯亦造物之不能乎其道餘器偶及茲事。見知謬相賞歎仍命各製一器大百工藝事非道民之本業補益名存于茲人之深慇制其意仍託筆爲書梓而行之倘當世名賢體大心立人命經世務憂時雜者賜之采采因而施焉足

國或亦造臣天心報効之一班也

萬曆壬子初夏泰西耶穌會士熊三拔謹撰

泰西水法卷之一

泰西熊三拔譔說
吳淞徐光啓筆記
武林李之藻訂正

用江河之水　爲器一種

龍尾車記

龍尾車者河濱挈水之器也治田之法其則挈江河之水入焉滌則挈田閒之水出焉治水之法淺涸則挈水而入方舟焉疏瀹則挈水而出畚鍤焉不有水之器不得水之用三代而上僅有桔槔東漢以來盛資龍骨能

骨之制日溉水田二十畝以四三人之力旱歲倍焉高地倍焉駕馬牛則功倍費亦倍焉溪澗長流而用水大澤平曠而用風此不勞人力自轉矣枝節一壞全車悉敗焉然而向上水田丈分擬比

國計民生于焉是賴顧茲器所在不為無功已獨其人終歲勤動尚憂衣食乃至壯上旱災赤地千里欲拯斯患亦有進焉今作龍尾車物省而不煩用力少而得水多其大者一器所出若決渠焉累接而上可使在山是不憂高田築為堤塍而出之計日可盡是不憂潦歲與下田去大川數里數十里鑿渠引之無論水稻若諸水生

之種可以必濟即黍稷菽麥木棉蔬菜之屬悉可灌溉是不憂旱潦治之功。出水當五分之一今省十九爲是不憂疏鑿龍蟠之斗旱熯之年。上源枯竭穿渠勞引多用此器下流之水可令復上是不憂漕也蓋水車之屬其費力也以重水車之重也以障水以帆風以運旋本身龍尾者入水不障水出水不帆風其本身無銖兩之重且交纏相發可以一力轉二輪遞互連機可以一力轉數輪故用一人之力常得數人之功又向所言風與水能敗龍尾之車也在鶴膝今龍尾者無鶴膝撫斗板器居水中環轉而已湍水疾風彌增其利故用風水之力而常得人之功若有水之地悉皆用之竊計人力可以半省天災可以半免歲入可以倍多財計可以倍足勞于龍骨之類大略勝之然而千慮之一以當起予可也智士用之曲盡其變不盡方來或者無煩覼縷焉

龍尾者水象也象水之宛委而上升也龍尾之物有六一曰軸軸者轉之主也水所由以下而為上也二曰墻墻者以束水也水所由上也三曰圍圍者外體也所以為固抱也四曰樞樞者所以為利轉也五曰輪輪者所以受轉也六曰架架者所以制高下也承樞而轉輪也六物者具斯成器矣或人為或水為風為馬牛為巧者運之不可勝用也

一曰軸

圜木爲軸。長短無定度。視水之淺深。斟酌爲而徑之長六十五分其軸之長。以其二爲之徑。木之圜必中規。而上下等。以八繩附臬之法。八平分其軸之周。直繩而施之墨之兩端。因直繩之兩端而施之墨。八繩之交。得軸之心也。以八平分之一分爲度。以度八繩之墨。皆平行相等而爲之界。以句股求弦之法。兩界斜相望而墨爲之弦。弦之處軸而得一螺旋之墨。因螺旋之墨而立之牆。爲螺墻。墻之間而得螺旋之溝。爲螺溝。螺溝者。水道也。軸得一墨焉。則得一墻焉。一溝焉。水得一道焉。或二之、或三之、四之、以上同于是多則均一則專惟所爲之既墻而圍之既建而通之而轉之水則自螺旋之孔入也水之入于螺旋之孔也水自以爲已下也而不自知其已上也故曰軸者轉之主也水所由以下而爲上也

注曰圜與圓同量水淺深者下文言句四股三弦五則岸高九尺者軸之長當一丈五尺也凡作軸皆度岸高以三五之法準之一十五分之二若如軸長一丈則徑八寸如本篇第一輸立而圓已下長一丈則丁丙之徑八寸也此畧言軸欲大耳若徑至三寸以上不嫌長丈八寸以上不嫌長二丈也軸過小則水

爲之不升。八繩附臬者。周禮樹八尺之臬縣八繩下垂皆附于臬。今軸身作線大略似之也。八平分者如軸兩端圖甲乙丙丁戊圈爲軸之周所分甲乙丙等八分者平分度也。軸之兩端以其軸各作巳甲過線依法分之即上下合也。次于軸兩端之一邊依所分各界兩兩相對。各作平行直線。八線附木皆平直。是爲八平分軸之周。如立面圖巳丁庚丙諸線是也。次于兩端各作甲巳丁丙諸線。則得軸兩端之各度心也。以八平分之一爲度者。謂以甲乙爲度。從庚至辛。作庚辛辛壬等短界線。至丙而止。八線皆如之。各線之短界線皆平行皆相等也墨爲之弦者從庚向癸依句股法作庚癸斜弦線內纏之至子外纏之至丑至寅至卯至辰斜纏軸面竟軸而止則得一螺旋線也單線則爲單墻單溝也若欲爲雙溝者則平分庚丑線得午從午外上向巳內下向未亦依法作螺旋線也若作四槽者又平分庚午于壬依法作之欲作三槽六槽九槽者先分軸爲九平分欲作五槽十槽者先分軸爲十平分依法作之

一曰墻

軸之上因各螺旋之繩而立之墻墻之法或編之或累之

背塗之墻之兩端不至于軸之兩端其至也無定度惟所爲之以樞之短長稱之八分其軸長以其一爲墻之高可減也不可加也墻其累之也欲堅而無墮也其編之也欲密而平也其塗之也欲均而無罅也兩墻之間謂之溝溝水道也水行溝中而墻制之使無下行也故曰墻者所以束水也水所由上也

注曰編墻之法削竹爲柱依螺旋之線而立之每立一柱即與軸面之八平分長線爲直角如立柱于本篇一圖之午即柱爲垂線與庚丙長線爲直角也而又與軸兩端之丙丁爲一直線也若本篇二圖之癸

丙是也。削柱欲均安柱欲正。列柱欲順。立柱欲齊。既畢。則以繩編之、累如織箔之勞。繩以麻或紵或菅或布或篾。惟所為之。既畢。以瀝青和蠟或和熟桐油融而塗之。或以生桐油和石灰瓦灰塗之。或以生漆和石灰瓦灰塗之。凡瀝青加蠟與桐油取和澤而止。石灰瓦灰相半。桐油或漆和之。取燥濕得宜而止。累墻之法。取柔木之皮。如柔樺之屬。剝取皮裁令廣狹如等。以瀝青和蠟。依螺旋之線層層塗而積之。累畢。如前法塗之。既畢而兩墻之間成螺旋之溝。水從溝行而墻不漏者。是墻之善也。八分之一者如軸長八尺

則墻高一尺此亦畧言高之所至也一以下任意作之故曰可減不可增一法若欲爲長軸則墻之高與軸之徑等

三曰闌

墻之外削版而圍之版欲無厚墻之兩端順墻柱之勢軸而立四柱焉依墻之高而束之環閉板之端入于環閉之外以鐵爲環而約之長者中分閉之長以鐵環約之又長者三分其長以兩環約之閉之版其相合也與其合于墻之上也皆合之以涂墻之齊閉之外皆涂之以受雨潦也闌其合也欲無罅閉之合于墻也欲無罅有閒故水入

螺旋之孔而不絕無罅故水行于螺旋之溝而不洩則水旋而上也故曰圍者外體也所以爲圍抱也

注曰圍之板量圍徑之大小與其長酌全體之重輕而制厚薄焉其長竟墻其廣一寸以上視圍徑之小大增損之太廣而合之則角見也比內而稍剡之以就墻之圓外而者圍既合而削之當墻之燕穿榫爲四柱者所以居環而受圍也如本篇三圖之卯寅展午等是也環以堅韌之木爲四弧弧各加于環柱之上合之成環焉環之下方或爲溝焉居中以受圍板之端或居外或居內爲刻而受之如爲溝于木此居

中也為刻于中此居外也于酉居內也鐵環之束在兩端者與木環相抵卯午也戌亢也或中分約之者心斗是也若兩中環者則在尾與箕也或不用鐵環以繩約之而塗之齊與劑同合以塗墻之劑有瀝青和細灰油灰或漆灰也若塗圍之周者則漆灰為上油灰次之瀝青和蠟者恐不耐暑日也為下而欲速成則用之欲解而時脩則用之是者暑日架之則以苦蒸之水入于螺旋之孔者孔在環之內軸之外四柱之中戌亥角亢之間是也鄉下向受入者以進故水趨于圍也既其出則在卯寅戌亥之間矣 法墻

之兩端以二圓版蓋之開圓板之下端而水入之開
上端之圓板而出之其效同焉

四曰樞

軸之兩端鐵為之樞當心而立之樞之用在圓輪在周若在軸者皆圓之輪在上樞方其上樞之上輪在下樞方其下樞之下方之者以居輪立樞欲正欲直不正不直者輕重不偏也既正既直輕重均轉之如將自轉焉則雖大而無重也故曰樞者所以為利轉也

注曰常心者本篇一圖之庚心也樞之大小長短無定度量全體之輕重制大小焉量輪之所在與地之

所宜制短長焉輪所在者有七下方詳之也方凹止

故可以居輪正者當底之心直者與軸端同向為直

角與軸上八平分線俱為一直線也求正尚有軸端

諸線可憑求直稍難焉今立一試法視一同向端

諸分線以規一抵軸端遶之乙一抵樞之頂心為度

次去乙抵戊量之又去戊抵巳量之皆等下樞之頂

心者即樞直也如將行轉者成遶之杜也

五曰輪

輪有七置輪有三式七置者當閘之中為閘之兩端為軸

之兩端為兩柵為柱閘者夾其閘而設之輪輪之木周之

以輞爲輞樹之齒焉在軸與樞者方其處而入之轂樹之齒焉凡輪皆以他輪之齒發之其疾徐之數視輪與他輪之大小爲其齒之多寡焉故輪欲密附而少爲之齒輪附而齒少他輪大而齒多則其出水也必疾矣故曰輪者所以爲受轉也

注曰輪有七器者因地勢也量物力也相大小而制徐疾也在閘之中者本篇四圖之丁是也在閘之兩端者丙與戊是也在軸之兩端者乙與巳是也在兩樞者甲與庚是也若車大而軸長出水之地高則在丁矣若平地受水而用人力畜力風力者當在甲乙

丙癸用水力當在戊巳庚癸夾圍之輻子丑之類是也辛者谷圍之空也壬癸輞也寅卯之類齒也方其處者軸與樞當受轂之處也辰入樞之穴也戊入軸之穴也午轂也酉亦轂也未中多所之類皆齒也他輪者或人車或馬牛龍車或風車或水車之輪也此諸車之輪皆非謂其人臥輪也蓋指接輪為撥輪者農家所謂撥子是也試言人車則有臥軸也臥軸之一端有接輪臥軸之上有拐木也今丁甲乙丙任從一輪為如置在軸之乙輪仰以附軸之接輪交丁乙輪人踐拐木而轉之接輪與乙輪相發也若馬牛龍

車及風車則有卧軸也所軸之兩端皆有接輪今以其一交于乙輪以其一交于彼車之大卧輪駕畜焉驅風焉而轉之接輪與乙輪相發也若水轉之車則有卧軸也卧軸之一端有接輪卧軸之上有立輪立輪之外有受水之篚也今于戊巳庚任置一輪焉如置在軸之巳輪即以卧輪之接輪交于巳輪水激于篚而卧軸為之轉接輪與巳輪相發也疾徐之數與他輪相視若交乙巳之輪齒十二人車之接輪齒十二是拐木一轉而得一轉也如樞輪之齒八而人車之接輪齒十六是拐木一轉而得二轉也人車之接

輪齒二十四是一轉而得三轉也若樞輪之齒八而飛者颺風之卧輪齒七十二是一轉而得九轉也故曰輪欲密附密附則齒爲之少他輪欲大大則齒多然而密者過密焉則力爲之不任大者過大焉則遲故曰因地勢品物力相大小而制徐疾焉今樞輪之齒八軸輪十二副輪十六約略作之非定率也樞欲使兩輪之交際密相等爲長短相入焉則關捩發而不滯則足矣其小者欲無用輪乃以樞之末別爲衡衡之一端入于樞焉其一端軸之柱焉柱之端圓又爲之拊枝而穿爲圓孔焉以拊枝之圓孔入于柱

而轉之。若大者而欲無用輪。則以兩掉枝同加于柱。兩人對執而轉之。最大者。兩掉枝之末。各爲持衡。四人或六人。對持其衡而轉之

六曰架

架者。一上一下。皆爲低柱。或木爲。或石爲。或鐵爲。柱之植欲堅。以固也。下柱居水中。以鐵爲管。施之柱首。通而上向。以受下樞之末。制管而下。順水之勢。令得入于螺溝之下孔而止也。上者居岸。以鐵爲管。施之柱首。通而下。則以受上樞之末。若輪與衡在上樞之末者。則中樞而設之頸。以鐵爲山口而架樞其上。出其樞之末。以受輪與衡也。制

高下之數以句股爲法而轉心爲之弦弦五焉則句四焉股三焉過假則不高過高則不升

注曰罷瓶樽也堅者其本體堅固者其立基固也上柱者本篇五圖之甲乙是也下柱若丙丁是也上管以受上樞戊也下管以受下樞巳也何股法者一高一下如四圖之亢房線而置之令上樞之末在亢下樞之末在房也三四五者如上樞之末爲亢至下樞之末爲房長一丈如法置之則自下樞之末房依地平作平行線自上樞之末亢作垂線而兩線相遇于氐其亢氐線必長六尺氐房線必長八尺也若過是

于岸之側謂無從作垂線者則以句股法反用之以圜板爲倒弦別作一尾箕垂線爲股尾爲直角作尾心横線爲倒句若尾箕長一尺五寸偃仰移就之令尾心長二尺則心箕必二尺五寸而亢房線必合三四五之句股法也尾圜板長一丈水高必六尺求多焉不可得相水度地利器者以此計之若水過深岸過高器不得過長則累接而上之累接之法亦以接輪交而相發也

泰西水法卷之二

泰西熊三拔譔說
吳淞徐光啓筆記
武林李之藻訂正

用井泉之水　爲器二種

玉衡車記（恒升車附）

玉衡車者井泉挈水之器也。既遠江河，必資井養。井汲之法，多從綆缶，罋甈朝夕，未覺其煩。所見高原之處，用井灌畦，或加轆轤，或藉桔槔，似爲便矣。乃俛仰盡日，潤不終畝；閒三而日，最勤汲井灌田，旱暵之歲，八口之力，晝夜勤動數畝而止。他方習惰，旣見其難。不復問井灌之法。歲旱之苗，立視其槁，饑成已後，非殍則流，吁可憫矣。今為此器，不施繯絙，非藉轆轤，無事桔槔。一人用之，可當數人。若以灌畦，約省夫力五分之四。高地植穀，家有一井，縱令大旱，能救一夫之田。數家共井，亦可撫饑餓流亡之患。若資飲食，則童幼一人足供百家之聚矣。且不須俛仰，無煩提挈，略加幹運，其捷若抽，故煙火貿集之地，一井之上，尚可活一鄉民也。

玉衡者，以衡挈柱，其平如衡，一升一降，井水上出，如趵突。

為玉衡之物有七。一曰雙筩。雙筩者，水所由代入也。二曰雙提雙提者水所由代升也三曰壺壺者水之總也水所由續而不絕也四曰中筩中筩者壺水所由上也五曰盤盤者中筩之水所由出也六曰衡軸衡軸者所以挈雙提下上之也七曰架架者所以居庶物也七物者備斯成器矣更爲之機輪焉巧者運之不可勝用也

注曰趵突泉水上出也

一曰雙筩

鍊銅或錫爲雙筩其圜中規而上下等半其筩之長以爲之徑下有底中底而爲之圜孔以其底之半徑爲孔之徑筩之旁齊于底而樹之管管外出而上迤也管之容其圜

中規管之下端抒之以合于筩開筩之下端爲㮴孔融錫而合之于管管之上端亦抒之旣樹之則與筩之邊爲平行三分其底之徑以其一爲管之徑底之圜孔爲之舌以揜之舌者方版方版之旁爲之樞底孔之旁爲之紐樞入于紐如戶焉而開闔之舌之開闔與管之孔無相背也紐居左則管居右舌其合于底也欲密管之孔合于筩之孔欲利而無礙樞紐之動也欲不滯凡水之入也必從其底之孔也有舌焉而開闔之開之則入闔之則不出左開則右闔矣是左入而右不出也是恒有一孔爲入而終無出也故曰雙筩者水所由代入也。

注曰凡徑皆言圓孔也肉不與焉如本篇一圖甲至乙丙至丁是也半長爲徑者徑三寸則箭長六寸如丁丙廣三寸則甲丁長六寸也半徑爲孔者徑三寸孔徑一寸五分如丁丙三寸則辛壬一寸五分也上迤者斜迤而上如戊至巳丙至庚也杼者斜削之如戊至丙巳至庚是也揗長圓也欲與戊丙之孔合也融錫合之小釬也管之上遝與箭遝平行將以合于壺之下孔也巳庚是也三分之一者底徑三寸則管徑一寸未至申之度也方板者丑寅卯午是也樞者卯辰午是也紐者癸子是也舌如象箭之舌以樞合

紐令丑卯之板恒加于辛壬孔之上向丙而開闔之

也

二曰雙提

旋堅木以爲砧其圜中規而上下等曷知其中規而上下等也砧之大入于雙筩也欲其密切而無滯也展轉之上下之猶是也斯之謂中規而上下等當砧之心而立之柱三分其砧之徑以其一爲柱之徑柱之短長無定度以水之深也井之高也斟酌焉而爲之度柱之上端爲之方枘而入于衡凡水之入也入于雙筩之孔也孔有舌焉砧升則舌開而水爲之入砧降則舌合而水爲之不出水之入

而不出者舌也舌之開闔者砧也砧之上下者柱也舌闊矣水不出矣砧又下焉水將安之則由箭之管而升下左右相禪也故曰雙提者水所由伏升也

注曰砧形如截簾本篇一圖酉戌亥所是也其高不言度者趣其入于箭也不轉側動搖而已矣皆為門足之柱以固之仰無厚可也三分之一折而從三寸則柱徑一寸如所高三寸則亢氐二寸也凡雙箭入井近下則水濁近上則水竭故柱之短長宜量水深與井高也柄笋也當房心之上刻而方之為尾箕壯也

三曰壺
鍊銅以爲壺壺之容半加于雙筩之容其形橢圜腹廣而
上下弇之弇之度視廣之度殺其十之二當其弇而設之
蓋壺之底爲橢圜之長徑設二孔焉皆在其徑孔之橢圜
其大小也與筩之上端等融錫而合之壺之兩孔各爲之
舌而揜之舌之制如筩中之舌也壺之內當兩孔之中而
設之紐兩舌之樞悉係焉而開闔之左右相禪也當蓋之
中爲圜孔焉而合于中筩蓋之合于壺也欲其無罅也既
成以鐵爲雙環衣而交纏束之當其合而錮之以錫以備繕
治夫水之入于管也左右禪也而終無出也水從管入者

以提杜之遏之也則上衝而壺之舌爲之開以入于壺水勢盡而彼舌閉則此闔矣是代入于壺也而終無出也其代入也壺爲之恒滿而上溢其終無出也而有餘之容以俟其底之入也故曰壺者水之總也水所由續而不絕也

注曰半加容者如之又加半焉如能簡其容四底則壺容六升也弇歛也腹循而上下弇如木篇二圖中乙丙丁形是也蓋者戊巳庚辛也揣圜之長徑底圖之乙丙是也二孔者未申也酉戌也皆在其徑者二孔之心在乙丙線之上也二孔揣圜者如酉戌𠊱乾亥長以合于一圜之未申巳庚也二舌者寅卯也辰

午也。紐者子丑也。以樞合紐。合寅卯之板。樞加于未
申孔之上。向丙而開闔之也。辰午加于酉戌。亦如之。
左右相樞也。蓋之圓孔。庚辛是也。蓋合于壺者。巳戌
加于甲丁也。雙環纏束者。本篇三圖之角亢氐房是
也。既錮之。又束之者。水力大而易渫也。

四曰中箭

鍊銅或錫以爲中箭。中箭之徑。與長箭旁管之徑等。中箭
之下端。爲敞口。以關于蓋上之孔。融錫而合之。其長無定
度。量水之出于井也。斟酌焉而爲之度。或銅錫之中箭纔
數寸。其上以竹木焉續之。竹木之箭之徑。必與下箭之徑

等。其上出之徑。等縮也。無羸也。水之入于壺也。代入也。而終無出也。則無所復之也。必由中箭而上。故曰。中箭者壺水所由上也

注曰中箭者本篇三圖之坎艮庚辛是也上出之徑必縮于下合之徑者所以為出水之勢也

五曰盤

鍊銅或錫以為盤中盤之底而為之孔以當中箭之上端融錫而合之盤底之旁為之孔而植之管管外出而下垂也盤之容與盆之容等管之徑與中箭之徑等管之末無定度其下迤也及于案水之處也中箭之末其上溢也盤

畜之管洩之故曰盤者中筩之水所由出也

注曰本篇四圖之甲乙丙丁盤也丙丁為孔以合于中筩之上端乙端者三圖之坎艮也底旁之孔首戊巳也下遊者巳庚也

六曰衡軸

直木為衡衡之長無過井之徑雙提之柱其相去也視雙筩雙提之上柄入于衡之兩端其相去也視雙提直木為軸軸長于衡而無定度圜其尾去首二尺而圜其頸當頸尾之中而設之鑿當衡之中而設之枘衡衡也軸縱也鑿枘而合之欲其固也軸展側焉衡低昂焉提上下焉左右

相禪也故曰衡軸者所以挈雙提下上之也

注曰衡之長本篇四圖之壬辛是也柄入下衡者子丑是也軸之長卯午是也卯尾午首辰頭也衡軸鑿枘之合寅是也鑿孔也衡横軸縱卯辰子丑之交加也

七曰架

井之兩旁爲之柱或石焉或甎甋焉或木焉柱之上端爲山口山口者容軸之圜也以利轉也軸之首設之小衡與衡平行也長二尺或三尺小衡之兩端設二木而三分之如句股以小衡爲弦句股之交立之柄持其柄而提之以

轉軸也。水之中穿井之滿而設之梁。横亘焉。梁之上爲二陷以居雙筩之底。欲其固也。中其陷而設之孔。稍大于雙筩之底孔。水所從入也。梁居水中。其木必楡。楡爲木也無味。水不受之變。梁在其下。柱在其上。車所由孔安而利用也。故曰架者。所以居庶物也

注曰。本篇四圖之卯亥也。辰乾也。柱也。當辰卯爲山口者。以容軸之圓也。衡者。申未也。三合者。辰申酉爲三角形也。酉戌柄也。立之柄者。立柄于酉戌酉未爲直角也。坎艮梁也。角亢氐房陷也。心尾陷中孔也

若欲爲專筩之車。則爲專筩專柱而入之中筩如恒升之

法而架之而升降之其得水也當玉衡之半井狹則爲之

注曰專一也架法見恒升篇

恒升車記 雙升附

恒升車者井泉挈水之器也其用與玉衡相似而更速焉更易焉以之灌畦治田致爲利益矣若爲之複井井之底爲竇而通之以大井瀦水以小井爲筩而出之則無別爲筩也若江河泉澗索水之處遇高龍尾之力有不能至則用是車焉挈水以升架槽而灌之或遞而建之以當龍尾

恒升者從下入而上出也從上出而不息也恒升之物有

四。一曰筩，筩者水所由入也，所以束水而上也。二曰提柱，提柱者水所由恒升也。三曰衡軸，衡軸者所以挈提柱上下之也。四曰架，架者所以居庶物也。四物者備斯成器矣。更爲之機輪焉，巧者運之不可勝用也。

一曰筩

剡木以爲筩，筩之長無定度，下端所至居水之中，巳上則易竭，巳下則易濁，上端所至出井之上，度及于索水之處而止。筩之徑無定度，因井之大小，索水之多寡，斟酌焉而爲之度。筩之容任圜與方，其圜中規，其方中矩，而上下等。筩之周以鐵環約之，環無定數，視筩短長，斟酌焉而爲之戴箭之下端爲之底欲其容而無漏也中底而爲之孔孔之方圜及其箭若圜箭而方孔七分底之徑以其四爲孔之徑若方箭而圜孔七分底之徑以其五爲孔之徑孔之上象孔之方圓爲之舌而掩之如玉衡之堤前掩之欲其容而無漏也開闔之欲其無滯也箭之上端爲之管管外出而下逝也本瘠而末狹也水從孔入焉既入而提柱之勢能以上掩之既掩而提之提之則從管而出也故曰箭者水所由入也所以束水而上也

注曰玉衡之雙箭與中箭爲二此則合之箭入井底量井淺深箭大短而置之近上趣恒得水而止近下

趣無受濁而止與玉衡同也圓筩用竹尤簡用本則方筩爲易焉如本篇一圖甲乙丙丁圓筩也丙丁其底也戊巳底方孔也庚辛壬癸方筩也壬癸其底也子丑底圓孔也寅方舌也酉圓舌也甲卯辛卯管也辰午未申之屬環也環之多寡疎密趣不漏而止餘見玉衡篇

二曰提柎

錬銅以爲砧圜者中規方者中矩砧之大入于筩也欲其密切而無滯也展博之上下之猶是也當砧之心而出之孔孔之方圜孔之徑皆與筩底之孔等孔之上爲之[illegible]

掩之舌之制如箭底之舌也直木以爲柱柱有二式一用長一用短用長者爲實取之柱用短者爲虛取之柱實取之柱其砧入于水而升降焉其長之度下及于箭之底上出于箭之口其出于箭之口無定度趣及于衡而止虛取之柱無用長入箭數尺而止升降于無水之處以氣取之欲挈之先注水于砧之上高數寸以閉其隙而喻之凡井淺者實取焉井深者虛取焉五分其箭之徑以其一爲柱之徑砧之合于柱也鍊銅或鐵爲四足隅立于方砧之四維方孔之四旁而皆上聚之聚之處趣不窨于舌之開闔而止以其聚合于柱之下端合之欲其固也砧之所以其

枝于隅足也可無厚既合而入于筩砧降而底之舌爲之掩砧升則開之開之則水入掩之則水不出一升一降是水恒入而不出也既入之水而砧降焉則無復之也則上衝于舌而入于砧之孔砧升而砧之舌爲之掩一升一降是水恒入而不出也爾入而不出則溢于筩而出常如是匱者實者同于是故曰提柱者水所由恒升也

注曰玉衡之提柱與壺之孔之舌爲二此則合之又玉衡之水皆實取此有虛取之法焉氣法也凡砧之入于筩求密切而無滲也求密切之法成砧而入之能無漏者國工也不能無漏者稍弱其砧之徑以疊

罽之屬。皮革之屬附于砧之四周焉附之法若砧厚者稍刻其周之上下如鼓木腔其刻而刻爲陷環既附而堅束之砧薄者則爲兩重之砧夾其鞄或革以隅足貫之而繫之柱如本篇二圖之用乙是也四足者丙丁戊酉也砧者巳庚辛壬也砧之孔癸子也其舌丑寅也砧可無厚無厚則輕餘見五衡篇

三曰衡

直木以爲衡衡之長無定度從涵之大小水之淺深多寡焉長則輕衡之兩端皆設之行以定衡其兩重等五分其衡二在前三在後而設之繫並木以爲軸軸之長無定度

圜其兩端中分其長而設之柄衡也軸縱也鑿柄而合之欲其固也軸之兩端各為山口之木而架之中分其衡之前而綴之提柱綴之欲其容切而利轉也抑其後重而提柱為之升揚其後重則前重降而提柱隨之也提柱之降也實取者挹水而升于砧也其升也則下入于箭而上出于箭也虛取者降而得氣焉氣盡而水繼之故曰衡者所以挈提柱上下之也

注曰氣盡而水繼之者天地之間悉無空際氣水二行之交無間也是謂氣法是謂水理凡用水之術率此一語為之本領焉本篇三圖之甲乙衡也丙丁兩

石重也戊巳衡也子衡軸之交也庚辛壬癸[illegible]
木也寅提柱也綴之于丑卯辰箭上端也午管也[illegible]
見玉衡篇
四曰架
木爲井幹以持箭持之欲其固也箭之下端爲盤以承之
盤與箭合之欲其固也中盤而爲之孔孔之徑稍强于箭
底之孔之徑盤之下爲鼎足而置之井底
注曰本篇四圖之卯未辰午井幹也加于地平之上
申戌酉亥之間爲正方之空夾箭而持之丁戊井面
地平也巳庚井底也辛壬癸盤也辛子壬丑癸寅盤

足也。

若欲爲雙升之車，則雙箭焉，如玉衡之法而架之，而升降之。此升則彼降，用力一而得水二也，是倍利于恒升也，尤宜于江河。

注曰：力一水二者，一升一降，各得水一焉，無虛用力也。恒升者，一升一降而得水一也。架法見玉衡篇。

泰西水法卷之二終

泰西水法卷之三

泰西熊三拔譔說
吳淞徐光啓筆記
武林李之藻訂正

用雨雪之水　爲法一種

水庫記

水庫者積水之處也澤國下地水之所都平原易野厥田中中引河鑿井斯足用焉若乃重山復嶺陡澗迅流乘水之急激而自上發人用器厥利尤大矣別有天府金城居高乘險江河溪澗境絕路殊鑿井百尋盈車載

綆時逢亢旱涓滴如珠或乃絕徼孤懸恆須遠汲長圍久困人馬乏絕若斯之類世多有之臨渴爲謀豈有及哉計莫如恒儲雨雪之水可以御窮而人情狃近未或先慮及其已至坐槁而已亦有依山掘地造作唐池以爲旱備而彌旬不雨已成龜坼徒傷挹注之易窮不悟滲漏之寔多矣西方諸國因山爲城者其人積水有如積穀防紅腐水防漏渫其爲計慮亦畧同之以故作爲水庫率令家有三年之畜雖遭大旱遇強敵莫我難焉又上方之水比于地中陳久之水方于新汲其蠲煩去疾益人利物往往勝之彼山城之人遇江河井泉之

水猶鄙不肯嘗也今以所聞造作法著于篇請先論之

秦晋諸君子焉

水庫者水池也曰庫者固之其下使無受渫也冪之其上使無受損也四行之性土爲至乾甚于火矣水居地中風過損焉日過損焉夏之日大旱金石流土山焦而水獨存乎故固之故冪之水庫之事有九一曰具具者庀其物也二曰齊齊所以爲之和也三曰鑿鑿所以爲之容也四曰築築所以爲之地也五曰塗塗所以爲之固守也六曰蓋蓋所以爲之冪覆也七曰注注所以爲之積也八曰挹挹所以受其用也九曰脩脩所以爲之彌縫其闕也

注曰冪防耗損亦防不潔古人井故有冪易曰井收

勿幕齊與冪同

一曰具

水庫之物有六以備築也葢也塗也築與葢之物有三曰方石曰甎甋曰石卵塗之物有三曰石灰曰砂曰瓦屑塗之物三合謂之三和之灰或砂或瓦去一焉謂之二和之灰煉灰之石或青或白欲密理而色潤否者疏而不眠煉之以薪或石炭焉火不絕二日有半而後足試之法先取一石權之雜衆石而煉之既成而出之權之損其初三分之一此石質美而火齊得也砂有三種或取之湖或取之

地或取之海海為上地次之湖又次之砂有三色赤為上黑次之白又次之辨砂之法有三揉之其聲楚楚焉純砂也諦視之各有廉隅圭角純砂也散之布帛之上抖擻之悉去之不留塵坌者純砂也否則有土雜焉以為齊則不固瓦之屑以出陶之毀瓦瓴甋鐵石之杵臼舂之而篩之無新焉而用其舊者水灌之日暴之極乾而後舂之而篩之篩之為三等細與石灰同體為細屑稍大焉與砂同體為中屑再篩之餘其大者如菽為查

注曰方石瓴甋者以豫為墻為蓋二物皆無定度也

為墻之石取正方焉廣狹短長厚薄無定度墻厚則

堅。堅則久爲。蓋者或穹之穿之石合之、其圓半規、穹之法有三、詳見下方也。石卵者、鵝卵之石也。以豫爲底也。無之、以小石代之、大者無過一斤、小者任雜焉。凡石卵或小石、欲堅潤而密理、否者不固、泥黏也。二日有半。三十時足也、陶窑竈也、瓶甒磚也。凡瓦之土。勝磚之土。用磚則謹擇之、纔俗作篩羅也、杳滓也。查無用纔擇其過大者去之。三和之灰、今匠者多用之。其一則土也。用土、土不堅以瓦屑、故勝之。以後法爲之劑、又勝之。西國別有一物、似土非土、似石非石、生于地中、掘取之。大者如彈丸、小者如菽。色黃黑、孔竅周通狀如蛭窠儼然石也而體質甚輕揉之成粉舂以代砂或代瓦屑灰汁在其空中委宛相入堅凝之後逾于鋼鐵近數十年前有發故水道者啓土之後鍬鑊不入百計無所施旣而穴其下方乃壞陊焉視其甃塗之灰用是物也厚半寸許耳此道由來甚久以歷年計之在漢武之世矣後此凡用和灰甚費是物焉或作室模和灰塗之宏閎窈窕惟意所爲旣成之後絕勝冶銅鑄鐵矣然所在不乏計秦晉隴蜀諸高陽之地必多有之其形大段如浮石而顆細色赤黃質脆爲棋耳以木片貯之始上殷孽之類也其生在

乾燥之處上作硫黃氣者或產硫黃者或近溫泉者火石者火井者或地中時出燐火者即有之求之法視其處草不蕃盛茸茸短瘁乃淺草之中忽有少分如斗許如席許大不生寸草者依此掘地數尺當可得也西國名爲巴礬刺那求得之大利于上石之工或并無瓦屑及砂以青白石末代之其細大之等與瓦屑同

二曰劑

凡劑以斗斛槩其物水和之三分其瓦而灰居一砂居二凍之如糜謂之甃劑三分其甃劑加水一焉而調之謂之

築齊塗之齊有三。湅之皆如糜。四分其凡而尾查居二。砂居一。灰居一。謂之初齊。三分其凡而中屑居二。灰居一。謂之中齊。五分其凡而細屑居三。灰居二。謂之末齊。凡湅齊熟之。又熟。無亟于用。無惜于力。日再湅。五日而成。爲新齊。新齊積之。恒以水潤之。下濕之處。窖藏而土封之。久而益良。

注曰。凡塈灰必出窑之灰。凡塈尾仔必出臼之屑。凡量砂。必日暴之砂。皆言乾也。如糜者。今匠人所用鬻墻塗墻。挑而粢之之劑也。太燥則不附。太濕則不居。加水爲築劑。則如稀糜沃而灌之之劑也。凡治宮室

築城垣造壙域皆以諸劑斟酌用之和之水以泉水江水雨水雜鹵與鹻勿用也雪水之新者勿用也凡總數也

三曰鑿

池有二一曰家池一曰野池家以共家野以共野共家者飲饌焉澡滌焉共野者畜牧焉澆灌焉為家池計衆霤而畱聚之承而鍾之為野池計岡阜原田水道之委而聚之而鍾之為家池必二以上代積焉代用焉為野池專可也隨積而用之皆計歲用之數而為之容積二年以上者遞倍之或倍其容或倍其處為家池平其底中底而為之坎坎深

二尺以渟其垢。三分其底之徑。以其一爲坎之徑。墻方則稱圜則圜。大者圜之。小者方之。大者圜而方者小。則不畏深也。墻之周或壁立或下侈而上弇之。侈弇之數無定度。雖爲之上囊之口可也。若上侈而下弇則寡容也。中侈而上下弇則難爲墻也。無所取之。或爲之複池限之。以墻中墻而爲之竇以通之。小者纍之大者脾之。互輸寫之。可捋清而去濁也。代積而代用也。若山麓原川陂陁之地。則爲壺漏之池。高下相承。互輸寫之。爲野池。利淺。以畀飲六畜。以溉田方其墻。迤其一面以爲涂。欲爲深者。迤其底。漸深之。無坎爲野池。擇硗确之地。不宜稼而水輳焉者可也。是

化無用爲有用也

注曰。共。與供同。霤。簷溝也。容者。通高下廣狹所容受多寡之數也。度池尺寸。計容多寡。用盤量倉窖術。在九章算之粟米篇。專。獨也。遞倍者。二年則二倍。三年則三倍也。倍容者。倍其大。倍處者。倍其多也。倍大法亦用立方立圓術。酌量作之。在九章算之少廣篇。方則稱者。或稱其室。或稱其庭。兩方相稱也。方擠而大。懼或隳焉。圓如井周。相恃爲固。上弇不隋。亦此理也。侈。廣。弇。斂也。如本篇一圖之甲乙丙丁方池也。辛壬癸子圓池也。二形之外。或有爲長方者。方之翁也。有六角八角以上諸角形者圓之屬也。惟所爲之未暇詳也。戊巳丑寅底坎也。乙庚辛壬壁立之墻也。卯辰午未戌房氐亢上弇之池也。卯未戌角土囊之口也。複池兩池並也。墻之實多寡大小高下任意作之。勢木杙也。凡牐與埶或旁渫者附之以煐木之皮而塞之。壺漏之池者從上而下位置如刻漏之壺。其開竇輸寫亦若漏水相承也。如本篇二圖之甲乙複池也。丙丁限墻也。午壬申竇也。戊巳庚辛壺漏之複池也。壬其竇也。癸子丑寅卯辰壺漏之三複池也。酉與戌皆其竇也。三以上任意作之。其連接之處如庚至巳丑至子，淺深高下，亦任意作之。迤之以爲塗，令人畜皆邐迤而下，恒及水際也。凡岡阜之下，山陵之麓，其地瀝脯，故不宜稼。其勢建瓴，水則輳之，牲降于阿，取飲既便，掣以灌田，趨下易達也。

四曰築

築有二：下築底，旁築墻。築底者，既作池，平其底，則以木杵杵之，或以石礎碪之，杵之礎之，欲其堅也。依池之周而爲之墻，或方石焉，或瓴甋焉，甃之以甃齊之灰，甃必乘其界。墻量池之小大淺深而爲之厚，不厭厚。若複池，則爲共池而中甃其限墻，仍甃爲行水之竇，壺漏之。複池則各爲池而穿行水之竇也墻畢以鵝卵之石或小石墊之其底厚五寸以上不厭厚既墊之復杵之或碓之不厭堅無惜其力亦欲其平也既堅既平以築齊之灰灌之又灌之滿焉

焉平焉浮于石而止復杵之或碓之有隙焉復灌之滿實平而止中底之坎亦杵之亦墻之亦墊之而灌之如法作之凡底與墻之交碓杵或不及焉則以邊杵築之其墊與灌必謹察之而加功焉壺漏之實居水之衡必謹察之而加功焉凡墻皆以方長之石爲之緣若遇大石焉而鑿之池以石爲之底與墻與緣徑塗之有隙焉而爲之縫亦杵之而墻之而緣之而墊之而灌之如法作之野池或土

或石皆如之

注曰乘界俗言騎縫也緣池面壓口也縫補也本篇三圖之甲乙丙木枅也丁避杵也戊石碪也巳辛巳庚甃墻也庚辛石甃也本篇二圖之甲乙即共池也

以意度之江海之濱平原易野土疏善滲必以甃墻處于山者如秦如晉厥土騂剛陶復陶穴壁立不墮若斯之處擗地爲池雖無甃墻而徑塗之不亦可乎同志者請嘗試之

五曰塗

築之候池之底既乾其十之八掃除之過乾則水沃之而

後塗之塗之先以初齊厚五分池大者加二分之一池之底及周連塗之連塗之則周與底之交無罅也塗畢以木擊擊之欲其平以實也次日又擊之有罅焉以鐵槩槩之乾則以水沃而槩之無罅而止三日以後皆如之俟其乾十分之六而塗之中齊中齊之厚減其初二分之一亦擊之槩之次日以後皆如之候其乾十分之六而塗之末齊末齊之厚減其次二分之一亦擊之槩之次日以後皆如之候其乾十分之五以鐵槩摩之有罅焉以水沃而摩之周與底中坎之周與底復池之水管皆同之凡周與底之交若實必謹察之而加功焉凡塗甋甋之墻或燥而不眠

以石灰之水遍灑之，作墨色，乾而後塗之，則昵。凡塗石池與土池，野池與家池，皆同法。凡擊欲其堅如石也，摩欲其密如脂也，欲其瑩如鏡也，堅密以瑩，更千萬年不滲也。

注曰：本篇四圖之甲，木擊也；乙，鐵槩也。凡三和之灰無所不可用。欲厚則四塗之，五塗之，任意加之。四塗者，初一，中二，末一。五塗者，初一，中三，末一。末塗以飾宮室之墻，欲令光潤者，以雞子清或桐油和之，如法擊摩之。欲設色，以所用色代瓦屑而和之，石色爲上，草木爲下。

六曰蓋

家池之蓋有二曰平之曰穹之平有二曰石版曰木版皆平而鑿之爲之孔以出入水穹有三曰券穹曰斗穹曰蓋穹方池皆券穹正方者或爲斗穹圜池之屬皆蓋穹券穹者形覆券也又如截竹析其半而覆之兩和爲之立墻斗穹者形覆斗也方其隅而四墻之遡其頂也皆以圜蓋穹者其形蓋也中高而旁皆下垂凡穹之空皆半規皆去緣尺而甃之甃之法皆衆木以爲模緣而成之甃以石則治之以邇規若瓴甋亦以邇規之模造之無之則以甃甋加損而合之穹之下爲之竇以出入水在野者或穹之不則苦之或露之

注曰平蓋出入之孔有二一居中當底坎之上以提其渟汙也一近池之緣注水入之挈水出之大小皆無定度也本篇四圖之丙丁戊巳庚癸穹也丁戊戊巳方池兩緣也丁丙戊和墻也丙庚穹背也辛壬癸子丑斗穹也辛壬癸丑方池緣也子穹頂也依丑辛直線爲墻漸狹而上以趨子其丑子辛子皆圓線餘三同之而結于子也寅卯辰午未蓋穹也寅卯未辰圓池緣也午穹頂也旁周趨上皆爲圓線其全空正如立圓之半也空皆半規者謂丁丙戊丑子壬未午寅皆半圜形也如是則周去緣尺者池口爲道將蹲

池以居梁也趨規之勢令工人謂之橋房形也

七曰注

凡家池以竹木爲承霤展轉達之其將入于池也爲之露池迎輻輳之水甃積焉以渟其滓既澱而後輸之露池之緣爲竇焉以入于池露池之底爲竇焉而他渫之皆以歸或以槩而節宜之凡雨之初零也必有滓也長夏之雨也必有酷熱之氣也則啓其下竇而池渫焉度可入也者塞之啓其上竇而輸之若水之來與地平不能爲下竇者則澱其滓以將出之爲新池候乾極而注之新注之水不食也既浹月更注之而後食之爲二池者歲食經年之水爲

三池者。歲食三年之水。是恒得陳水焉。水陳者良。若爲複池者。既注之。瀦而後啓中墻之竇而輸之空池。復注之。如是更積之。是恒得瀦水焉。凡池既盈而閉之。則畜之金魚數頭。是食水蟲。或鯽魚。是食水垢。野池。注之山原之水。遂以畜諸魚。可也。魚之性。有與牛羊相長者也

注曰。瀦。下凝也。露池。不暴也。如本篇五圖之甲乙丙露池也。丁。上竇也。戊。下竇也。新注不食。以氣入焉。沫惡也。魚與牛羊相長者。如鱓食羊豕之惡而肥。鰱食鱓之惡而肥也

八曰挹

家池之水深其挈之則以龍尾之車更深者爲之玉衡之
車恒升之車無立其足則以大石爲墜鬭巨木而置之無
夾其箭則跨池爲梁而置之既出而爲槽以達之若挈瓶
施繘焉亦從其梁中底之坎既瀦焉爲嗡箭以去其瀦嗡箭者截竹而通其節或卷銅錫焉兩端塞之中底而爲之孔孔之徑當底三分之一上端之旁爲之孔無過三分一
指可捻也捻其上孔而入之水至于底而啓之則自下孔
入者皆瀦也既盈捻而出之而傾之一如是數入焉瀦盡而
止凡施箭亦從其梁野池之灌畦若田也亦以三車挈之
置車亦如之池大者無跨其梁則跨之隅

注曰足謂龍尾之下樞也玉衡之雙筩恒升之筩底也筩者玉衡之中筩恒升之筩上端也繘汲井繩也本篇五圖之巳庚辛石闕巨木也壬癸梁也子丑喻筩也寅喻筩之底孔也卯旁孔也未申梁跨其隅也

九曰脩

池無新故或滲焉脩之則用細潤之石舂之簁之與灰同體亦與同量煑水日漸而投之和之日乾之復舂之簁之煑水投之如是四焉舂而簁之牛乳汁和之以塗其隙或以生漆和而塗之

注曰同體等細也同量等分也

泰西水法卷之四

泰西熊三拔譔說
吳淞徐光啓筆記
武林李之藻訂正

水法附餘

高地作井未審泉源所在其求之法有四

第一氣試

當夜水氣恒上騰日出即止今欲知此地水脉安在宜掘一地窖于天明辨色時人入窖以目切地望地面有氣如煙騰騰上出者水氣也氣所出處水脉在其下

第二盤試

望氣之法曠野則可城邑之中室居之側氣不可見宜掘地深三尺廣長任意用銅錫盤一具清油微微遍擦之窖底用木高一二寸以擱盤偃置之盤上乾草蓋之草上土蓋之越一日開視盤底有水欲滴者其下則泉也

第三缶試

又法近陶家之處取瓶缶坯子一具如前銅盤法用之有水氣沁入瓶缶者其下泉也無陶之處以土甓代之或用羊絨代之羊絨者不受濕得水氣必足見也

第四火試

又法掘地如前，篝火其底，煙氣上升，蜿蜒曲折者，是水氣所滯，其下則泉也。直上者否

鑿井之法有五

第一擇地

鑿井之處，山麓爲上，蒙泉所出，陰陽適宜，園林室屋所在，向陽之地次之，曠野又次之，山腰者居陽則太熱，居陰則太寒，爲下。鑿井者察泉水之有無，斟酌避就之

第二量淺深

井與江河地脈通貫，其水淺深尺度必等。今問鑿井應深幾何，宜度天時旱潦，河水所至，酌量加深幾何，而爲之度，

去江河遠者不論

第三避震氣

地中之脉條理相通有氣伏行焉強而密理中人者九竅俱塞迷悶而死凡山鄉高亢之地多有之澤國鮮焉此地震之所由也故曰震氣凡鑿井遇此覺有氣颯颯侵人急起避之俟洩盡更下鑿之欲候知氣盡者以燈火下視之火不滅是氣盡也

第四察泉脉

凡掘井及泉視水所從來而辨其土色若赤埴土其水味惡赤埴黏土也中為甎為瓦者是若散沙土水味稍淡若

黑墳土。其水良。黑墳者。色黑稍黏也。若沙中帶細石子者。其水最良

第五澄水

作井底用木爲下。磚次之。石次之。鉛爲上。既作底。更加細石子。厚一二尺。能令水清而味美。若井大者。于中置金魚或鯽魚數頭。能令水味美。魚食水蟲及土垢故

試水美惡辨水高下其法有五（凡江河井泉雨雪之水試法並同）

第一煮試

取清水置淨器煮熟。傾入白磁器中。候澄清。下有沙土者。此水質惡也。水之良者無滓。又水之良者。以煮物則易熟。

第二日試

清水置白磁器中向日下令日光正射水視日光中若有塵埃絪緼如游氣者此水質惡也水之良者其澄澈底

第三味試

水元行也元行無味無味者眞水凡味皆從外合之故試水以淡爲主味佳者次之味惡爲下

第四稱試

有各種水欲辨美惡以一器更酌而稱之輕者爲上

第五紙帛試

又法用紙或絹帛之類色瑩白者以水蘸而乾之無迹者

爲上也。

以水療病其法有二

第一溫泉

溫泉可以療病者何也。凡治病之藥。皆以其味。西元行皆無味。故眞水不能爲藥。以水爲藥。必藉他味焉。溫泉出于硫黃。硫黃爲藥。多所主治。而過于蘭烈。醫方謂其效雖速。其患更速。雖可服餌。溫泉本水。而得硫之精氣。故爲勝之。又溫泉療病。用之藥浴者什九。用之湯飲者什一。薰沐者。其熱毒不致入于腸胃。而性力却能達于腠理。則利多而害少焉。第同一溫泉。性味各異。其所主治。亦悉不同。西國一大郡其山間所出溫泉數十道每道各有主治昔有國主徵集名醫辨其性理又多用罪囚患諸對症者累試累驗然後定爲方術是何泉水本何性味主何疾病作何熏蒸或是沐浴或只湯飲用何藥物以爲佐助設立熏蒸器具沐浴盆池刊刻石碑書其方法樹之本所凡染病者依方療治多得奇效今溫泉所在有之亦有沐浴而得愈疾者若更講求試驗如前所云所拯救疲癃當復不少也

第二藥露

凡諸藥係草木果蓏穀菜諸部具有水性者皆用新鮮物料依法蒸餾得水名之爲露今所用薔薇露則以薔薇花

作之其他藥所作皆此類也凡此諸露以之爲藥勝諸藥物何者諸藥既乾既久或失本性如用陳米作酒酒多無力小西洋用葡萄乾作酒味亦薄焉若以諸藥煎爲湯飲味故不全則有因煎失其本性者若作丸散并其查滓下之亦恐未善凡人飲食蓋有三化一曰火化烹煮熟爛二曰口化細嚼緩嚥三曰胃化蒸變傳送二化得力不勞于胃故食生食冷大嚼急嚥則胃受傷也胃化既畢乃傳于脾傳脾之物悉成乳糜次乃分散達于周身其上妙者化氣歸筋其次妙者化血歸脉用能滋益精髓長養肌體調和榮衛所云妙者飲食之精華也故能宣越流通無處不

到所存糟粕乃下于大腸爲今用丸散皆乾藥合成精華已耗又須受變[illegible]胃傳送于脾所沁入宜亦能有幾何其餘悉成糟粕下墜而已病人脾胃有如老弱祇應坐享見成飲食而乃令操作煩勞以化治乎今用諸水皆諸藥之精華不待胃化脾傳已成微妙哉下于咽即能流通宣越沁入筋脉裨益弘多又蒸餾所得既于諸物體中最爲上分復得初力則氣厚勢大焉不見燒酒之味醲于他酒乎西國市肆中所鬻藥物大半是諸露水每味用器盛置醫官止主立方持方詣肆和藥付之然且有不堪陳久者國主及郡邑長吏歲時遣官巡視諸肆令取過時之藥是

水料者即傾棄之是乾料者即雜燒之蓋慮陳久之藥無益于疾或反致損也其製法先造銅鍋平底直口下稍廣上稍斂不論大小皆高四五寸次造錫兜牟用鉛或銀尤勝也製如兜牟上爲提梁下口適合銅鍋之口罩在其外錫口內去口一寸許周遭作一錫槽槽底欲平無令積水錫口外去口一寸許安一錫管管過于槽其勢斜下管之底平于槽之底寧下無高以利水之出也次造竈與常竈同法安鍋之處用大磚蓋之四旁以磚甃成一窩塗之黏土以銅鍋底爲模銅鍋底入于竈窩深二寸窩底大磚并泥厚二寸欲作諸露以物料治淨長大者剉碎之花則去

蒂與心置銅鍋中，不須按實，按實氣不上行也。置銅鍋入竈窩內，兜牟蓋之，文火燒之，磚熱則鍋底熱，熱氣升于兜牟，即化爲水，沿兜牟而下，入于溝，出于管，以器承之。兜牟之上以布盖之，恒用冷水濕之，氣升遇冷，即化水。候物料既乾而易之。所得之水，以銀石磁器貯之，日曬之，令減其半，則水氣盡，能久不壞。玻瓈尤勝，透日易耗故也。凡爲香以其花草作之，如薔薇、木犀、茉莉、梅、蓮之屬。凡爲味以其花草作之，如薄荷、茶、茴香、紫蘇之屬。諸香與味，用其水皆勝其物。若藥肆多作諸藥露者，則爲大竈，高數層，每層置數器，凡數十器。或平作大竈，置數十器，皆蒸火一處，數

十器悉得水焉其新火人力俱省數倍矣

注曰如本圖之甲壬癸子銅鍋也乙庚辛兜牟也戊提梁也庚辛錫口也戊巳槽也丙丁管也丑卯辰竈也丑寅竈面也申酉竈也申酉與壬癸相入甲子與庚辛相入也午未竈門也亥角亢氐竈也氐房心尾平竈也

此外測量水地度形勢高下用以決排江河蓄洩湖淀開濬瀦渠疆理田畝捍大患興大利者別為一法

或于江湖河海之中欲作橋梁欲作城垣欲作宮室樓臺令千萬年不致圮壞別為一法

或于山泉溪澗去城郭數里或數十里乃至百里遠引原泉伏流灌注入下[illegible]或至大內或至官府或至園圃或至人家分枝[illegible]任意取用別為一法

已上三法別有備[illegible]者專言取水未暇多及

泰西水法卷之五

泰西熊三拔述旨
吳淞徐光啓演說
武林李之藻訂正

水法或問

旣作水器。諸公見之。毋辱獎歎。時及水理。有所詶對。序而錄之。第四行論辨。更僕未悉。垂問所至。則舉一二。若緜抽蔓引。爲緒又長。故每從截說。非能通貫也

或問海爲水之本所。何謂也。曰。造物之初。渾淪剖判。四行之物。各有本所。火之體質。最爲輕玅。居最上矣。氣輕于

水居火之次水之體質稍輕于土附地居焉惟地形質獨爲至重凝結水下萬形莭資莫不就之水既在地地有崇卑海之爲處于地甚卑故百川會焉滙爲巨壑也

問地居水下即水之下全爲土乎曰不然四行之中惟火至純不受餘物而能入于餘物其外三行皆能相容相受矣水受二行如海水夜明焼沸能熱有火分也水體同重爲酒則輕有氣分也積雪消之沙土下凝有土分也氣受三行如雲氣上升激成雷電有火分也陰霾晝晦黃霧四塞有土分也雨露雪霜虛升實降有水分也地體雖重于重之中又分虛實地中最重蓋在其心

自心而外漸有虛所所虛所之內三行得入試觀山下洞穴苑轉相通大地空所亦同斯類凡空虛之中是氣本所氣與水火皆相接無際而能相化地既空虛空虛之所無不是氣故地中有氣也氣與水接水隨氣到即水所不到而土情本冷氣遇其冷亦化為水故地中有水也日為大光萬光之毛光微于地則生溫熱濕熱入地積成燥乾燥乾之極烝氣為火積火所然土石為燼復乘氣出其成炎上隔于雲雨鬱為雷霆升于晶明上成彗孛此二物者火之精微別有洞瀜上通全體俱出則為西國火山蜀中火井若遇石氣滋液發生則成硫黃

泉源經之即為溫泉火道所經鑛壓不出則為火石故地中有火也氣木在地皆因空虛雖居洞穴終是地上實亦未嘗離其本所火在地中非從本所而降蓋由熱生以成濟萬物因緣上升仍歸本所遂其本性焉

問海水必鹹何也曰鹹者生于火也火然薪木既已成灰用水淋灌即成灰鹵燥燥之極遇水即鹹此其驗也地中得火既多燥乾燥乾遇水即成鹹味鹹者之性尤多下墜試觀五味辛甘酸苦皆自寄草木獨是鹹味符于海水是徵四味浮輕鹹性沉重矣今蜀道鹽井先鑿得泉恐是淡水以竹隔之更鑿數丈乃得鹵焉又臨池雨多

水味必淡作爲斗門洩其淡水下乃鹵焉鹹重淡輕亦其證也海于地中爲最卑下諸鹹就之積鹹既多淡入亦化非獨水也海中山岳或悉是鹽故鹹亦歸海海水爲鹽也

問鹹既因火火因于日日遍大地大地之下悉有鹽乎曰豈不然乎蜀道鹽井三晉鹽池西國有海名曰地中當不通海而亦鹹水西戎北狄多有鹽澤彼以鹹故悉名爲海足徵大地之下無不有鹽矣

問鹽既下墜蜀井可徵則凡鹽所出宜悉在下乃今鹽池鹽澤去地非遠不如蜀中之井深數十丈何也曰鹹生

于火火淺鹹淺火深鹹深平原澤鹵火不地見鹽不地
出惟是高山峻嶺上多亢陽下多洞穴地中有火卽成
鹹焉今蜀中鑿井求鹽或得火井井中之火覆蓋則藏
然火投之隨而上焉是則井火在下與水同深遇水成
鹵不遇成火矣晋中河曲乃有火石火石恒熱大行河
西亦產硫黄可見晋中火淺故晋有鹽池亦在淺土又
有小鹽刮地作之畧如硝鹼也西地中海其水亦鹵周
數千里在其側近遂有火山高數千丈其上火穴徑二
餘步厥火炎上古今不絕足徵鹽之與火相切則成亦
復相視以爲淺深也

問水遇于火既得成鹹云何不熱溫泉乃熱既由于火云何不鹹曰鹵水不熱向言之矣火熱所炎既成灰燼水經其燼因而得鹹云何有熱今火燼成灰漉灰得鹵無有熱也然而海水不冰亦具有熱性矣火在地中助于土氣發生萬物五金八石及諸珍寶皆由于火陶煉而成自餘諸物不可數計諸物之中最近火性者無如硫黃硫黃所在水從過之則成溫泉故溫泉沐浴所能療者冷氣虛痺與硫同治然火能成硫硫即非火水因硫溫隔越于火如鎦者水火爲鎦隔水不遇灰不成鹵矣今溫泉嗅之多作硫氣亦有不作硫氣者是水來之處

復與硫隔如重湯煑物但得其熱不染其味也或云不作硫氣者本之朱砂礬石無是理焉

問鹹既火生何不隨火炎上顧令下墜火所在上何以抑遏使居地中造物之主豈有意乎曰豈無意乎鹹能固物使之不腐却能歛物使之不生火在地中藉其濕燥多所變化儻居地上任其焚燒有何不滅若火與鹹俱令在地動植之物悉皆泯矣故日光生熱因熱生火火旋用水土壅閼恒使在下助生萬物有時有處間一發見卽歸本所不得一時游行地上偶一游行曰爲災異也因火生鹹亦令性重恒居在下歸藏于海爲人作味不

令侵出地上。以爲物害也。且海益于人。不止作味。鹹水生物。美于淡水。故海中之魚。旨于江河之魚。鹹水厚。重載物則強。故入江河而沉者。或入海而浮也。此皆用海爲人利益。故鹹水恒重。因重歸海也

問海水潮汐者。何也。曰察物審時。窮理極數。即應月之說無可疑焉。月爲陰精。與水同物。凡寰宇之內。濕潤陰寒。皆月主之。既其同物。勢當相就。月爲濕本。濕能下施。故方諸對月。而得水焉。月既下濟。水亦上行。欲就于月。故月輪所至。水爲之長。而成潮汐也。當潮長時。江河溪澗以及盆盎。無處不長。長則氣入水。爲之輕。潮降氣出。水

復故重。今人以缾盛水。每月權之。輕重不等。則潮升時輕。潮降時重耳。獨小水之處。升降甚微。人所不覺。海水既大。灌注江河。升降盈涸。事理顯然。故獨稱海潮也。不獨水矣。凡水族之物。月望氣盈。晦即氣縮。故月虛而魚腦減。月滿而蚌蛤實也。又不獨水族矣。草木百昌。苟資濕潤。以爲生氣。無不應月虧盈。月滿氣滋。月虛氣燥。故上弦以後。下弦以前。不宜伐竹與木。以爲材用。是者易蠹。生氣在中也。下弦以後。上弦以前。伐而爲材。即不作蠹。爲少脂潤。空質而已。亦猶春夏氣滋。秋冬氣歛。斧斤時入之意也。由此而言。月爲水主。月輪所在。諸水上升。

海潮應月。斯著明矣

問江河之水則能滅火。海水入大火。如益膏油。既不能滅而反熾盛何也。曰。海水之鹹。本從熱乾而生。由燼灰而出。即自具有熱乾之性。亦且挾有燼灰之體。凡物熱乾多易生火。硝硫之類是也。灰水作鹹。本從火出。人溺亦鹹。蓋出身中具有火行。畜溺亦鹹。犬馬火畜。積溺所成絕似硝鹻。故鹹者火情也。鹵不滅火而反熾盛。以此故焉

問海水浮物。強于江河之水。嘗見海舟載物未增。入于江河驗其水痕頓深尺許。又見海濱煎戶以石蓮試鹵。鹵

未成時投蓮必沉及至鹵成蓮悉浮矣三入三浮乃登
牢盆以見鹹性愈重載物愈寀此爲何故曰海水由火
而生今用沐浴膚皆赤色或至皴裂燥熱之效亦已明
矣燥熱之情本自堅勁加有鹹味中挾燼灰微妙之分
比之凡水稠而密理故載物獨強也
問鹵水之燥因于燼灰信其然矣今以乾灰一升別置水
一升挹水入灰水盡不溢灰亦如故既是寒灰豈能損
水水既不損灰豈無質二升幷一絕不加多其故何也
曰灰雖有形而質器已盡多是虛且體中無處不虛故
水皆滲入其質存者亦有微分緣其燥情略能損水水

損微分與灰存質適足相當故二升幷一不加多也
問人溺作鹹人汗亦鹹其故何也曰人飲水漿茶酒之屬其中精粹是爲上分上分者因于眞火宣越流通化爲四液（界見四元行論）筋脈受之髓骨肌肉賴其長養此如水氣成雲離于燥鹹矣其中粗濁是爲下分下分者重墜沉墊燥鹹在焉筋脈不受入于膀胱由下竅出故溺味恒鹹也若暑月炎酷或作務煩勞中外皆熱眞火所煉去其上分所存下分挾有燥鹹不入筋脈未下膀胱因于熱煎橫溢而出則成汗矣汗亦溺類故夏月汗多則溺少冬月汗少則溺多也譬於大地鹹之本所故是大海

熱乾所化宜流于海火爐煎遍溢地而出鹽池鹽井汗之屬乎。膀胱水湖義亦相類矣

問人熱而汗于理允矣人病亦汗此爲何因病中之汗。又分冷熱久病汗冷新病汗熱又何故也曰人身水飲上分爲液下分爲溲略言之矣若恣飲無節過其度量或本無過度而脾胃虛弱二者皆不及運化運化所餘上不成液下不成溲因而留滯是名剩液剩液者液之不良分也此物留滯容于脾胃實惟眞火可以消之若節嗇珍養眞火力盛漸次消盡安隱無疾若有積無消而求溢出必化爲汗積液過多眞火又微不能勝之其汗

則冷。冷汗多淡爲火微故。積液旣少。眞火能勝。汗乘火出亦熱亦鹹液盡疾瘳也醫家或以吐下當汗皆求去其剩液而已

問海爲水所水性就下。歸于海矣。江河之地。視海爲高。江河之水反從高出何自來乎。曰江河者。生于海者也。何以知之曰江河終古入海而海不溢故知海水之下。地脈潛通復爲江河也。海水旣鹹。復爲江河。其味則淡何也曰水爲元行元行無味鹹非水體從外合焉。凡可合者。卽復可離。海水入地。經砂石土。滋液滲漉去。其鹹味又水性在下不可得上。其從下而上。得爲江河者。或受

日温隨氣上騰或受月攝因時而長當其上時皆為蒸餾今用鹻鹵之水如法蒸之所得餾水其味悉淡海中之水蒸氣成雲海雲作雨雨亦淡焉足徵鹹性就下不隨淡升矣有此二端故江河復淡也亦有山下出泉積聚成川沿流會合成其深廣今人疑江河之水悉本山泉不知江河之流以及平地隨處出泉開河鑿井足以徵驗不盡由山也若雨雪之水山阜田原悉歸江河以注于海此理甚著無勞詮說

問山下出泉者何也曰凡物之情皆欲化與類偕也同為也兩物相切弱者受變兩強相切少者受變故四[illegible]

能相變焉凡山皆以石為體自非石體皆當脈渾之際不成山也因其石體下有洞穴洞穴之內純得土性其處最寒矣天地之間悉無空際凡有空處氣悉滿焉洞穴既空為氣所入氣情本煖煖氣遇寒變成水體積久而洩并求有罅乘氣出焉亦有洞穴深長潛引地脈海水相通因而攝受不須氣化積漸而成者故曰山澤通氣山下出泉也

問掘井得泉何也曰凡地之中必有水伏流焉其源也或本于海或本于泉其委也或入于河或入于海皆有條理宛如人身脈絡砂土之脈其行散漫俗稱潸水潸水

之來廣或尋丈深一二寸山石之脈其流專一俗稱泉眼泉眼所出或徑寸許乃至數寸故掘井者惟下地澤國所在得泉不論脈理其他山鄉高亢必尋水脈不得水脈終不及泉尋脈之法略見上方矣有工于井者辨視石色即知泉眼所在如卞人辨璞也既知泉眼即留取不鑿近下方工畢鑿石出泉用力既省積水甚多

問近海斥鹵而掘地得泉有鹵有甘何也曰地中之脈有萬不齊掘井得水視所由來若此泉脈由河入海則是甘泉由海入河即鹵泉也

問井中之水夏寒冬熱何也曰三夏之月日暴于地地上

數尺其熱欲焦冬月氣寒加以飄風夏熱在上爲寒所逼下入于地井水成暖三冬之月積寒于地迫夏暑熱冬寒在上復爲熱逼下入成寒非冬煖夏寒各從下上也煖情爲火氣火氣無時不上升焉寒情爲水土水土無時不下降焉

問雨者何也曰日光照地既成温熱温熱游下水土蒸爲濕氣氣情本煖煖者欲升復得日温鬱隆騰起是有火行火所燔熱飄颺如煙復挾土體相輔上行氣行三際畧見四元行論中際甚冷氣升離地漸近冷際因于水土本情是冷是濕結而成雲是一雲體中具有四行也凡物體

具四行。及將變化。勝者為主。雲至冷際。冉冉將化。本多濕情。濕情若勝。即化為水。水既成質。必復于地。地為大質。萬質所歸。有質之物。無緣離地。可得頓置也。正如蒸水。因熱上升。騰騰作氣。雲之屬也。已及于蓋。蓋是冷際。就化為水。既已成水。便復下墜。雲為行雨。即此類焉。若水土濕氣。既清且微。日中上升。即為風日所乾。迨至夜時。升至冷際。乃就為露。夜半以後。去昨已遠。寒氣微深。亦如一歲之寒盛。于日至之後也。當其寒時。氣升稍重。故晨露尤繁。夜有烈風。亦受風損。故風盛即露微矣。若長夏大旱。土無濕氣。則夜中升無露焉問雲生必爲雨乎。有密雲不雨者。有旱雲益旱者。何也。曰。氣升不等。所具四行各有偏勝。故或爲霾霧。或爲雷霆彗孛也。豈必氣升皆雨乎。風之爲物。亦是熱乾與雷霆彗孛。一本所生。但不得直升。橫騖地上。此爲異耳。雲雖濕熱。上升遇冷。凝結所成。變化爲雨。是其常分。但旱暵之時。氣行大體多是燥乾。雲起于地。孤行獨上。雖至中際。無有濕性。與相協助。尚未化雨。凝滯之間。或遇大風飄向地方。成他方之雨。或雲體之中。濕情既微。風性燥烈。遂泯其濕。徒存燥乾。上爲奔星耳。所以晴日雲高。而反不雨。大旱之年。山雲屹峙。行復散失。徒見流光。有時其明也若氣行大體濕性既多雲起于地遇其冷濕不能直上遂化爲水故雲近于地反在前焉每有高山之上俯瞰雲雨皆在其下下視晨光如水發漚也

問雨水勝于地上之水何也曰日照于地水土之氣蒸而成雲是水之精華如燒酒蒸露皆以清升徵其粹美也其中有火土氣之情既化爲水各相分背矣凡水畧經撓動即清升濁降雨之爲物上騰下降撓動已極全得其清故雨水爲良也地上之水美惡不等地中所有以及所生水一過之即爲染著受其氣味盖地上元行眞水百無一二比之雨水故爲劣焉

問雪者何也曰雪者與雨同理故將雪之日必先微温不温氣不上升也惟冬之月冷際甚冷氣至其際變爲雪焉露之爲霜其理略同也

問雪花六出何也曰凡物方體相等聚成大方必以八圍一圓體相等聚成大圓必以六圍一此定理中之定數也凡水居空中在氣行體內氣不容水急切圍抱不令四散水則聚而自保自保之極必成圓體此定理中之定勢也氣升成雲雲遇冷際變而成雨因在氣中一一皆圓微圓甚微以漸歸併成爲點滴雨既水體既并復圓未至地時悉皆圓點冬時氣升成爲同雲遇冷而變

亦成圓體既受冷侵一一凝沍悉是散開及至下零欲求歸併却因凝沍不可得合聊相依附求作大圓以六圍一即成花矣曰既因依附求成圓體就不相合亦宜摶聚云何成片而復六出平轃即合直轃即離其故何也曰地體不動天行左旋日行一周火在氣上亦隨天運氣體近地依地不動上近火者隨火旋焉冷際亦動動勢神速難可思惟有物遇之如鋸出屑雪既凝結受其摩盪平中轃合尚得自由直處逆迎勢不可得正如濕米磨粉易令作片難以成摶也

問雨水與雪水孰勝曰雨水勝何故曰水爲元行不得偏

味方爲眞水雨從雲出雲從氣升氣非日蒸不致上騰當其上騰挾有火情火情熱乾熱乾炎上其勢壯猛土之精者亦隨而上故與氣成雲一雲之中具有四行但時有偏勝水勝時多耳間或火土合氣水情絕少力勢既盛土之次分亦隨而上上遇冷際力勢稍微土之次分復歸于地則成霜霧若火土自升水雲復盛火土上行阻于陰雲雖歸本所陰雲過迫既不相容火土之勢上下不得亦無銷滅之理則奮迅決發激爲雷霆是其破裂之聲電是火光火迸上騰土經火煉凝聚成質降于地是爲霹靂之楔然就其陰雲之中亦行火土二

體上遇冷際為水所勝氣遂成水火俱挾土能在氣中與之俱上是則土之上升者也熱燥輕微與火為體火性炎上初隨氣升氣既變水水將就下火土二體不復從之如蒸水成氣氣至甑蓋化而為水仍歸釜中若其熱性自能透甑而出不復就下矣既與雨分火土相挾决起而上亦有火土自升不遇陰雲不成雷電凌空直突者此二等物至于火際火自歸火挾上之土輕微熱乾略似炱煤乘勢直衝遇火便燒狀如藥引今夏月奔星是也其土勢太盛者有聲有迹下及于地或成落星之石與霹靂同理焉若更精更厚結聚不散附于火際

即成彗孛附麗既久勢盡力衰漸乃微滅矣是則雨從
雲降分于火土亦無有氣故雨爲元行眞水其味特勝
也若雪天之雲與雨雲等亦具四行獨是冬月冷際
冷火至其處勢亦稍殺土雖輕微其勢不能挈與俱上
一時雲氣驟凝爲雪上亦與焉火雖獨歸其所雪中之
土仍與同性畧如灰燼炱煤之屬故大雪時試取純雪
融化爲水下有微細沙土所融雪水仍作燥乾之味不
然雪遍大地塵土被歷所取淨雪不雜地上之土融水
得沙自何而來故雪水不如雨水中有火土二情也若
融化既久澱去沙土離于二情亦成元行眞水與雨水

同焉又氣方上升未盡化水遂凝爲雪有氣雜揉雪體輕虛職由于此矣

問冬雲成雪旣由冷際極冷春秋成雨當由冷勢稍減乎即三夏之月愈宜減矣乃夏月亦有雹有絕大者傷及人畜壓損田苗比于冬雪十百倍之敢問雹由冷乎熱乎若由冷也冬何不雹若由熱也熱反凝水此理何由請聞其說曰氣有三際中際爲冷則此冷際下近地溫上近火熱極冷之處乃在冷際之中自下而上漸冷漸極二時之雨三冬之雪蓋至冷之初際即已變化下零矣不必至于極冷之際也所以然者冬月氣升其力甚緩

非大地與雲不能相扶以成其勢故雲足甚廣雲生甚
遲必同雲界日徐徐而起漸至冷際漸亦凝沍因而結
體甚微細也自餘二時凡雲足廣潤雲生遲緩即雨勢
舒徐雨滴微細亦皆變于冷之初際矣獨是夏月鬱積
濃厚決起上騰力專勢銳故雲足促俠隔膝分瓏而晴
雨頓與雲迸發至涌膚寸皆合而溝澮旋盈蓋因其勢銳
故能逕至于冷之深際若升氣愈厚則騰上愈速入冷
愈深變合愈驟結體愈大矣若其濃厚專銳之極逢升
遽入抵于極冷極冷之處比于冬之初際殆有甚焉以
此驟凝為雹雹體小大又因入冷深淺為其等第愈速

愈深當愈大也是以雹災所至自有畔畛因其專狹雹雲上升與雨雲異因其迅猛善審觀者見雲生有異知當是雹可得亟避矣雹與夏月火土之體加雪數倍雹因驟凝土隨在焉故雹中沙土更多于雪因其緊結并氣包焉故雹體中虛虛者是氣惟雪與雹皆體具四行。未相分背與雨水特異也

問器中貯水曾無滲漏器外貯以冰雪外成濕潤何也曰水土而上氣行充塞冰雪之外悉皆氣也冰雪甚寒氣暖在外暖因寒逼漸變成水雲至冷際而變爲雨氣入地中而變爲泉是其類焉

問灌溉草木不論用河用井皆須早晚而避午中何也曰灌溉草木多在夏月正午炎歊于時用水如以熱湯則傷其根故灌必早暮或作池畜水乘夜發之如是說者早種則然若水種者惟懼過寒是生食節之蟲故不避日中而忌夜灌欲雨太多宜洩去之山泉初出滙以曝池既受日暘而後灌之或作池畜水暴日發之

問向者水法委屬利便力少功多矣第江河不得求之井泉井泉不得求之雨雪無之江河井泉亦待雨雪以增其潤究竟農民所急當在雨雪然而雨暘時若不可必得水旱蟲蝗或居强半不知何術可得豫知以為其備

乎曰天灾流行事非偶值造物之上自有深意若諸天七政各有本德所主本情所向因而推測災變歷家之說亦頗有之然而有驗不驗焉若數術之贅餘君子弗道也儻居人上者果有志養民欲爲其備則經理山川興脩水利勸課農桑廣儲粟穀以通財貨即水旱災傷自可消弭太半脫值不虞有備無患矣又何事前知爲乎且水旱不齊大略一災二稔十年之中宜爲三年之備必于不免知與不知又何異焉

問田家有術以知一時晴雨有之乎曰此則無關數術殆四行之實理也究極言之百端未盡畧各舉一二餘可推

焉其一曰竈突發煙平遠望之亭亭直上旱徵也蜿蜒而起如欲上不得者雨徵也何故曰水土之氣上騰爲雲雲凝在上未成爲雨空中氣行悉皆燥乾故令火煙直上無礙雲將成雨空中氣行皆成濕性煙爲濕礙不得上升令其宛曲也將雨土石先潤以此將雨礎潤以此將雨燈爆以此

又問曰朝日出光黯淡色蒼白者雨徵也何故曰晴明之辰氣行滿淨作玻璃色日則晶明無有障隔將雨水濕上升氣稍稠濁光則黯淡也蒼白者水色也

又問曰日出時雲多破漏日光散射者雨徵也何故曰氣

升作雲未成爲雨體凝質鬆及至成雨體質消化故輕薄透漏也

又問曰客雲四佈牛羊齕草如常若不雨若咬食匆遽似疾速飽雨徵也蠅蚋蚊虻匆遽咂食而微也螺螄之屬倉皇飛竄而徵也穴處之蟲群出于外雨徵也何故曰濕氣上升凡是諸物皆能先覺也

又問曰朔日至于上弦視月兩角近日一角稍稍豐滿雨徵也月暈白主晴赤主風色如鉛者雨徵也何故曰月輪在上本無有暈受氣籠罩是生暈焉若氣行清淨星月皎然乃無暈矣因氣而暈若白色者水分猶少乃得

不而赤是火分故為烈風若如鉛者氣受水濕其色然

也月角厚薄者日暴水土其氣上騰近日則厚也

龍尾一圖

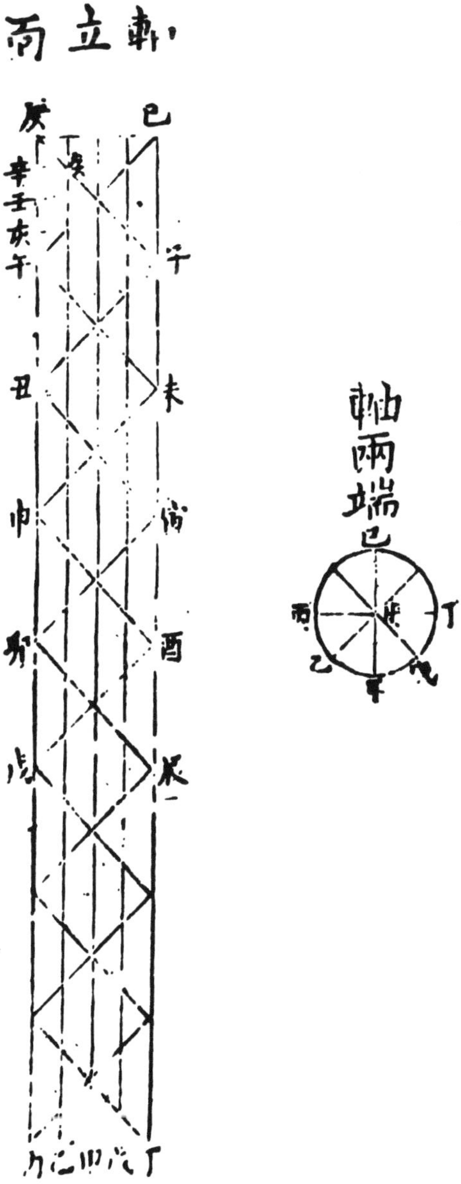

龍尾二圖

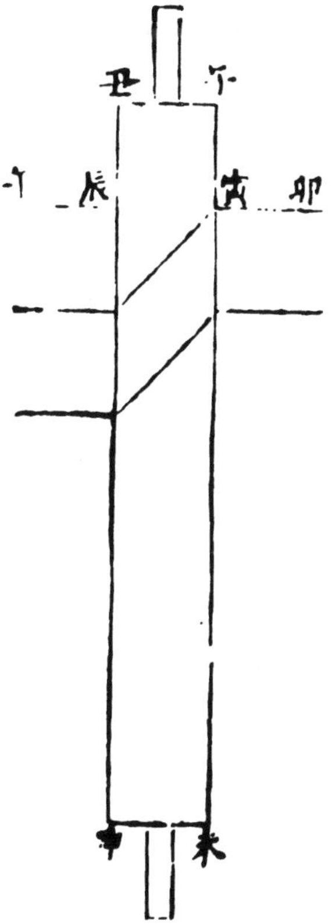

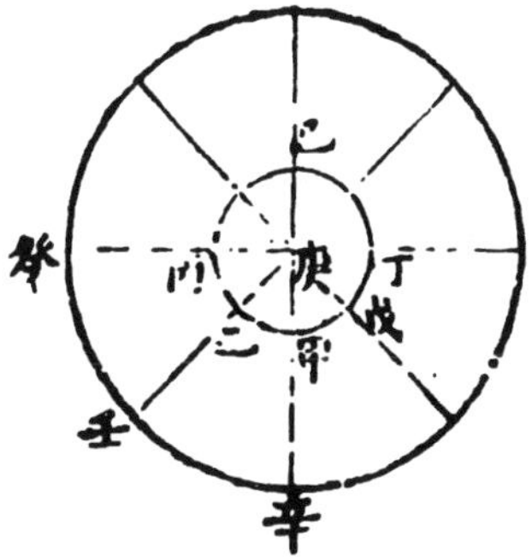

龍尾三圖

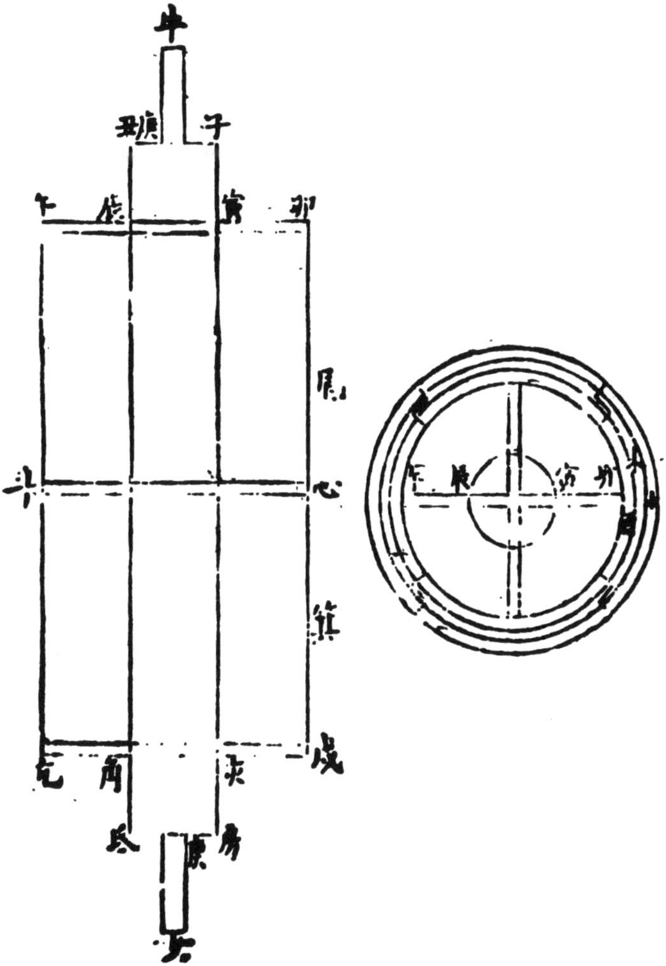

龍尾四圖

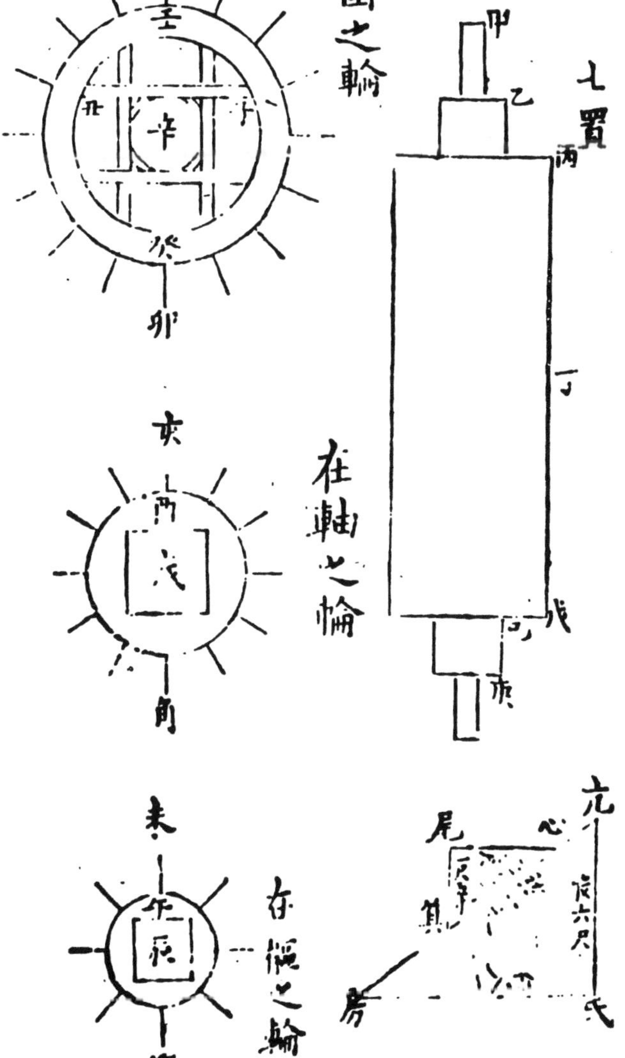

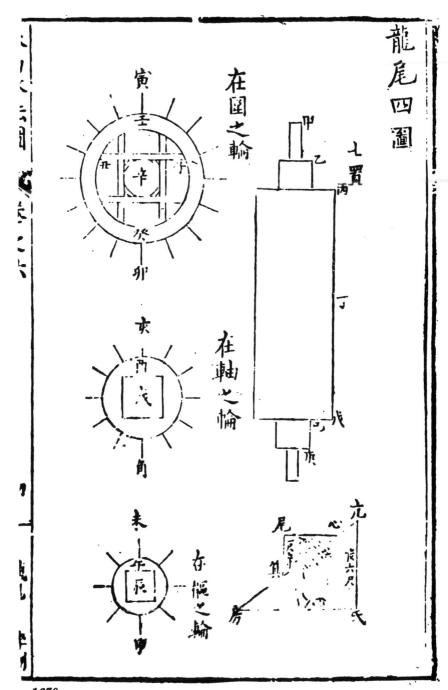

龍尾丸圖

玉衡一圖

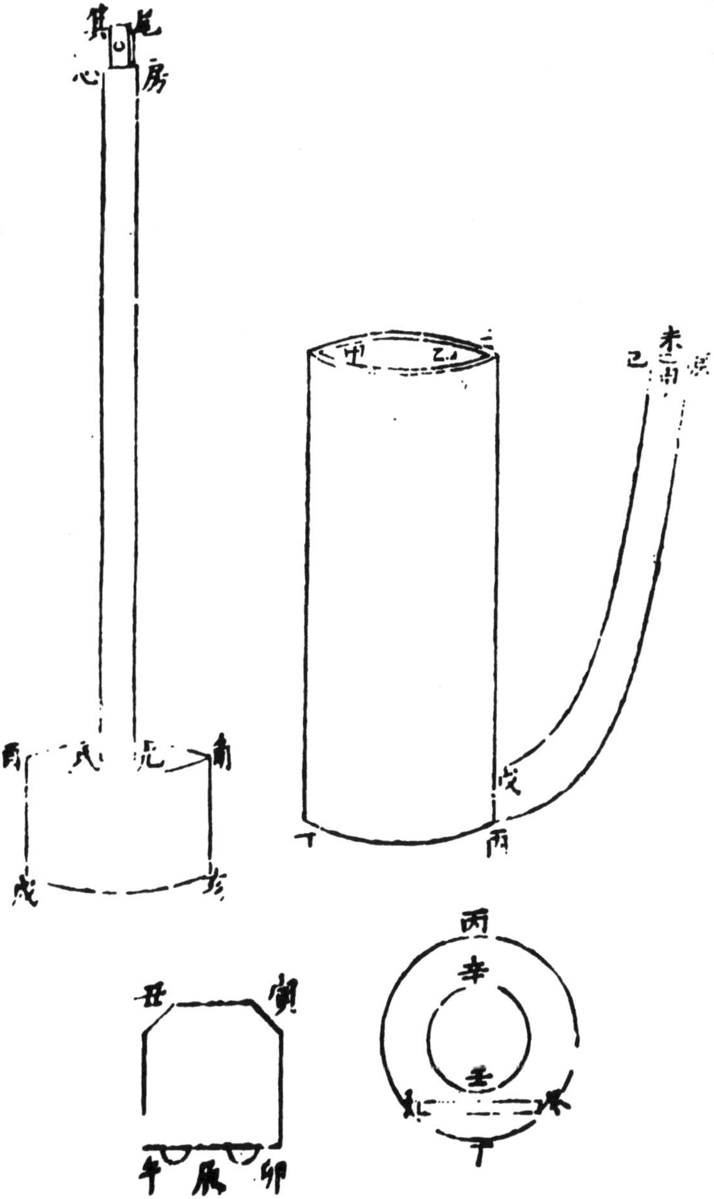

玉衡二圖

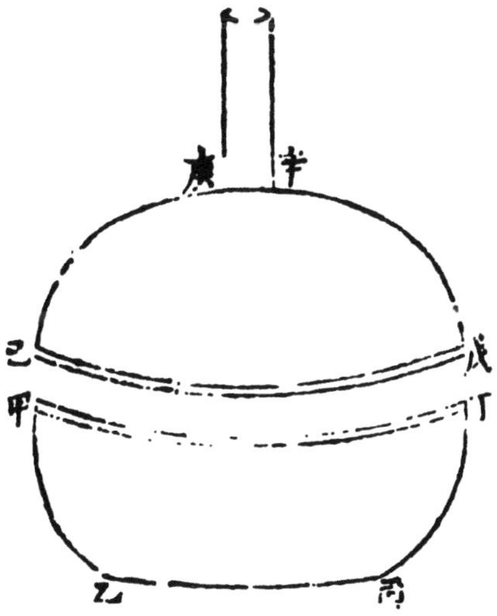

底圖

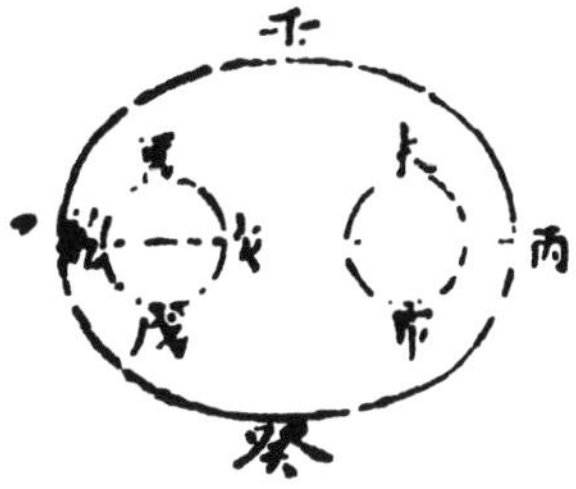

底圖

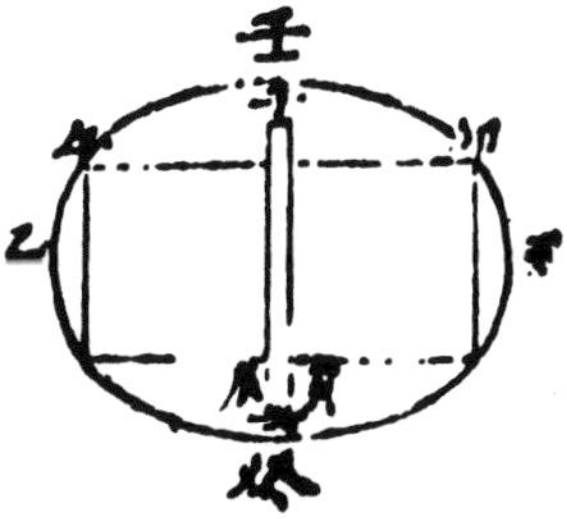

玉衡三圖

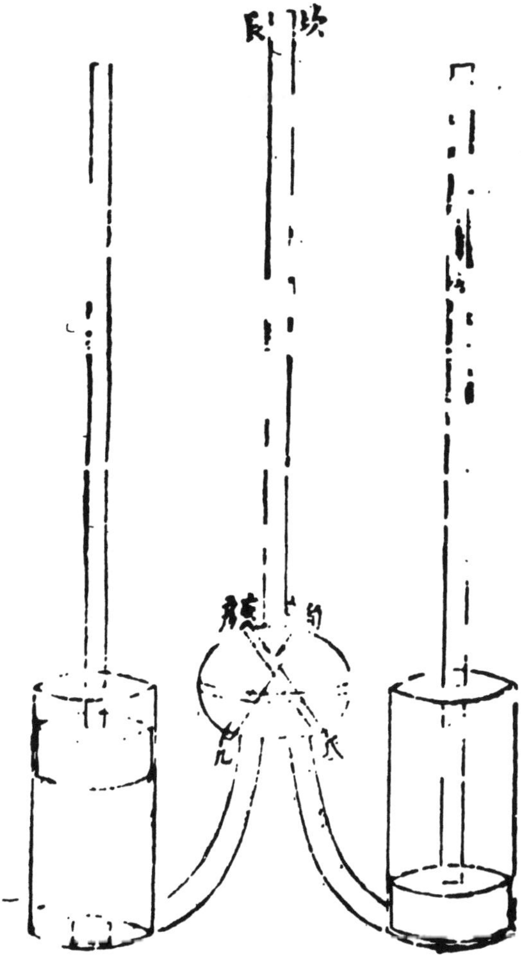

玉衡四圖

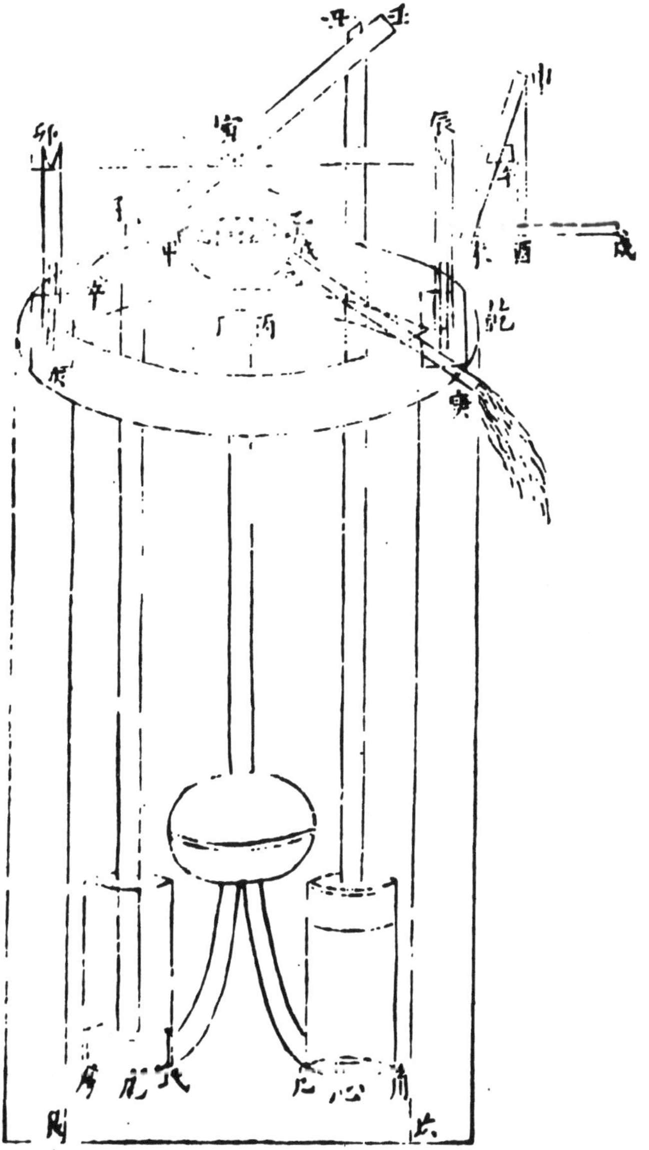

恒升一圖

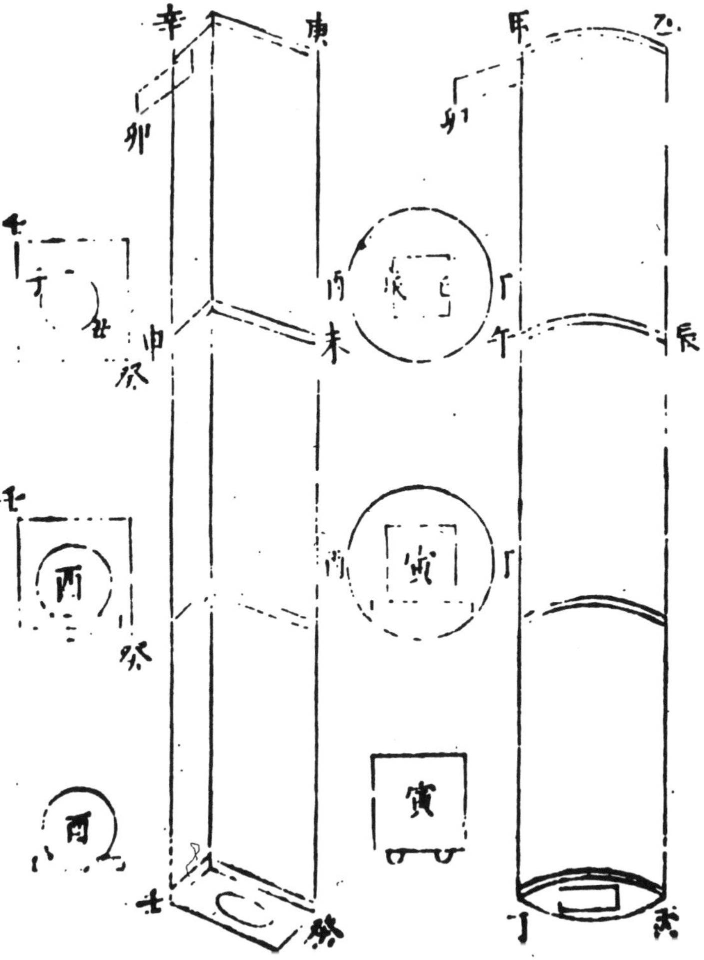

恒升二圖

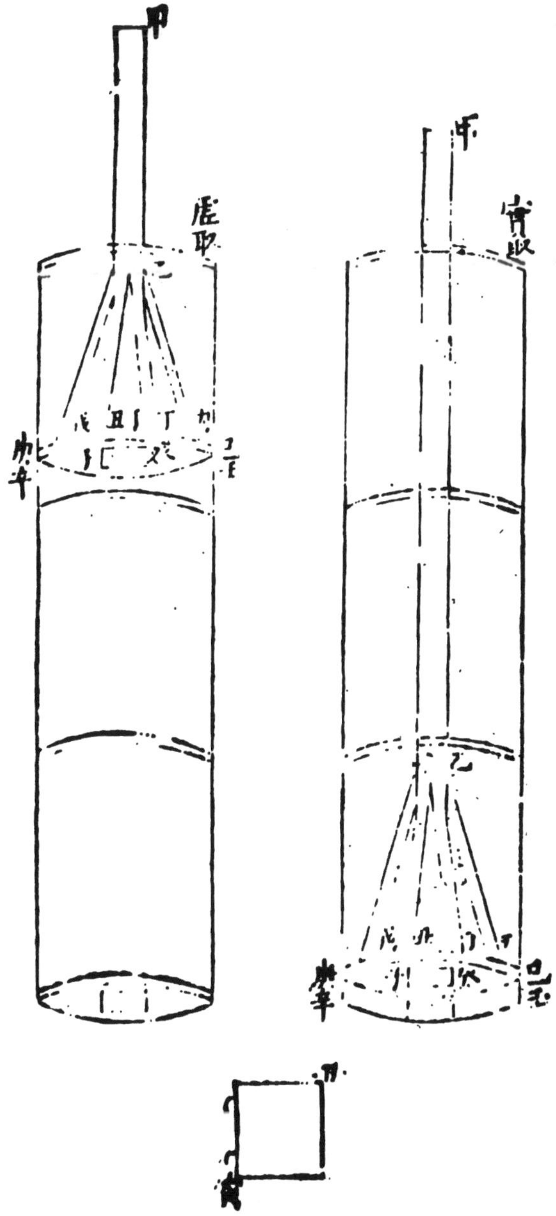

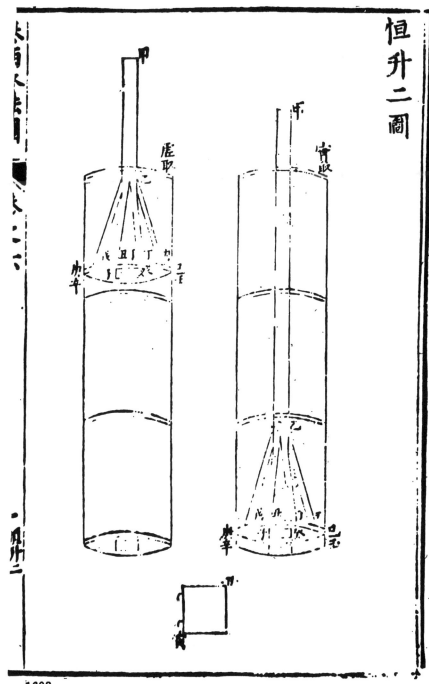

恒升三圖

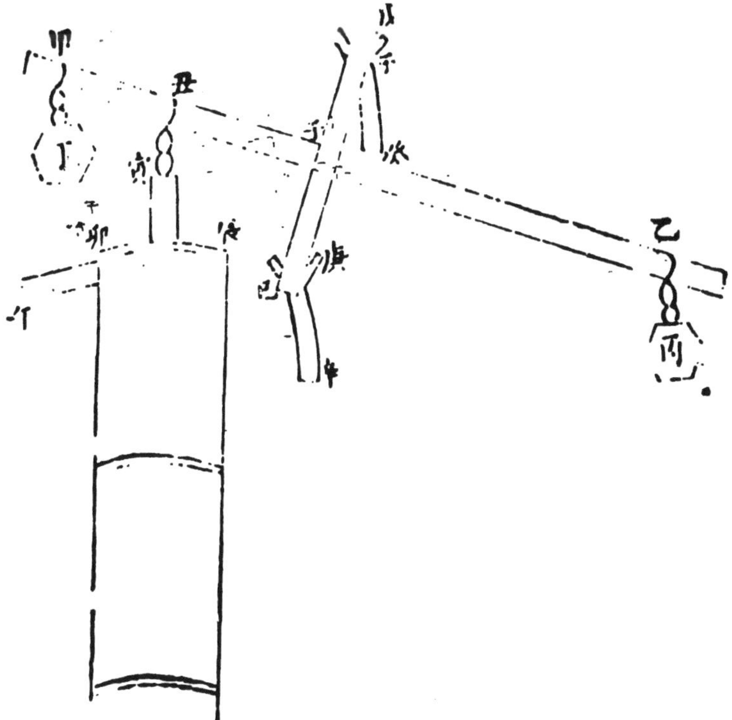

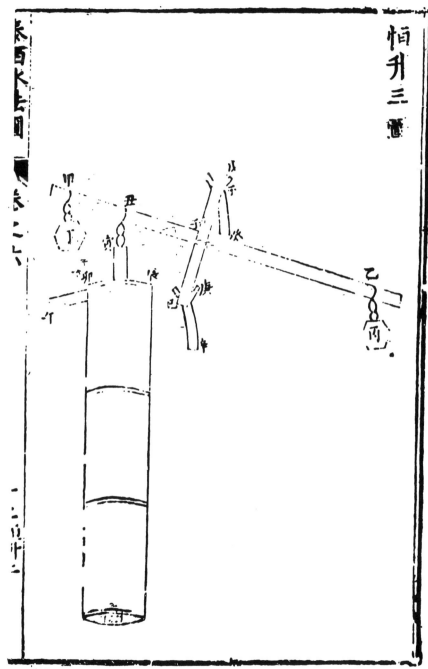

恆升四圖

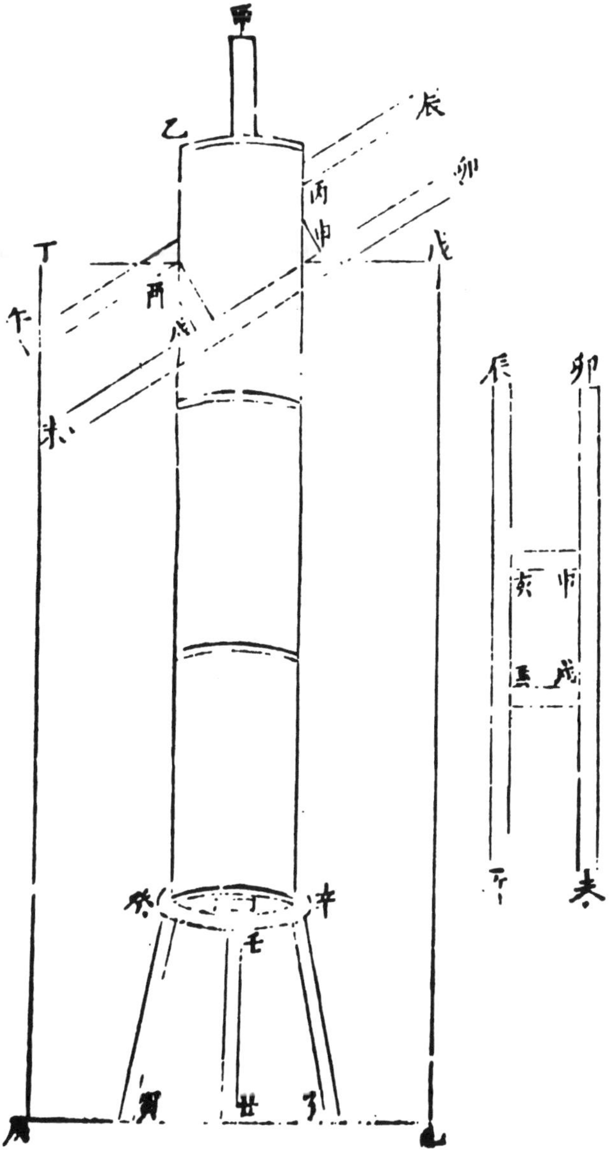

水庫一圖

方池

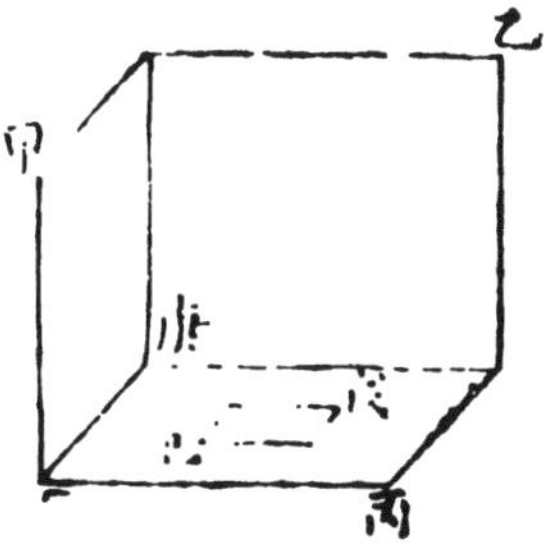

圓池

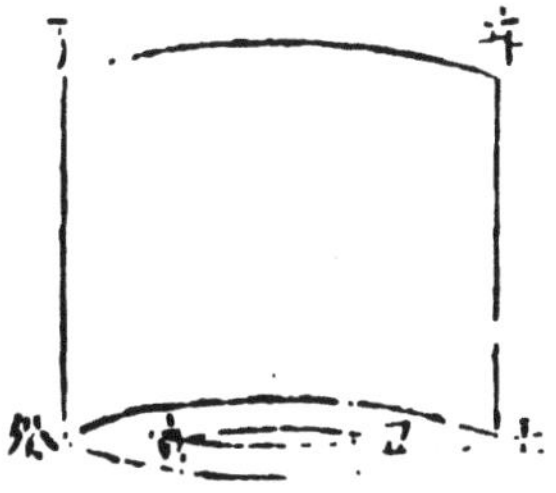

弇上方池

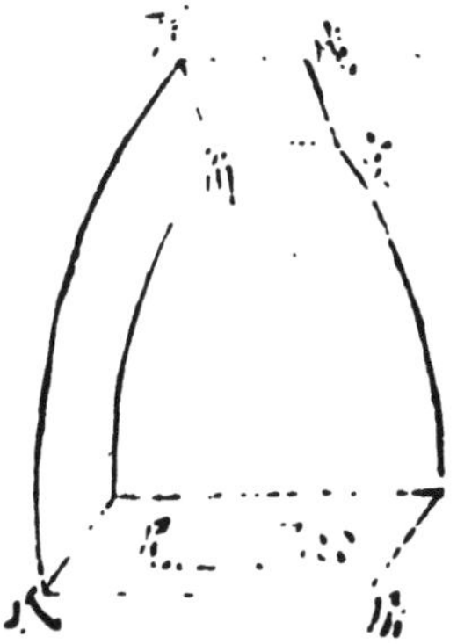

弇上圓池

水庫一圖

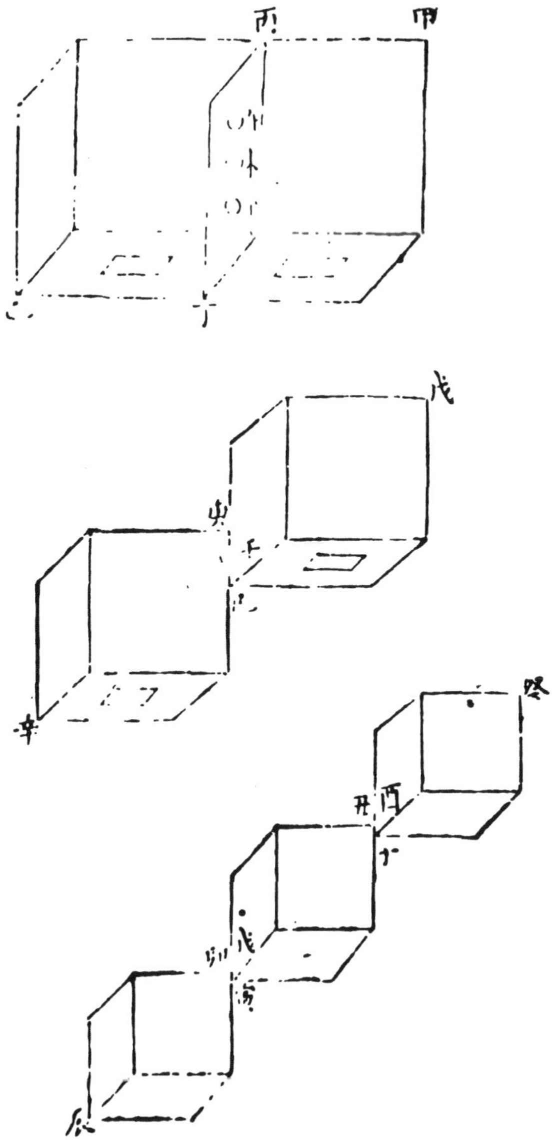

水庫二圖

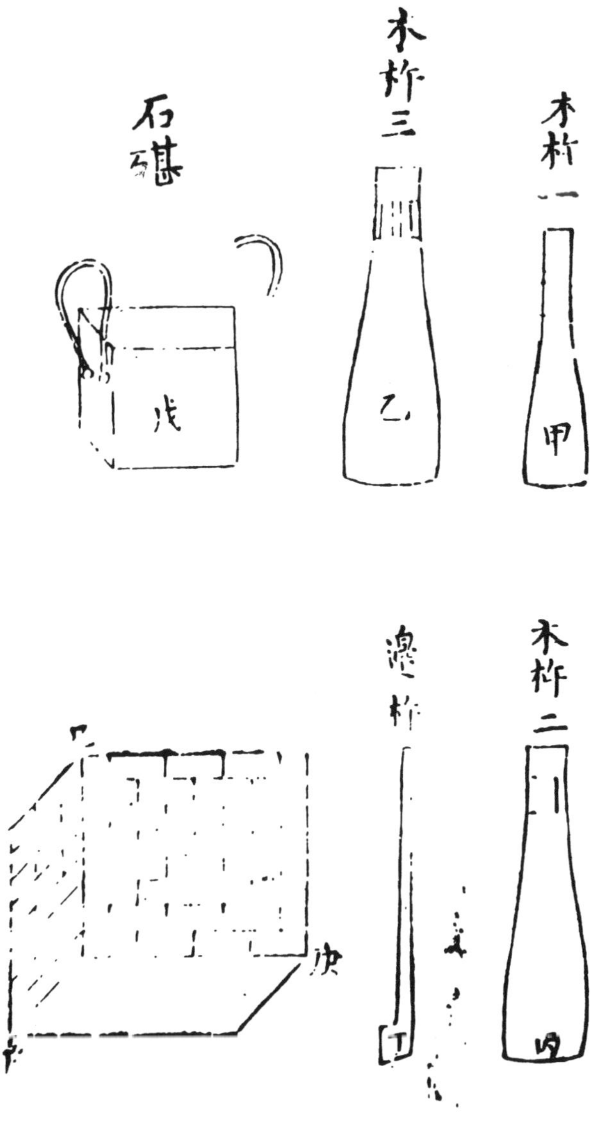

水庫四圖

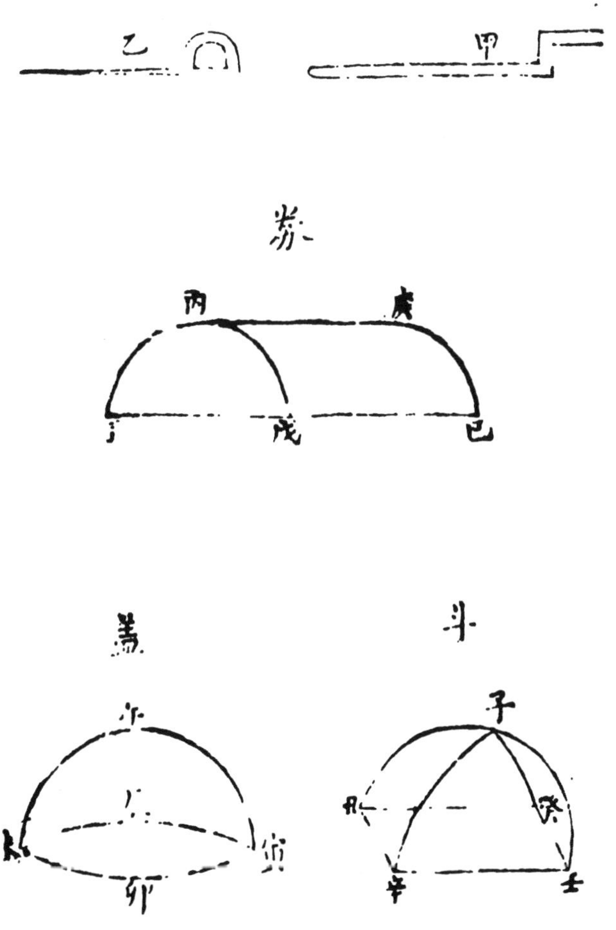

水庫五圖

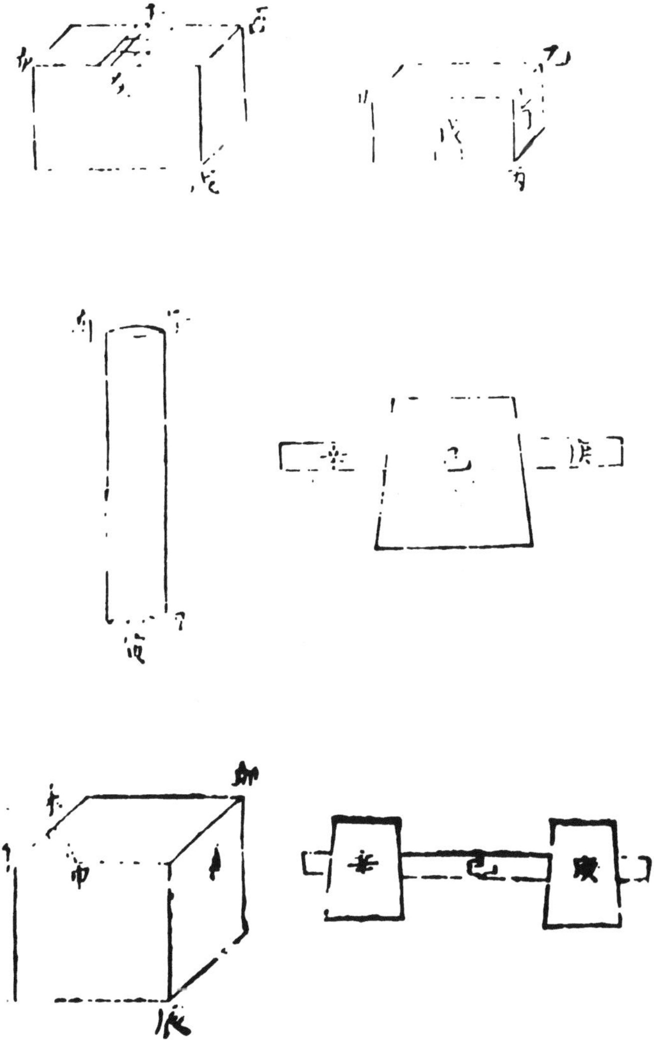

藥露諸器圖

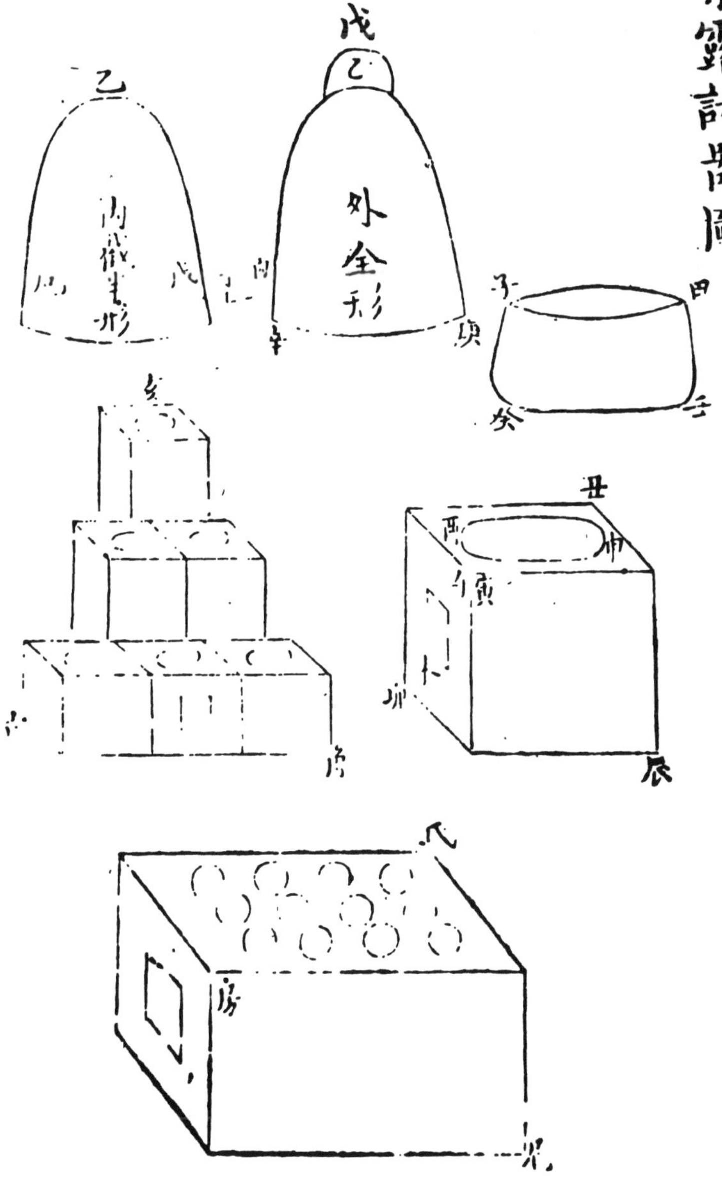

渾蓋通憲圖說自序

儒者實學亦惟是進修爲競競祲祥感召繇人前知外或在泄暨於歷筴亦有司存比我民義不茲亟矣然而帝典敬授實首上焉人之有生惡有終身戴　儼照臨可無諳厥條貫者哉瞻依切於父母第見繪像必恭敬止

儀象者乾父坤母之繪事也於焉顧
諟太上修身昭事其次見大袪俗次
以廣稽覽次以習技數而猶賢於博
弈也六籍所載博矣顓帝渾象迄茲
遵用蓋天肇自軒轅周髀宗焉擬其
形容殆割渾天一弧而世鮮習者蓋
自子雲八難始夫其方圜句股乃步

算之梯階旋簫引繩均測圜之戶牖
假令可渾可蓋詎有兩天要於截蓋
緜渾總歸圜度全圜爲渾割圜爲蓋
蓋笠擬天覆槃擬地人居地上不作
如是觀乎若謬倚蓋之旨以爲厚地
而下不復有天如此則乾不成圜不
圜則運行不健不健則山河大地下

墜無極而乾坤或幾乎息且夫凝而不墜去逆也運而不已者圜也圜中之聚一粟爲地地形亦圜其德乃方曾子曰若果天圜而地方則是四隅之不相揜也坤之文曰至靜而德方孔曾生周從周著論若是謂姬公髀測之書必盭渾而自爲蓋可哉圭表

土臬水準衡覵千機萬軸共一混元
之體合則雙美離則兩傷何則渾儀
語天而弗該厚載周髀兼地而見束
地員所以景差千里一寸按實恒垂
扗極三十六度易地斯齬嘗試以渾
詮蓋蓋以始明以蓋佐渾渾乃始備
崔靈恩以渾蓋爲一義而器測蔑聞

說亦莫考大都譚天之家迄後來而更覈測圖之學尋遊覽者爲精元嘉開元涉歷稍廣元人晷測經緯逾詳里人之識路也榆社焉已耳職方之掌以山川海人之占以星斗游境彌廣見界彌超昔從京師識利先生歐邏巴人也示我平儀其制約渾爲之

刻畫重圜上天下地周羅星曜背綰
覼縷貌則蓋天而其度仍從渾出取
中央爲北極合素問中北外南之觀
列三規爲歲候遂羲和候星寅日之
旨得未曾有耳受手書頗亦鏡其大
凡旋奏　伏闕之
命往返禹里測驗無爽不揣爲之圖

說閒亦出其鄙謭會通一二以尊中
曆而他如分次度以西法本自超簡
不妨異同則亦於舊貫無改焉語質
無文要使初學俾一覽而見天地之
大意或深究而資歷象之至理是故
總儀列說覩大全也天度時刻先晷
測也赤道永短協歲功也地平漸升

揆辰極也天中地嚮辯方域也晨昏箭漏戒夙莫也黃道宮界剖辰次也經星位置參儀象也句股測望以御遠近高深也而又次之制用以悉其致先之渾象以探其原說具一圖圖兼數汁 法法不離圜體規規咸絜天行平之則隼懸之則繩可以仰觀可

以俯察徑不盈尺可挈而趨然則聖作明述何國蔑有儻中國亦舊有其術手藻也何知幸獲問奇聊附誦說柳亦與海內同志者共訂諸而鄭輅思使君以爲制器測天莫精於此爲讎訂而授之梓令尹樊致虛氏樂玩妙解躬勤檢測實相與有成焉是刻

無預保章有裨馮相傳之其人幸不

與地動覆壓諸儀同歸泯沒而祕義

巧術迺得之乎數萬里外來賓之使

然則

聖世球圖亦豈必琛璧之爲寶耶夫

經緯淹通代固不乏玄樵若吾儒在

世善世所期無負霄壤則實學更自

有在藻不敏願從君子砥焉先天道
於民義所不敢也
萬曆彊圉叶洽之歲日躔在軫仁和
李之藻振之甫書於栝蒼洞天

鍥渾蓋通憲圖說跋

在昔顓頊乃命南北重黎稽古帝堯爰咨羲和仲叔維司空熈載尚求平土之官若師尹具瞻寧忘省日之致越有君子振之先生踔躪三才漁獵二有長庚叶彩豎赤幟於詞壇太乙揭輝下青藜於祕閣

吞三爻而受命道契羲圖按九章而測維筭窮亥步玉尺徵其神解錞于鐻以靈心既索隱於西人㸃援奇於北地司分司至學在四夷之官渾天蓋天傳自中郎之帳排閭闔而上卿雲旦浮遊河渚以来流星夜朗觀文察變象賁趾於丘

園正日協時喜寅賓於暘谷于是
眞人東度令康署里以高陽仙氣
西来尹喜受經於柱下土圭之灋
測日景以求中水地以縣考辰樞
而正夕平軌衍經緯之術圜儀具
句股之形驗黃道於重乾旋規拱
極準玉衡於七曜立則扶陽爰制

會通遂開靈憲圖以無象之象數
本畫前說有不言之言筌忘繫表
雖裨竈梓慎莫喻其神若甘德石
申罕窮其奧矣刊諸貞石用表少
徵之墟傳之大都豈藏名山之笈
庶官請共爾位克撫五辰
昭代敬授人時行申四命鄭康成

之擅禮樂大道知其東行李孟節之占風星中使於烏內召玉者獵玉告厥成於復圭玄之又玄貴此道於拱璧莫贊談天之頌聊同測海之觀

萬曆疆圉協洽之歲日躔在軫豫章樊良樞致虛甫譔并書

渾蓋通憲圖說首卷

浙西　李之藻　振之　演

漳南　鄭懷魁　輅思　訂

渾象圖說

天體渾圜運而不息。古今制作。渾儀最肖。就中割圜截弧。即是蓋天。玆爲徑尺之儀。法取平懸。不得不。割截。切之然不能離渾天度法。故先論渾天之製。設一平環名地平規周刻二十四向。承以四柱。立於四維。下爲十字渠。以水平之。規之子午際稍稍刻入。以受子午之規。子午規在地平規內徑廣稍殺。側立之。令半出地平規上。半入地平規下。分爲三百六十度。其南北鑽通二竅。以受渾天南北極之軸。此內又作二圜形徑相等。而視子午規。又稍殺。一爲冬夏至規。一爲春秋分規。兩規。十字相結。於結處施鐵軸。是爲南北二極。可旋轉於子午規之內。此二規相合。其形正圜。又一規。則橫束於分至二規之半。爲赤道規。去南北極。各九十度。所謂帶天之紘也。俱分三百六十度。而自赤道中。循冬夏至規。南北各二十三度半之斷。再設二次圜。爲日行南陸北陸限。又作一大圜。徑同赤道。爲黃道規。以斜絡赤道之上。南北盡結於小圜之斷。此圜旬分二十四氣。最南曰冬至。爲景長候。最北。曰夏至。爲景短候。東交赤道者。爲春分。西交赤道者。爲秋分。皆晝夜平候。若旬分三百六十五度有奇。則可細列宿度。今且作三百六十餅之。其南北極離二十三度半處。又各作一小圜。而於圜斷當冬、夏至規處對貫一軸爲黃道軸、最中作小圜爲地形。外加一圜。貫軸旋轉。爲月輪規。上施月游輪。徑十二度。輪心正綰規上。亦可旋轉。以系太陰。轉之則爲九道。此外一圜。稍大亦貫軸內。爲日輪規。以系太陽形。用此二圜可辯日月交食之理。此皆渾天象也。古四游六合諸儀。大率類此。而法有詳略。今臺儀仍襲舊制。有横簫覘測。而無日月地三形。又北極出地。鑄爲定度。而無子午提規。以隨地度高下。元史所載西域諸儀。亦有綴銅釘。通方竅。以代橫簫。或畫圜形周度而不具星宿者。隨時消息皆可施用。至論天體。此爲簡明。故首著之。此渾儀如塑像。

渾象圖

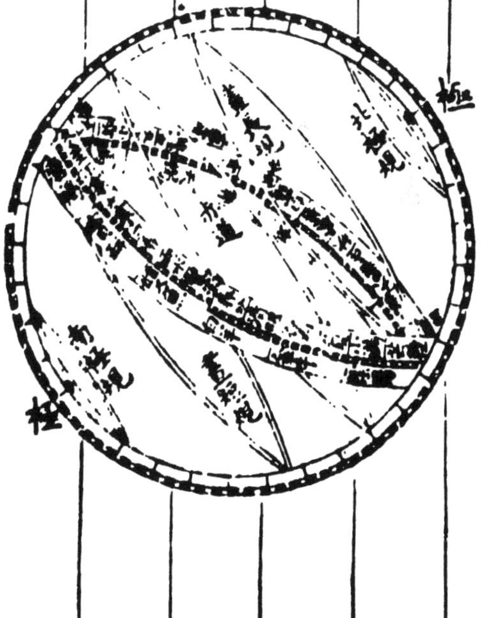

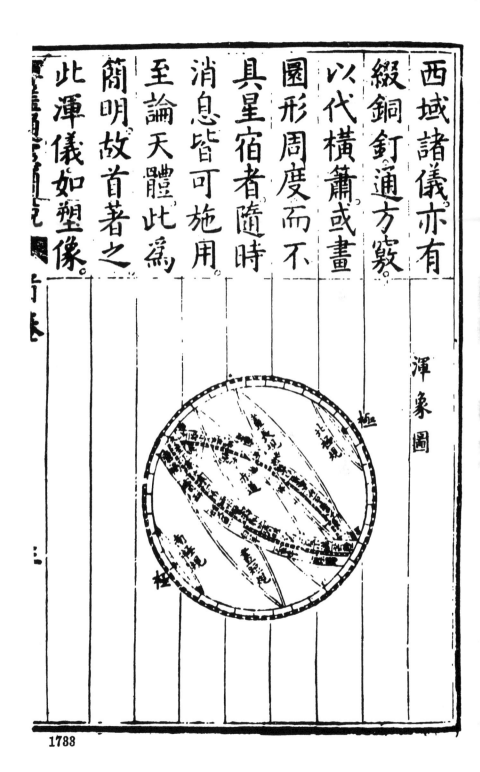

而通憲平儀則如繪像兼顯印轉側而肖之者也塑則渾圜繪則平圜全圜則渾天割圜則蓋天夫渾天不可圖也今強圖之以識梗槩

渾象內二規之圖

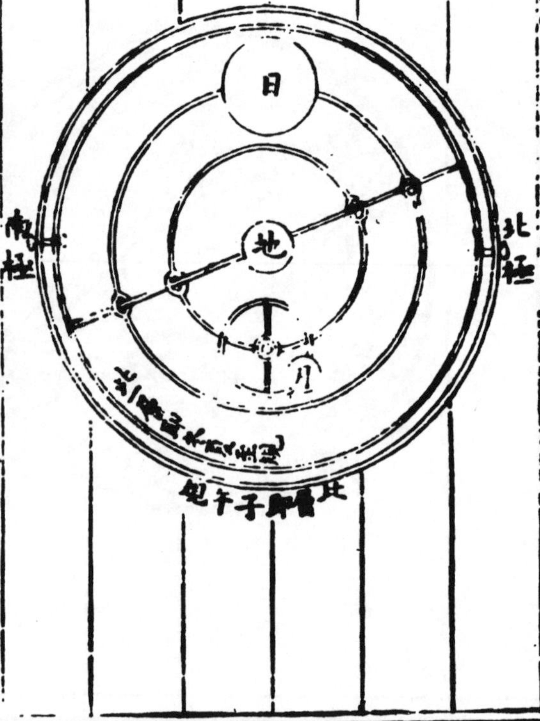

黃赤道諸規包絡於外此不重載

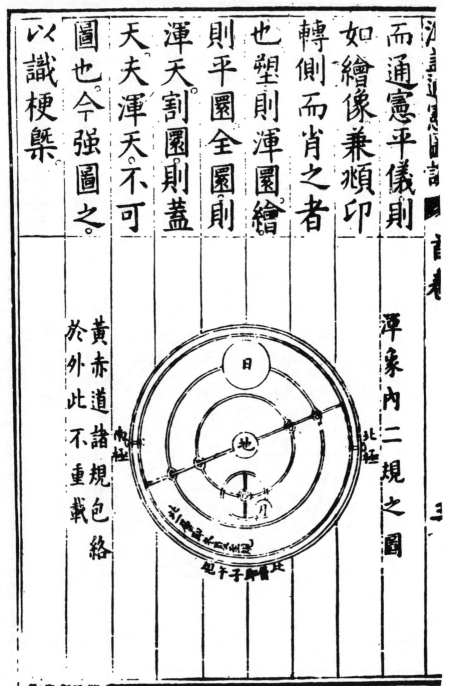

地平受子午規之圖

地居天中乃設平規於象外者以分地上地下界也側立者乃子午規北極之出地南極之入地各隨所在測定渾象納此規中以二極為圓樞一日一周

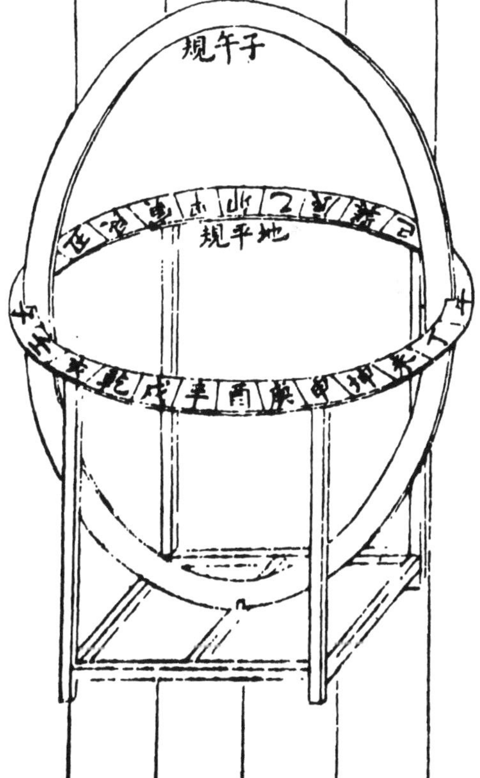

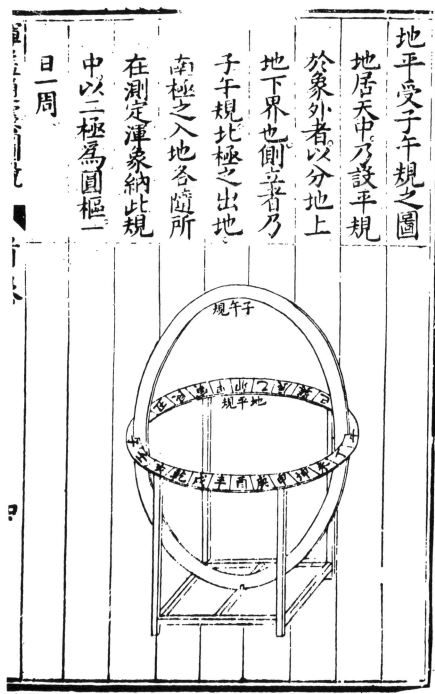

割圜圖

渾天極圜今割去黃道短規以南一小弧爲平儀所不用者此內大弧自午中冬至度逾北極際迄夜半冬至度共徑二百七度平儀截用爲蓋天形而置北極於中央云

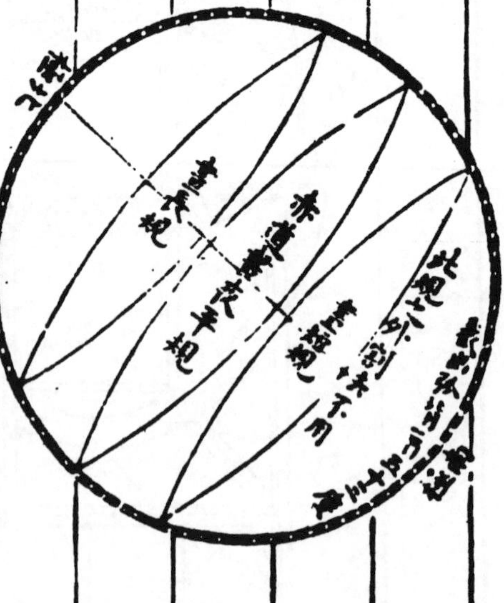

赤道規界說

天體無涯難以器測强從南北二極之中界判一線細道名曰赤道因設此規亦曰晝夜平規

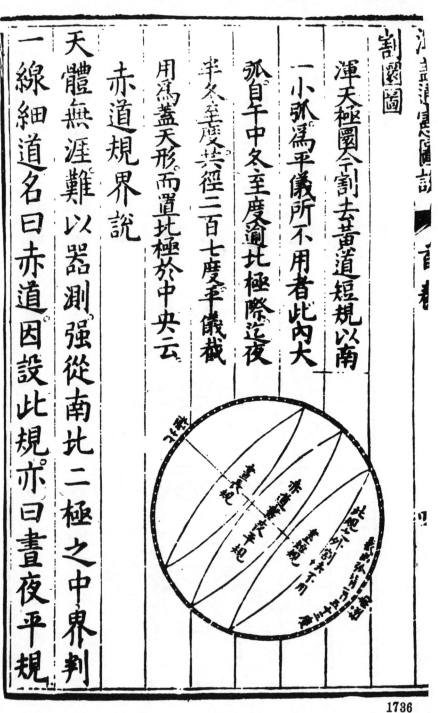

在天則大陽躔度際此。天下晝夜均平。在地則國當赤道之下者。通年晝夜皆平也。此規之設。用以度天行一日一周之運。用以定晝夜刻分之永短。刻分長短。雖據黃道。實以赤道爲宗。用以齊黃道出入不齊之度。用以限春秋分之晷景。而又由此判天道之南北。以起南北之緯算。以紀天下之地員。用之大者凡七。

黃道規界說

七政所經行者。命曰光道。亦曰黃道。黃道與赤道。如兩環相疊然。半出赤道北。半出赤道南。以三百六十度計之。則南北所出經度。各一百八十度。而緯度之最遠者。大約二十三度有半。其經度每三十度為一宮。十五度交一氣。正北為天正冬至之始。月建在子半。其宮磨羯之初。其次稍東為小寒。月建丑初。大寒。丑中。其宮寶瓶。立春。月建寅初。雨水。寅中。其宮雙魚。驚蟄。月建卯初。而交於赤道。為春分。卯中。其宮白羊。稍轉而南為清明。建辰。穀雨。辰中。其宮金牛。立夏。建巳。小滿。巳中。宮入陰陽。芒種。建午。盡於夏至。月建午中。宮入巨蟹。稍西為小暑。建未。大暑。未中

宮入獅子。立秋。建申。處暑。申中。宮入雙女。白露。建酉。又交赤道爲

秋分。月建酉中。宮入天秤。次爲寒露。建戌。霜降。戌中。宮入天蝎。立冬。

建亥。小雪。亥中。宮入人馬。大雪。建子。而又值天正冬至更細

躔爲三百六十五度四之一。則二十八宿列焉。

凡月建與宮界。常差十五度。而中曆太陽所躔

星紀等次。又與西曆白羊等名。常差數日。西曆所謂動的月。不動的月。天有九重。則黃道亦有九重。推法甚活。今只據西曆取其

便於躔度則。以白羊戌宮爲始。所謂步戌成歲

者也。所以分黃道爲十二宮者。日月相逐會於

黃道者歲十二次。而一歲四時有十二變。取數於十二。其義最精。半之則爲六。三之則爲四。四之則爲三。凡諸曜之行。歲時之變。總之不出於此。凡天下寒暑榮瘁。皆由黃道。中國當赤道之北。故太陽之行黃道也。北陸而暖。而萬物生。南陸而寒。而萬物死也。而黃道一規。有四用。一。以節七曜列宿逆天右轉之度黃道內。惟日。行道中一線。餘。各別有一小輪。因有疾。遲。退。伏。離地愈遠。則其規愈覺小也。一。以審日月交食。大抵近黃道則食。一。以其出地多寡。定天下晝夜長短。一以分星宿之南北。及紀其緯度。凡論黃道宮分者。固不止規上一線。凡二極之內。周天星宿。皆以十二判之。但在本宮界內。皆以本宮立算。義同剖瓜。中曆從北極剖之。紀以二十八宿。西曆則以磨羯之初。去北極二十三度半處。爲黃道極、而剖分焉。

晝長晝短南極北極四規說

此四規。分天下寒、暑氣候爲五截。日景亦五截。赤道之下。其地四時皆燠。而春秋分爲甚。爲適當日道之下也。冬、夏至。稍減。而其爲燠。則同爲僅去日道二十三度半也其春秋分日中無景。過春分則景在南過秋分則景在北長短二規之下其地每歲一極寒一極暑而正相反在長規者夏至暑冬至寒日有東南西三景而南景爲常在短規者反是日有東北西三面景而北景爲常過此二規則日不經天頂過矣惟赤道與長短二規相離適中之地冲和之氣鍾焉中國去赤道十九度至四十二度凡此自東徂西一帶正當其界毓靈孕秀遂多聖賢豪傑之儔。

此外。過暵過寒。皆屬偏氣。雖有人類蠢頑不靈。漸近南北二極之規。黃道之所不至。晝夜永短偏勝之極。此二規內。則天地之氣極寒。周圍皆有日景。而以半年爲晝。半年爲夜矣。

子午規說

此規靈臺所無。今增設於渾象之外。而以渾象之極納之。令其旋轉。太陽從天上經此規。爲午中。地下經此規。爲子中。故名子午規。設此規。其用有五。一。以分半晝半夜刻數。一。以尋列曜極高過頂之度。當此之謂中星。一。以此規計日。凡每日自子半起。正當此規之下。一。檢夜半中星。以定太陽正宿。一。此規分周天度。亦可緣太陽以求赤道。緣赤道以求北極。而萬國全圖所列曲線。皆係此規。但取中分南北過頂一線爲名。隨地而異。

地平規說

此規平分渾象之半。凡北極日月列星。在此上者可見。在此下者不可見。日在此上爲晝。在此下爲夜而可以定北極赤道離地之度可以定星辰出入之分及何星常見不伏何星常伏不見可以定宿曜同出同入之度及先後出入度可以定太陽各曜所出地離赤道幾何緯度假如夏至日離赤道二十三度半惟赤道之下其出地入地過午皆同若北京在四十度惟午時所離赤道如前至於出地入地却差六緯度也更北則漸差漸多可以辯各曜出入方位可以算各曜漸升之度自一度上至九十度止通憲專垂此度此規應設二規一當地中半處一當地面若太陽經星及木火土三星離地緯

遠即以地中作平規算法亦無差若算太陰及金水二星離地不甚遠則當就地面起算方得確度耳。

此運規之器以銅鐵爲之圓頂二髀可闔可開一居中一旋轉銳施精鋼離銳少許鑽孔劃綖以便用墨凡爲圓必取中規乃爲至圓爲直必取中繩乃爲至直方廉隅角莫不皆然差之毫釐謬以千里凡圓舒線成直中判成隅耦交則方參立則平萬形皆出於圓謂圓出於方者非也。

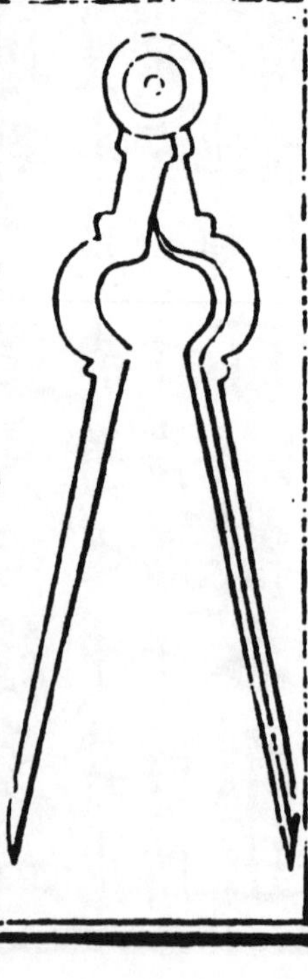

渾蓋通憲圖說上卷

浙西　李之藻　振之　演

漳南　鄭懷魁　輅思　訂

總圖說第一

渾蓋舊論紛紜。推步匪異。爰有通憲。範銅為質平測渾天。截出下規。遥遠之星。所用固僅倚蓋。是為渾度蓋模。通而為一。面。為俯視圓象。背則璿璣玉衡。中樞兼有南北二極。糸以瞯箭及定時衡尺。其上。弁以提紐。用。則懸之儀之陽有數層上爲天盤其下皆爲地盤各具三規中規爲赤道今名晝夜平規內外二規爲南至北至之限內規爲日行最北之道今名晝長規外規爲日行南至之道今名晝短規詳具於後而黃道絡於內外二規之間天盤渾是天體用黃道以紀太陽周天之度度分三百六十剖爲十二宮二十四氣其度斜刻緊切地盤以便觀覽錯以經星星不具載載其最明鉅者各以鐵芒所指爲準地盤隨地更換各視所用地方北極出地之度爲率其盤分地上地下二限最下一曲線爲

晨昏界（今名曚影晛）稍升一曲線爲出地入地之界（今名地平規）自此以上度數以漸平升直至天頂句爲九十度以觀太陽列宿漸升漸降所到其中央一直線則當子午之中其過頂一曲線結於

儀面圖

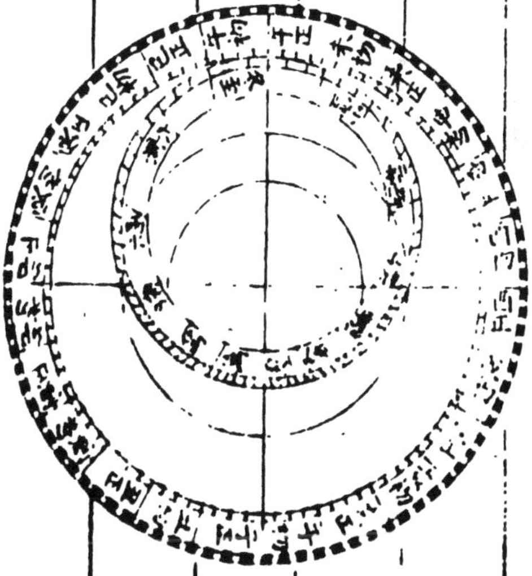

赤道卯酉之交者。則爲正東西界。南午北子東卯西酉。其餘方向。皆有曲線定之。近北窄而近南寬。蓋若置身天外。斜望者然。其晨昏界下諸曲。分爲五停。又爲夜漏之節云。

儀之陰。中分十字界。其衡界以分入地出地之限。其最上近紐處爲天中外規。周分三百六十度。自地上至天頂左右。俱鐫九十度。中央。運以瞡筩。筩立兩表。各有大小二竅。以受太陽列宿之影。以觀其影離地而上。得幾何度。其三百六十度每十二度作一宮內次層則分三百六十五度四分度之一以具歲周全數備刻節氣列宿以與外盤相準爲用皆以睍甪審定此爲太陽行天實度也中央上

儀背圖

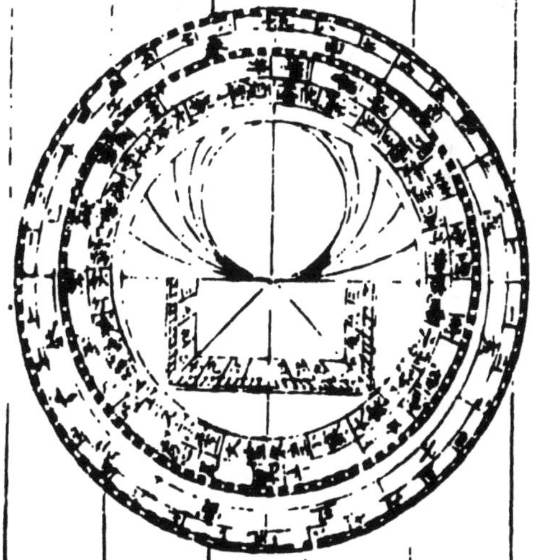

截另爲分時小軏。下截方儀。以句股測遠近高深。各有詳具圖說。

周天分度圖說第二

天體混淪。不立度數。則窺望曷據。通憲之度。全用渾儀。而有地盤以平布於下。分方隅第升度。有天盤以平覆於上。列黃道羅星宿。而外盤則刻周天之度。測三光之景。總挈而左右覷焉。周天之象。爲度三百有六十。凡以日揣天者。度法三百六十而餘五度四分度之一。今但用三百六十。舉捷數也。法於儀之中。作一句線爲卯酉線。一股線爲子午線。外周規。分爲四停。每停九十度。共三百六十度。刻之外盤之陰。而瞡筩則縮之樞中中分一線。左右各殺其半兩端對立二表。表有孔。大小各二。以望太陽列宿之度。樞則旋轉盤上。提衡定之。

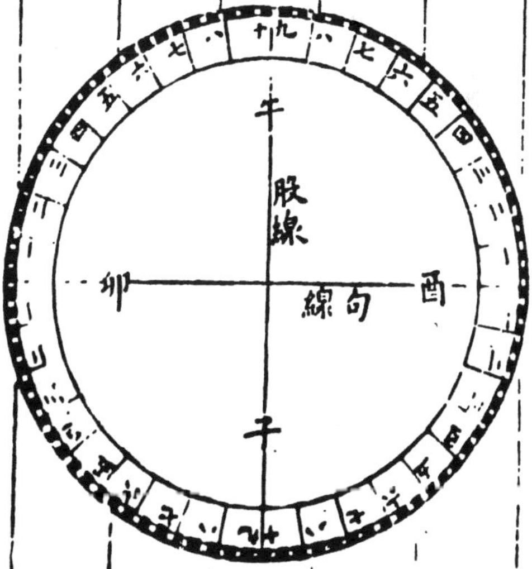

如懸正儀。

按度分時圖說第三

儀外盤之陽。亦分三百六十度。每度爲六十分。
外層一。而以三十度爲一時。中股線最上爲午中。
最下爲子中。向線左爲卯中。右爲酉中。凡子午
卯酉中之左右界各畫十五度。共三十度。爲一
時。餘時以次序列。中層一每時。分八刻。共九十六
刻。內層一凡日法。百刻。刻法六十分。凡每時。八刻
零二十分。初初刻一十分。初一刻初二刻初三

刻初四刻各六十分正初刻一十分正一刻正二刻正三刻正四刻俱六十分也今減去餘分但作八刻以便起算昔梁天監中作曆亦曾用此

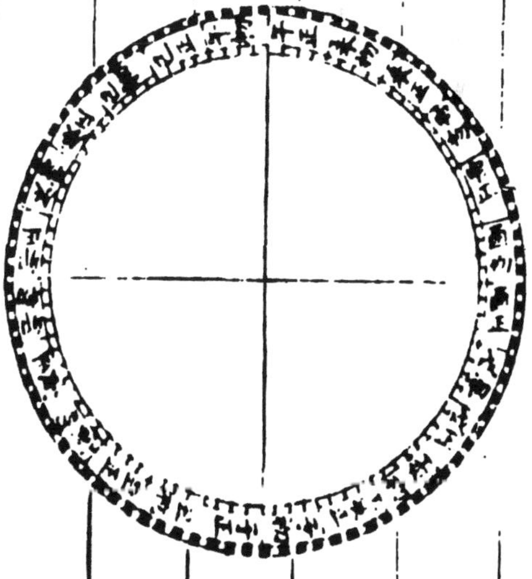

地盤長短平規圖說第四

天體一而已人居地上東西異而日月星升沈

之候異焉。然寒暑發斂同其玄象未有移也。南北異則晝夜長短刻分俱異矣。北極赤道之高卑亦異矣。故有晝短規。有晝夜平規。有晝長規。而短規最大。平規次之。長規最小。蓋平儀係極中央。中央之極。實該南北二極。試設八尺渾儀於此。人自南極之外。以望北極。晝短之規最近定覺最大。晝夜平規次近則覺次大。晝長之規最遠。則亦覺其最小。平儀立法。取此。而中國在赤道以北。故置晝長規於赤道內。晝短規於赤道外。凡晝短規以內。其星稠而在望。近短規以外。其星有不可望者矣。夫是以略也。詳說後篇 分規之法。先以晝短規。分周天度。就子午線之中。右行尋廿三度半爲斷。從此斜畫一線。貫子午而右到酉中而止。取其與午線遇處。從樞心旋一圜。是爲晝夜平規。即赤道規。又於赤道規分周天度。從午中右行數廿三度半。斜畫一線到酉中。取其遇午線之處爲界。從心畫一圜。是爲晝長規。而三規具焉。赤道當天地之中。置晝長規於赤道內。則凡赤道之內。通謂之北。而中樞則專爲北極。其外。則通謂南方。圖天文者。中北極。而以內外天官。四布於外。內北而外南。平儀正同此理。惟是配以地盤。别以地度。則其創耳。凡太陽行赤道之內。近北極。則晝長。行赤道之外。遠北極。則晝短。總之以廿三度半爲南北至。赤有變遷今不具悉。故平儀以廿三度半。爲長短規線之限。自

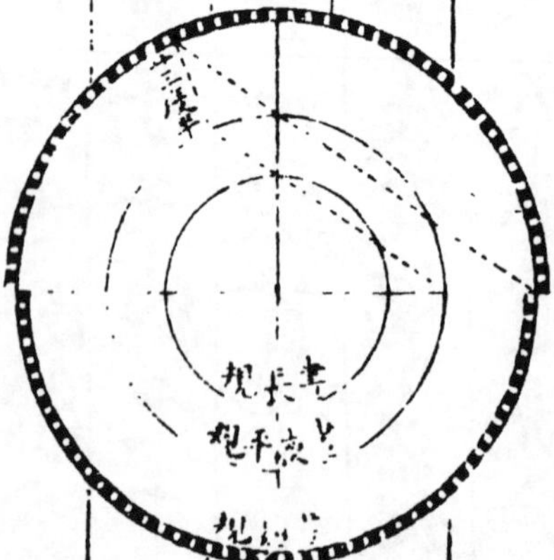

赤道至北極九十度北極居中不動地與極漸遠則斜倚而移故變地度以就極樞而平長短三規不易焉

定天頂圖說第五

測晷之法先定天頂（舊名嵩高）自天頂周垂而下至於地平舉為九十度即列為二十四向無不為九十度也者以辯太陽諸星出地之度而第以晛之目地心平規為始累而上之每一規為一度至天頂而九十度終焉天頂者二十四向之

會。至中極正。其際不可以鍼芒爽。總之不出子午一線。然而隨人身所立。以爲移易。其爲術也屢遷所居之地。若離赤道一度。即天頂亦離赤道一度。第赤道在天無形。故但以北極出地定之。凡北極移一度。則天頂亦移一度。人居赤道下。以赤道爲天頂。人居北極下。以北極爲天頂。居晝長晝短規之下。亦各以其長短規線爲天頂。其餘地度。各有推定之法。總與地平之法相因。先將赤道規。分周天度。以後凡赤道規皆分周天度。乃於

卯線北行起算依地方北極出高幾度幾分立
斷於赤道之規而畫弦以貫盤心北左斷爲北
極南右斷爲南極此名南北極軸又於午線之
東赤尋北極度分爲斷此斷正當二極之中赤
道之位赤貫盤心畫弦謂之赤道軸自此赤道
南軸斜望酉中經過午線再畫一弦取其交午
線處即爲所求天頂若自北極斷畫弦過酉中
則交午者即地平際也原所以取赤道卯酉中
爲準者蓋赤道紘天地之中卯酉又分赤道之

中。借卯酉以為地心。因望地心以求天頂儀體雖平。其用則圜。而其經緯從衡之妙。全在赤道一規。平視之。而分子午卯酉。側視之。而寄南北二極二極結子午之正。寄二極於赤道者。借赤道之規。為子午規者也。後凡地盤度皆自赤道為準。既得天頂則自天頂以對地心。有一規。總謂天頂規。此規

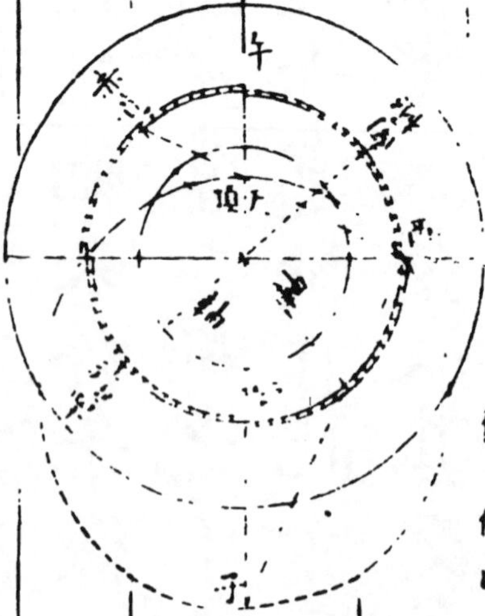

內規五度一格
後多倣此

上下過天地之中。東西交赤道卯酉之中。辯方正位。於是乎取。其法自赤道規酉中起數地方赤道出地之度。或自子中起數北極出地之度。其法皆同。但數一處刻斷自酉中。按斷作弦。長出。求其交子中線處。即是地下對頂中際。從此上望天頂。折半求中。以是爲樞。旋而規之。即成天頂之規。此規既立。地面以上方隅。俱可按法而得

又法。自赤道酉中爲樞。作大半規。以包畫短規

於內。而循樞畫一直線與子午並垂。以為半規之限。將半規分周天全度。從卯酉橫線。中分為二停。又中分為四停。每停刻九十度。而即借南北二停中之弦線為子午線。以近橫線中之百八十度為周天東半之度。以最南最北之百八十度為周天西半之度。因借赤道酉正之樞。以為南極。而設直線。以便分度。緣赤道分度界線衡易從難。故變通其法。以求確當。理則一也。法自半規之中。卯酉橫線而上。尋赤道出地之度

望酉中。虛畫一弦。取其過午線處為天頂。又一
自半規之
下。循直線
左行。赤數
赤道出地
之度。望酉
中。虛畫一
弦取其過
子線處以

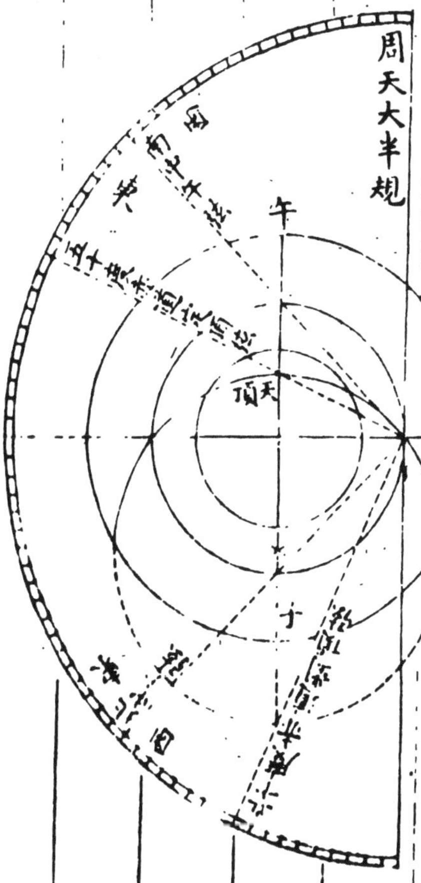

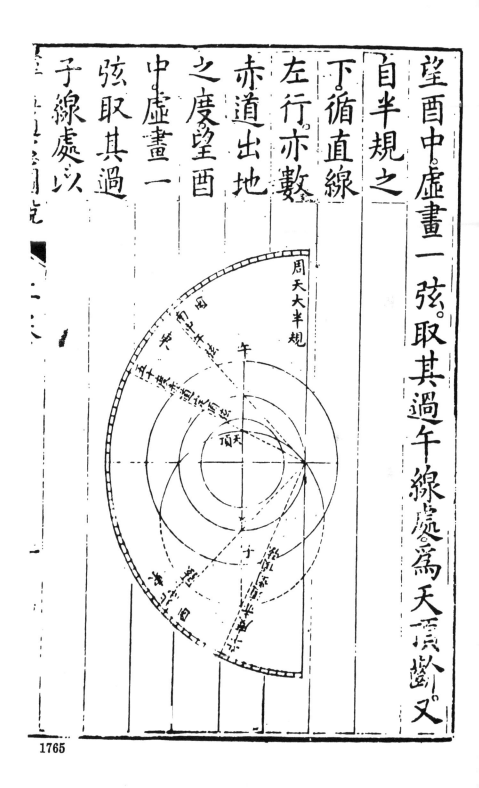

爲地下對頂之斷。兩斷折中爲樞。旋規。即得天頂規。不異前法。

但地心際。其界甚遠。恐盤小。則不易及。另有不必地際徑取中樞之法。其法有二。一法自赤道規酉線起。左行。尋赤道之數。數外。又加一倍。刻之爲界。自酉線。按此畫弦。斜射子午。其子線所得之斷。即是頂規之樞。一法即從半規求之。即得半規上赤道出地之數。乃於數上。再加一倍。上望酉中作弦。其與子午交處。亦得頂規之樞。

二法合而試之。乃可無差。

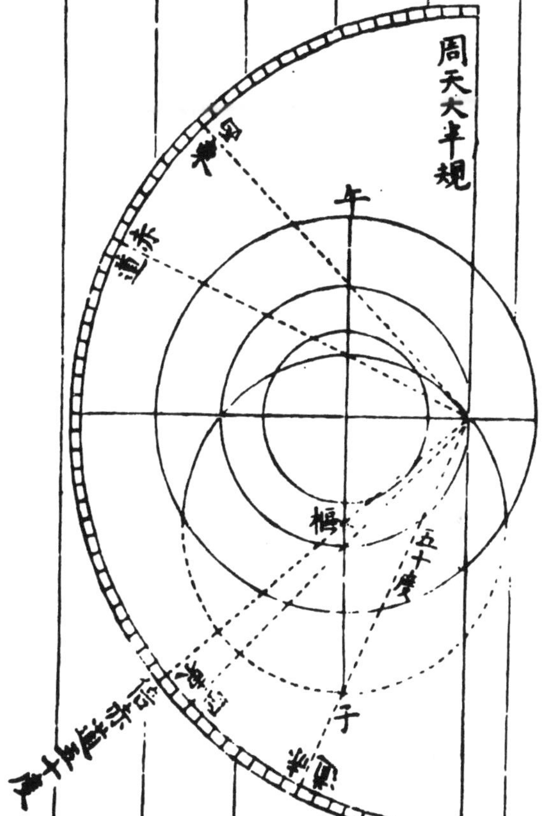

定地平圖說第六

凡日月星辰之可見者見其出地者也地平規以下無所庸測已地而上出濁入濁雖微有所蔽可度而按也凡居赤道之下平望南北極以卯酉直線為地平居北極之下以赤道規為地平其餘各有求測之法自北極出地一度至八十九度餘分各有定則北極出地淺則規最大漸出漸高則其規漸小至於北極為天頂赤道為地平則其規最小矣赤道而南反此互用凡求地平之法先自赤道規卯中起量北極出地

幾度幾分。至其度分。斷之。從所斷。過子線對酉中作弦。取其遇子線處。以爲最北地平之界。此界之上。爲地上。此界之下。爲地下。凡刻度面望日星之晷。望其在地平以上者也。又將此北極之斷。貫心作軸。而自酉中望南極之斷斜弦。以達午

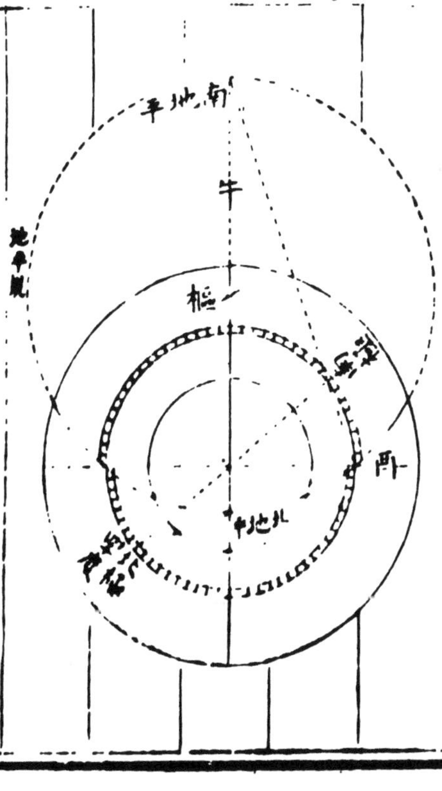

線取午線所交之斷為最南地平之界此界直出盤外大抵以北極出地之高下為遠近其南北兩界之半定為中樞旋器成規是為地平規凡地平規東西必與卯酉之中相交此規可以分出地入地之度可以起地上平升之度可以求地下之朦影可以分地上為六分地下為六分詳具於後

又法亦自酉中作樞旋大半規與子午線並行作直線以為規限將半規分周天全度又從橫

線中分爲二。又分爲四。如求天頂之法。而以北極之度爲據。假如北極出地四十度。即自直線之上。右行尋四十度之際。望酉中作一弦。以過午線處爲南方地平之際。又自卯線以下。右行尋四十度之際。亦望酉中作一弦。以過子線處爲北方地平之際。兩際折中。旋規之。即得地平曲線。此南方弦際在赤道者。與前從赤道數度飛線之法相同。而更爲準確

圖具於左

又有不必折半。即得中心。二法其一。即以赤道

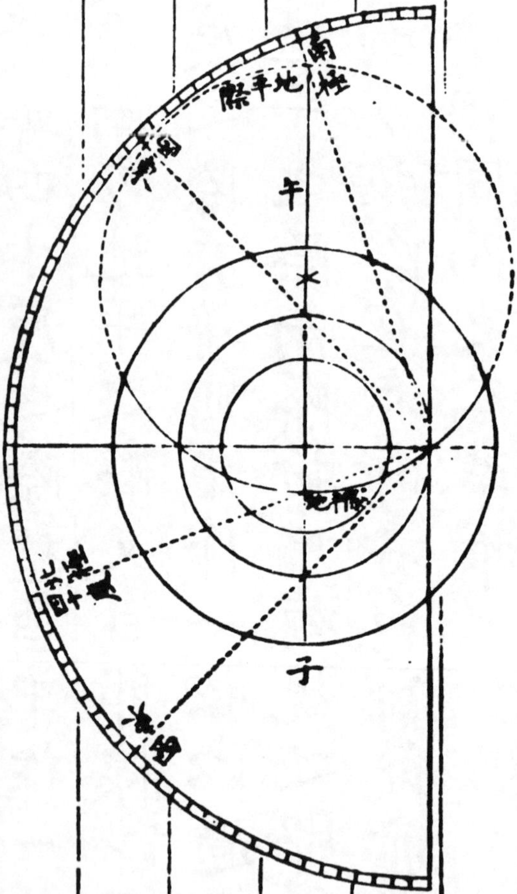

所得之度。再加一倍。如出地四十度。即尋八十度之類。得此加倍之齗。因自酉中透弦。取其午線所當。即爲中心。

其一即於半規之上。再加一倍。尋其所到度數亦望酉中畫弦。取其午線所當亦是中心二法

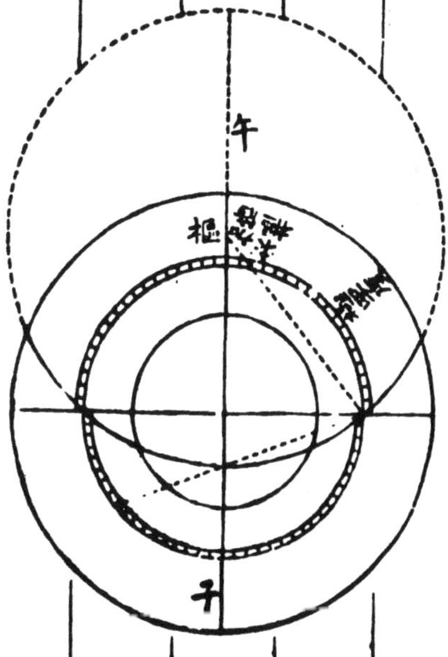

合而試之。即無差失。其餘漸升度數。亦可依此而求。

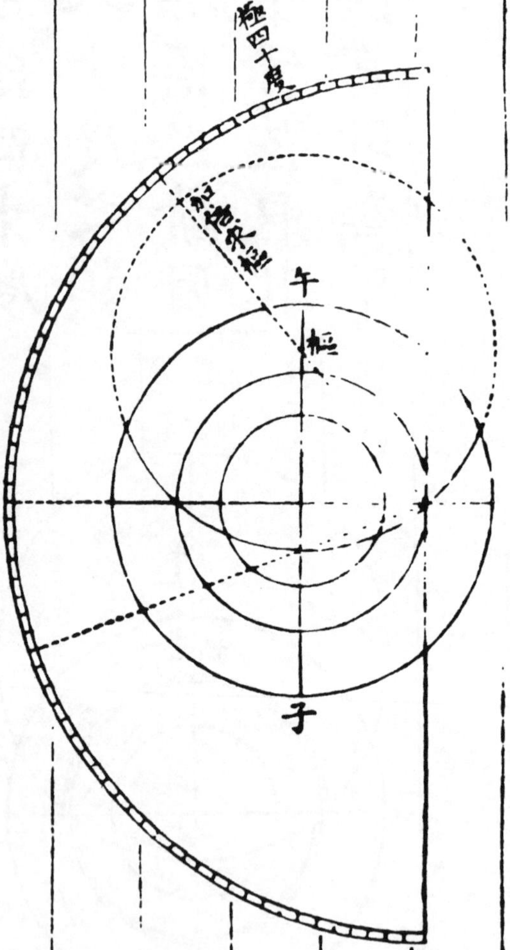

漸升度圖說第七

旣有地平之規即效漸升之度自地平上升躋於天頂九十度每度一規或三度五度一規視器之大小爲之凡求漸升度以前圖南北極軸線爲斷去斷北不用自斷而南以半規匀分百八十度或兼二度則分作九十兼五度則分作三十六中定赤道軸線以求天頂次自北極左行第一度望酉中畫一弦又自南極右行第一度望酉中畫一弦二弦皆過盤中子午線而取

子午線上所得之斷上下折半爲樞旋規是爲漸升第一規當出地之第一度餘自二度至九十度亦如之南陲北極以爲常凡地上升一度則南北極外各漸進一度至天頂止。

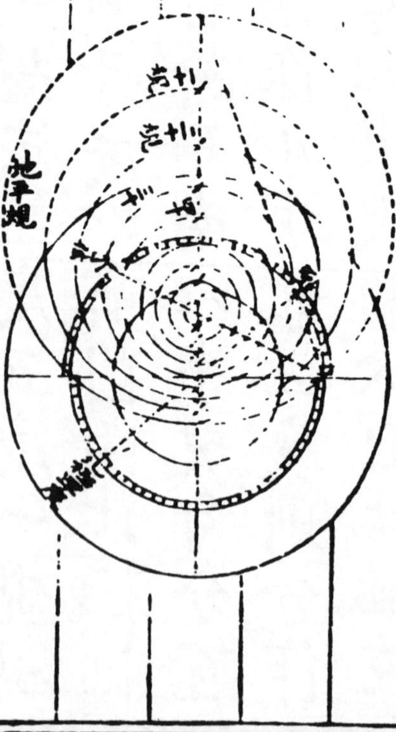

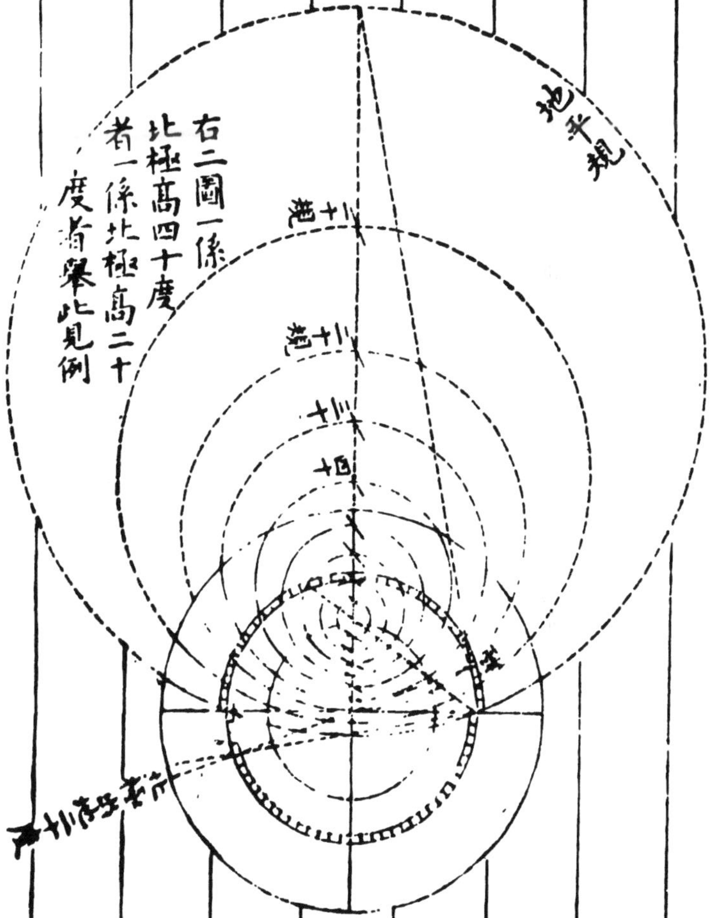

右二圖一係北極高四十度者一係北極高二十度者舉此見例

又法即用前大半規假如北極出地四十度則就卯酉横綫起右行尋四十度處爲北極又自直線上際右行尋四十度處爲南極南北各對酉中畫弦以取子午之交定地平規如前法而即自南北極度之中各離九十度處仍望酉中作天頂線而以天頂左右至南北極界百八十度爲用假如欲尋地平以上第一規則尋南北極以内第一度而各對酉中作一弦以其經過子午線上者爲南北之際因而規之如作地平

規法。是爲第一規。次自第二規以至八十九規而止。莫不皆然。凡百八十之度。每二度共得一規。若盤小。欲取二度三度作一規則

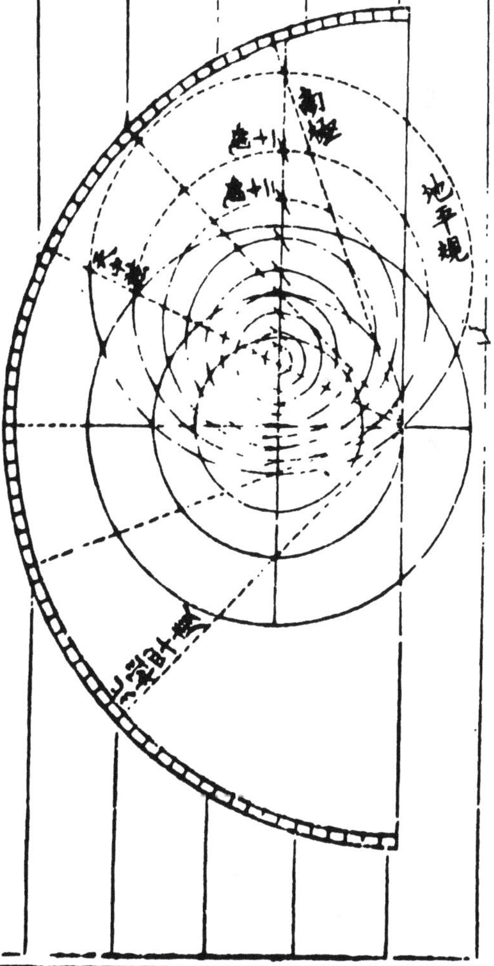

減度畫線。其法仍前。

定方位圖說第八

既有漸升之度、又當知地上四方。十二方或二十四向之所在。而後星辰所到之位易知也、且如子午十二向。則原有在盤直線可定其理易知。欲尋卯酉正中。雖有盤中橫線。但其線正倚北極地度遷移。不當卯酉正中之向。必當直剖天頂之中。以天頂一規東西絡於赤道規卯酉之交方爲正向。故天頂規亦名卯酉規、子午卯酉既明則諸凡方位皆可按規而定俱以天頂大規爲主就此規心再橫一線與子午線爲十字形左右長出此線橫截地中即借之爲地平線凡分方各規之樞皆不離此次取大規從子午匀分八分或十二分廿四分三十六分各望天頂爲樞用尺按其所分之斷畫弦斜出尋其到橫線上者點記爲心然後每位皆依此心旋而規之每規俱取過頂即爲地上各方定位凡近卯酉者規樞較近惟近於子午者規心較遠云

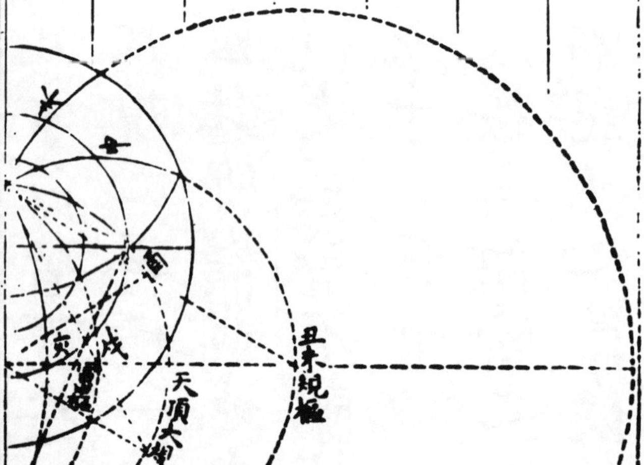
未
午
酉
亥
戊
天頂大規
丑未規極

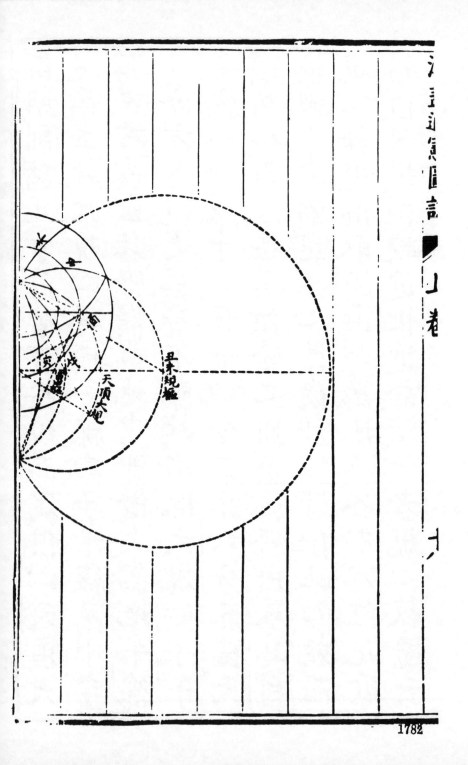

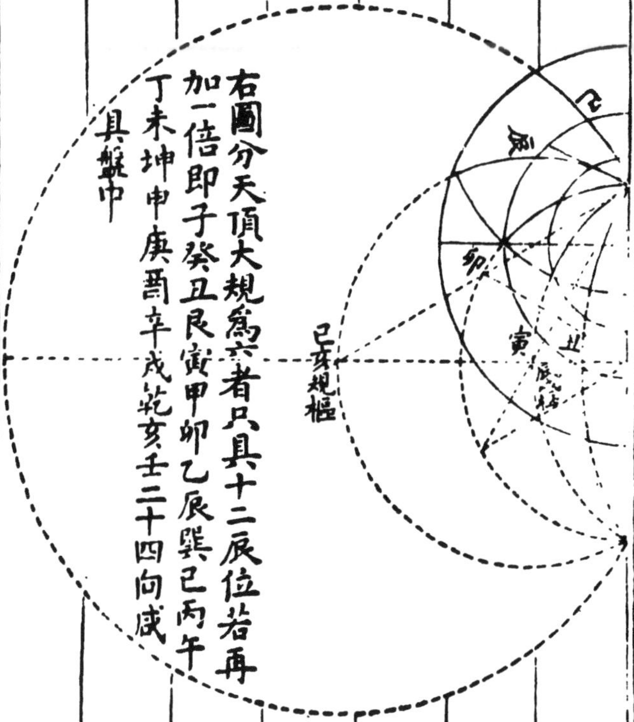

右圖分天頂大規為六者只具十二辰位若再加一倍即子癸丑艮寅甲卯乙辰巽巳丙午丁未坤申庚酉辛戌乾亥壬二十四向咸具盤中

又法以天頂規最上一半分斷求心畫線未確

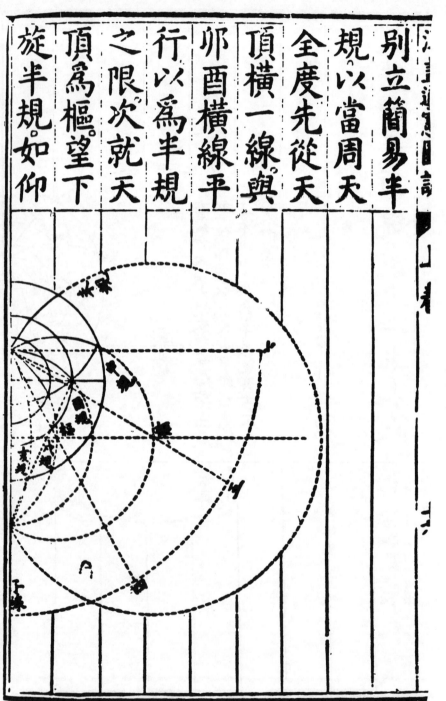

別立簡易半規。以當周天全度。先從天頂橫一線。與卯酉橫線平行。以爲半規之限。次就天頂爲樞。望下旋半規。如仰

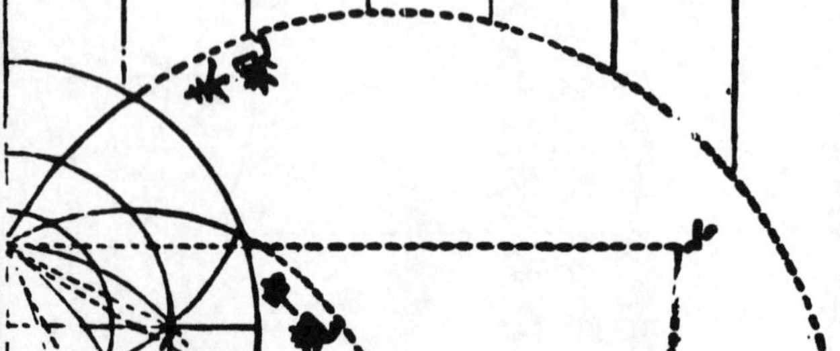

月形以半規分八方。或十二宮。或二十四向。或三十六分。而以尺按斷。月頂畫弦仍以卯酉大規橫線為際。一一記其

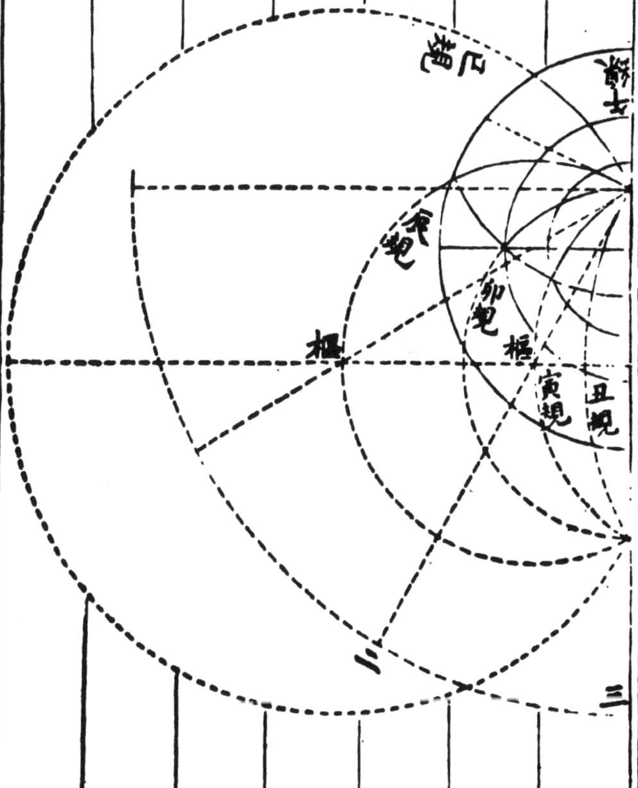

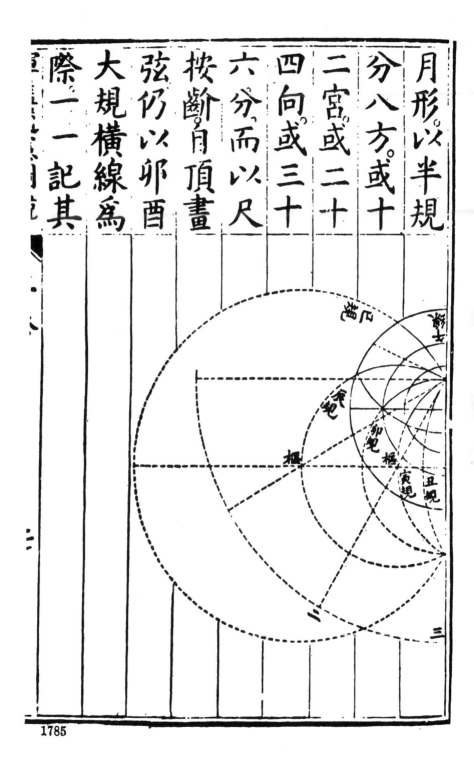

交處為樞而各望頂中旋規則亦與前法相同○右以橫線立樞旋規雖各規大小不同但上過天中則其下亦過地中若自

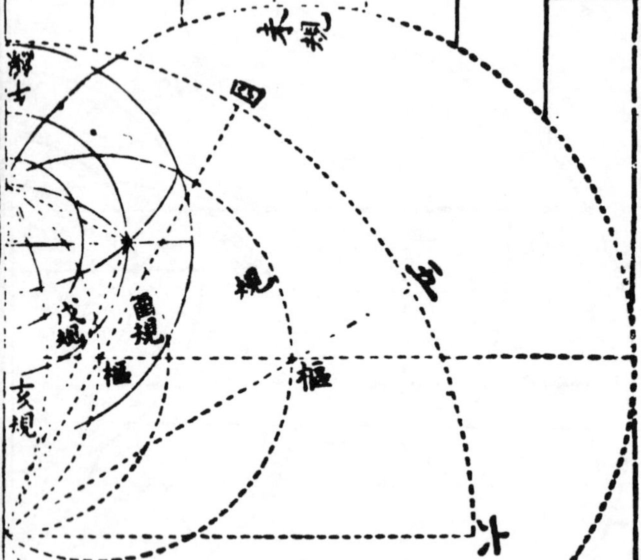

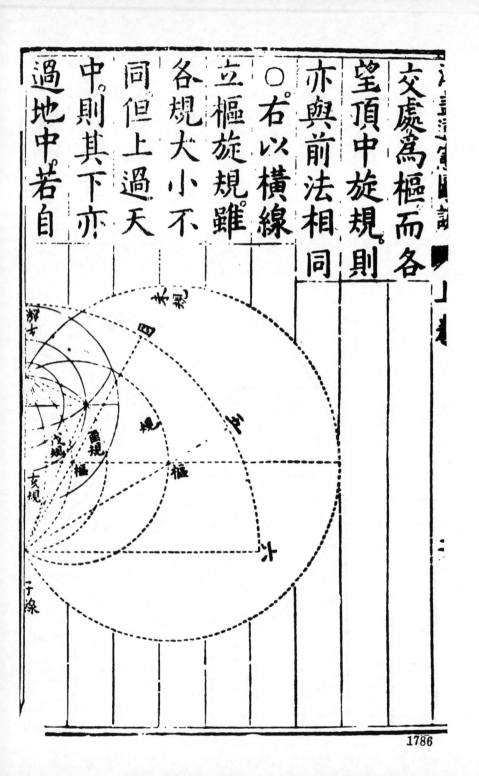

地中爲樞。向上畫成半規。如偃月形。照前分其度位。按齘畫弦。記於大規橫線。法亦不異此。見規法之妙。

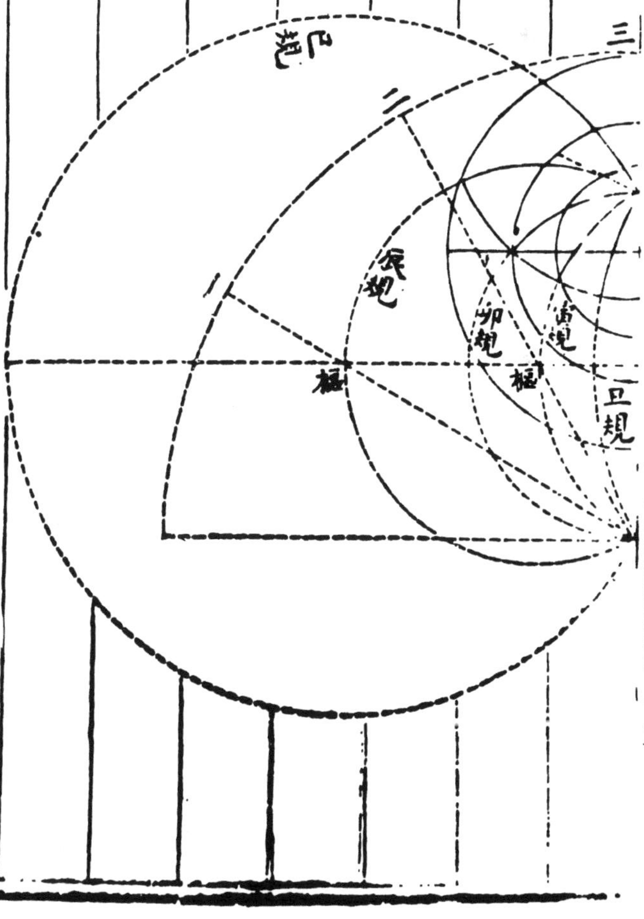

晝夜箭漏圖說第九

晝夜之分。地平規判矣。若乃晝有朝有禺有中。有晡有夕。夜有甲乙丙丁戊。古人以分刻制漏。踐更作役。用亦不細。此以每晝爲五分。每夜爲五分。而節氣晝夜長短弗論焉。刻之地盤。與十二時之法相參。其法不計赤道細度。但以平規分晝夜斷限。以取晝長晝短晝夜平三規。於地平界上下。各自分爲五停。先要識三點同圜之法。假如立定三點。須要先知三點之心何在。即可以一圜貫之。先取甲點與乙點。相擬用規。各作半圓相切。取其圓之兩交處直分一線。長出。又將乙點與丙點。相擬用規。各作半圓相切。取其圓之兩交。又分一線。長出。而以兩長出線相交之處爲樞旋規。則三點俱在一規之中。凡晝夜五分之法。以此爲宗。假如地平而下。晝長規勻作五分。晝短規作五分。晝夜平規亦作五分。欲知日入第一停之斷。即尋地平規右下第一停檢之。每停各得三點。以三點依前法求交。又依交處求樞成規即三點聯爲一線凡四線而五分之限成焉其欲定更點細度者當自晨昏線下起除初更前二點及五更後二點勻作二十一點刻之亦照前法但地平以上有漸升方位諸線分度已多不便重複今分地平以下爲圖大都可以互見

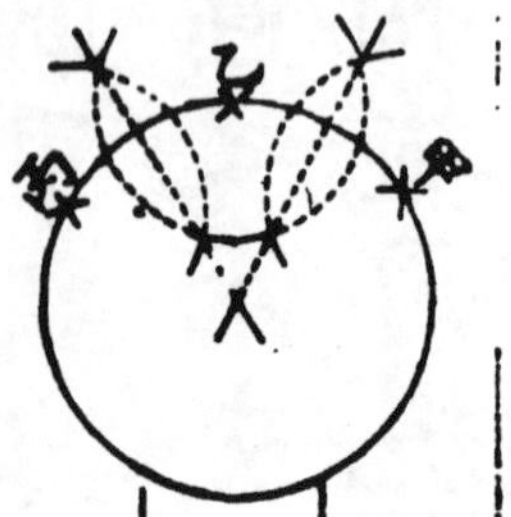

分十二宮圖說第十

七政列宿皆寄黃道黃道十二宮之旋轉於天也不論赤道遠近北極高低大抵出地六宮入地六宮蓋赤道出入於地其度分隨時互有多寡若黃道則斜絡赤道隨處皆上下相半故二十八宿常有十四宿在天可見其法旣有赤道規又知地平曲線乃以赤道規勻分十二斷兩兩過心相對加以地平曲線之過子午線處爲一點成三點照前三點合圜之法畫成十二宮

蓋每宮皆以地平子午之交爲心。而以赤道上相對二點定之。

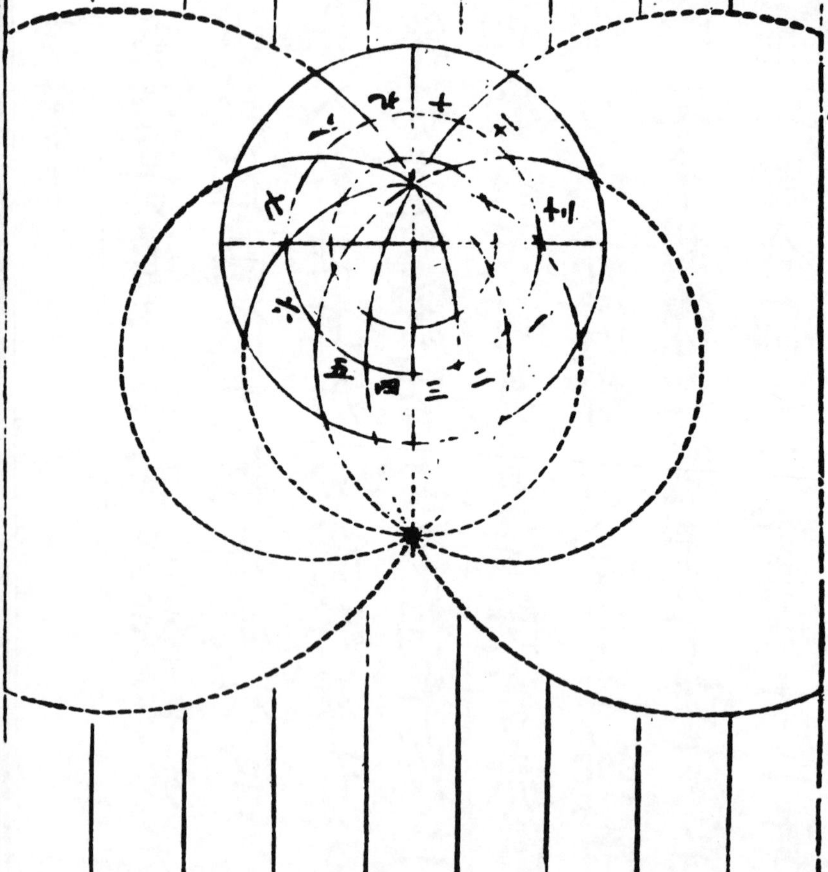

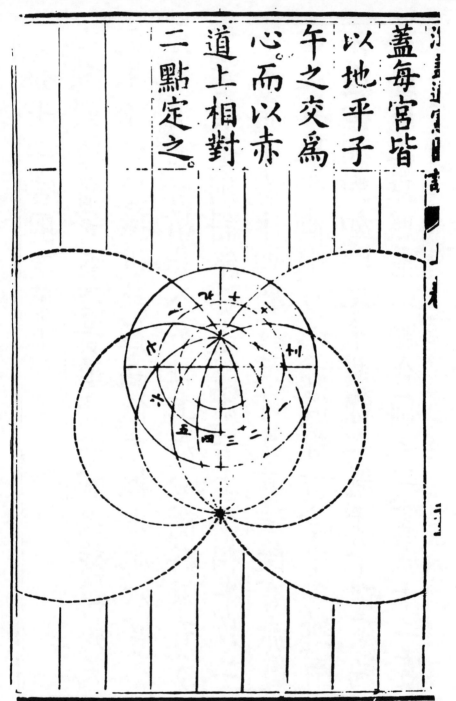

朦朧影圖説第十一

太陽出没是分晝夜其輪之大於地也凡百餘倍光照極遠故將出之先既没之後俱有朦朧之影焉在朝爲晨在夜爲昏古法定以二刻半爲率不知朦影多寡固以候異亦以地異總之北極高下不同黃道輪旋日之入地又有斜直故朦影亦有長短凡朦影皆在出地前入地後十八度內今以平儀之度晝線界之居可知已其法自赤道卯中右行數本地北極出地之數

又外加十八度爲斷次於午中左行取本地赤道出地之數亦外加十八度爲斷兩斷相望而自酉中望北斷畫弦取其與子線遇處以爲朦景之北盡界自酉中望南斷亦畫一弦貫午中長出斷外如求地平南界之法取其交午線處以爲盤外朦景之南盡界南北兩界折中爲樞作規即得盤內蒙景曲線。

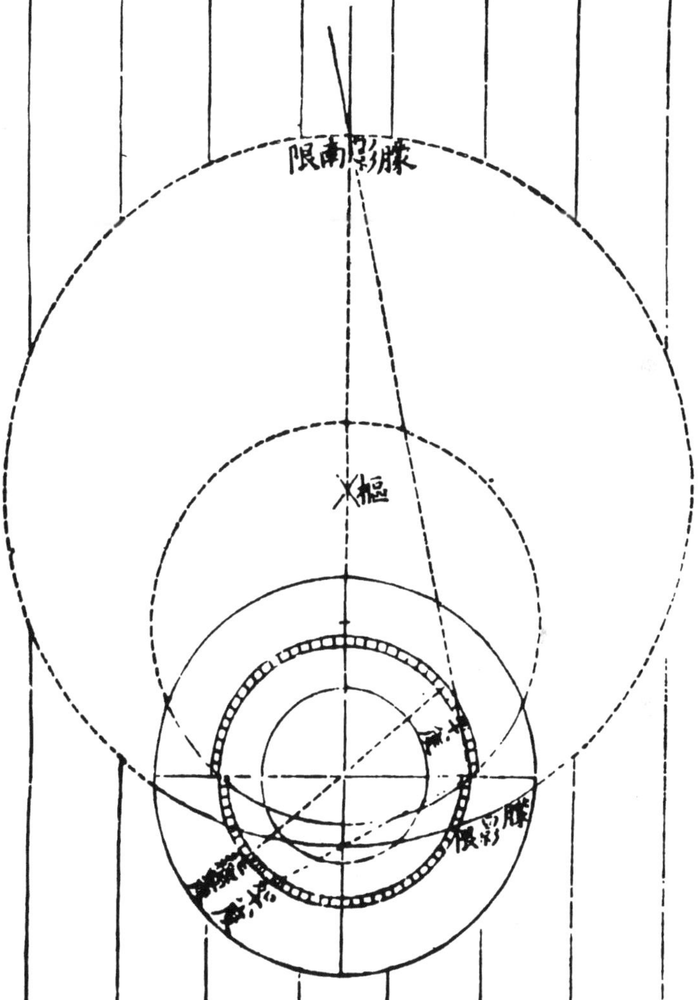
朦影南限
樞
朦影限

右法邊際太遠又法就前比極出地之數望南極聯弦爲軸又就前兩十八度加出之斷赤聯一弦爲朦影軸而設赤道軸線（即南北極九十度之中）令之長出直與朦影軸線相遇作直角形乃取直角之中爲用望酉中畫一長弦比過子線抵赤道規視其所指規斷從此用規左旋量至前赤道軸斷爲率又自軸斷左旋再加一倍量至盡處餅之按此復自酉中用尺畫弦斜出得其交於午線者便爲朦景曲線之樞比前法近一半

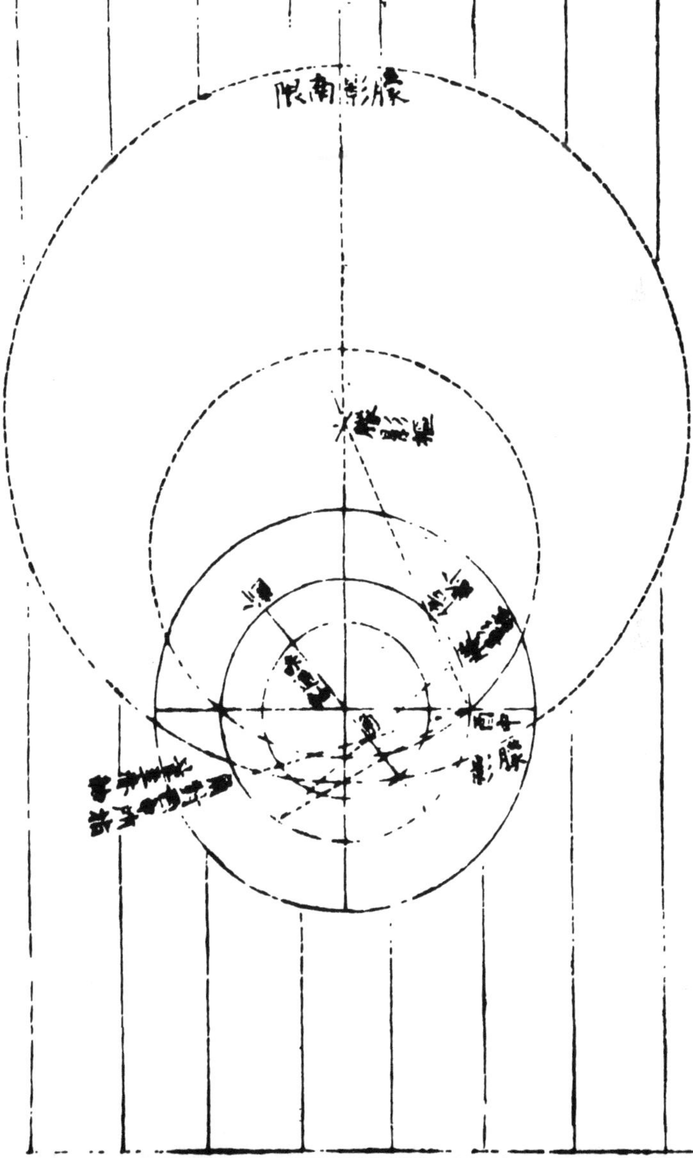
朦影南限
朦影

又法。即以地平曲線完成一規。規心。橫一線作十字形。規上分周天度。乃從地平北際子中右旋取十八度為斷。又於南際午中左旋取十八度為斷。而上下相對。虛一線。以虛線與、橫線交處為準。而自圈中望此。畫弦斜上。得其交於午處。即是朦朧影曲線中心。

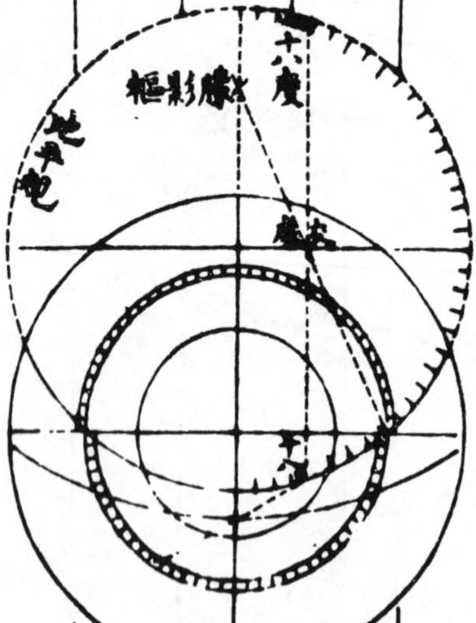

天盤黃道圖說第十二

日月星行度皆順黃道右旋黃道斜交赤道南北出入其最遠者各廿三度三十分曆取二十四度有奇今節去五度四分度之一故只用二十三度半為南北至故晝長晝短之規皆以為率此地盤法也天盤黃道即以地盤長短規為準從晝短規之南到晝長規之北為二際折中為樞旋規此規必與赤道規及卯酉平線三合方準是為黃道規其樞當就赤道數卯中以上四十七度望對面酉中晝弦而取

其過午線者。以爲規樞。凡太陽行黃道。歲與太陰十二會。因分之爲十二宮。曆法。玄枵星紀等宮。尚過節氣數日。今即以節氣爲交宮之限。而仍以西法白羊諸像紀名。非立異同。蓋便界畫。所謂不動的月也每宮三十度。每十五度交一氣。且以地盤十字線爲限言之。自平線以下卯中起。初入白羊宮。交春分。又十五度交清明。右行凡三十度而盡。入金牛。爲穀雨。立夏。又三十度。入陰陽宮。則小滿芒種也。又三十度。而際子中。入於巨蟹。夏至以之。其繼爲小暑。次乃入獅子。爲大暑。至於立秋又次入雙女其躔處暑白露終三十度而又得平線以上則酉中天秤也秋分主之繼乃爲寒露次乃天蝎霜降立冬其候也又次人馬是爲小雪大雪而交於午中磨羯之初天正之冬至若小寒則寶司之次入寶缾爲大寒十五度而一歲終焉又閱十五度當立春正月之節故寶缾之半新舊之交也次則入雙魚雨水驚蟄而盡復抵於卯中白羊凡此十二宮者以地盤對之則巨蟹如子磨羯加午白羊乘東天秤衡

酉彼此換宮遙對蓋地上之子午卯酉靜而有定天行之子午卯酉動而不居平儀之制理取倒影故以遙射立法至於春分之晨秋分之昏則午南子北卯東酉西各宮自歸其位此則於用法見之固與分宮之法異耳今曆家約分四大限定爲常氣則二至雖同而春分在日行赤道後三日秋分在日行赤道前三日其餘各差一二度另有外盤歲周之法詳檢之云細分二十八宿則當刻於歲周規三百六十五度四分

度之一之上。然此處亦可略見。大略（白羊）初度交交壁初。其九度交奎。廿六度交婁。（金牛）初度交婁五。其七交胃。廿三交昴。（陰陽）初度交昴七。其四交畢。廿一交觜交參。（巨蟹）初際參參井。（獅子）初交井三十。其一交鬼。三交柳。十六交星。廿三交張。（雙女）初度交張七。其十一度交翼（天秤）初度交軫初。其十七交角。（天蠍）初度交亢初。其十度交氐。廿七度交房。（人馬）初度交房三。其三度心。九交尾。廿七交箕（磨羯）初度交箕三。其六交斗。（寶瓶）初度交牛初。其七交女。十八交虛。廿七交危。（雙魚）初度交危三。其十三交室也。經星亦是逆天右轉西法以爲六十六年行一度。顧遲疾亦有不同。此即歲差之論。今所較。姑以萬曆甲辰爲率。凡

黃道細分之度。其踈密與赤道迥異。赤道以盤心北極爲心。黃道則別有旋規之樞。又有斜望

之樞。赤道度分勻排。黃道則南北跡容有異。且如只以赤道推求。則當先論赤道一度與黃道所差幾何。然後可以布列刻度。另有算定成法。具圖於後。圖不細載。第攷五度差率。其餘可推。依此算定分界。貫盤心畫其宮度。

黃赤二道差率略 三百六十度立算

白羊宮 黃道度	赤道 度	赤道 分
五	四	三五
一〇	九	一一
一五	一三	四八
二〇	一八	二七
二五	二三	九
三〇	二七	五四

金牛宮 黃道度	赤道 度	赤道 分
五	三二	四二
一〇	三七	三五
一五	四二	三一
二つ	四七	三三
二五	五二	三八
三〇	五七	四八

旋規分宮

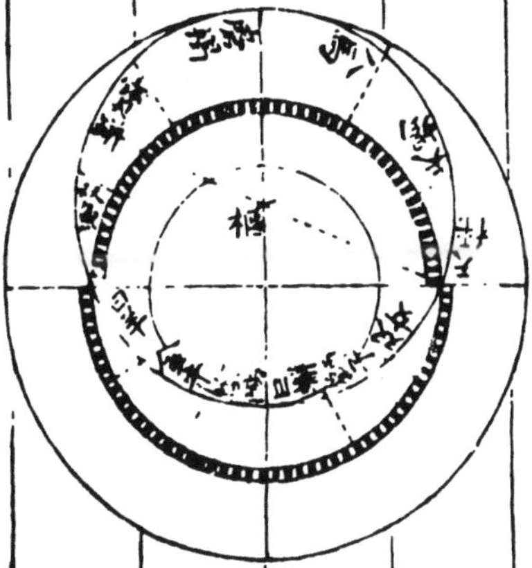

陰陽宮

黃道度	赤道度	赤道分
五	六三	三〇
一〇	六八	二一
一五	七三	四三
二〇	七九	七
二五	八四	三三
三〇	九〇	〇

巨蟹宮

黃道度	赤道度	赤道分
五	九五	二七
一〇	一〇〇	五三
一五	一〇六	一七
二〇	一一〇	三九
二五	一一六	五七
三〇	一二二	一七

獅子宮

黃道度	赤道度	赤道分
五	一二七	二二
一〇	一三二	二七
一五	一三七	二九
二〇	一四二	二五
二五	一四七	一七
三〇	一五二	九

雙女宮

黃道度	赤道度	赤道分
五	一五六	五一
一〇	一六一	三三
一五	一六六	一二
二〇	一七〇	四九
二五	一七五	二五
三〇	一八〇	〇

檢度細分

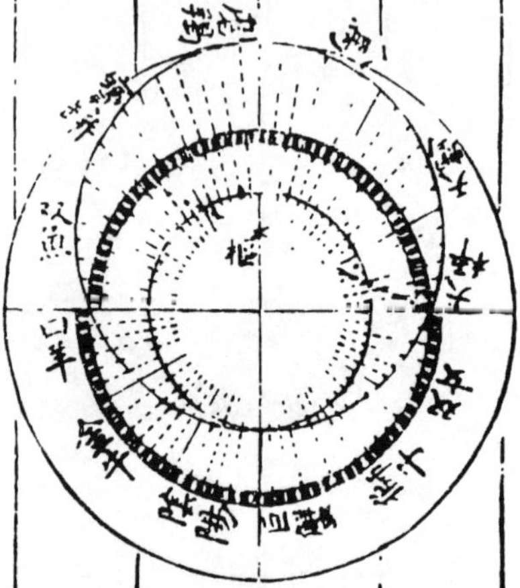

人馬宮

黃道度	赤道度	赤道分
五	二四三	三
一〇	二四八	二一
一五	二五三	四三
二〇	二五九	七
二五	二六四	三三
三〇	二七〇	〇

天秤宮

黃道度	赤道度	赤道分
五	一八四	三五
一〇	一八九	一一
一五	一九三	四八
二〇	一九八	二七
二五	二〇三	九
三〇	二〇七	五五

天蠍宮

黃道度	赤道度	赤道分
五	二一二	四二
一〇	二一七	三五
一五	二二二	三一
二〇	二二七	三三
二五	二三二	三八
三〇	二三七	四八

磨羯宮

黃道度	赤道度	赤道分
五	二七五	二七
一〇	二八〇	五三
一五	二八六	一七
二〇	二九一	三九
二五	二九六	五七
三〇	三〇二	一七

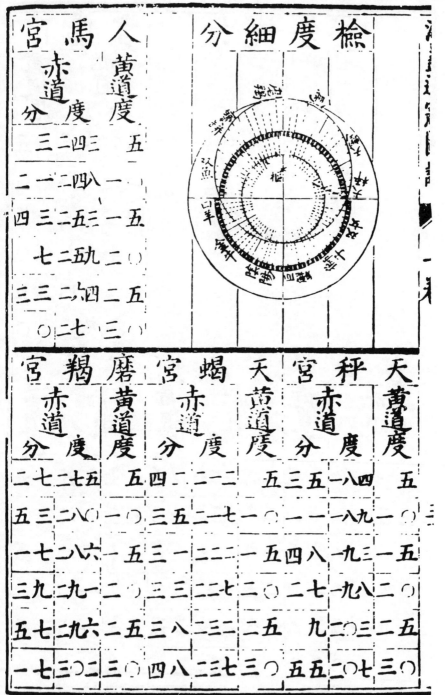

寶缾宮

黃道度	赤道度	分
五	三〇七	二二
一〇	三一二	二七
一五	三一七	二九
二〇	三二二	二五
二五	三二七	一八
三〇	三三二	九

雙魚宮

黃道度	赤道度	分
五	三三六	五一
一〇	三四一	三三
一五	三四六	一二
二〇	三五〇	四九
二五	三五五	二八
三〇	三六〇	〇

又法不必對檢赤道但尋黃道斜轉之極在天黃道極原去北極廿三度半入磨羯初分其錯行赤道內外亦只去廿三度半故其法先從赤道一規酉中右上數至廿三度半爲斷望對宮卯中黃赤之交過午作弦取其交午爲用以爲黃道之極如再增廿三度半即是前圖黃道規樞規

中與極中只差廿三度半也。既得此極。因將赤道規勻分十二宮。以分處一一貫於極心。捺尺斜出點記黃道規上。於是乃以盤心爲心。望黃道所點記者而畫界焉。或分十二宮。或每宮分三十分。皆照此法。比前算不殊。而術更簡。

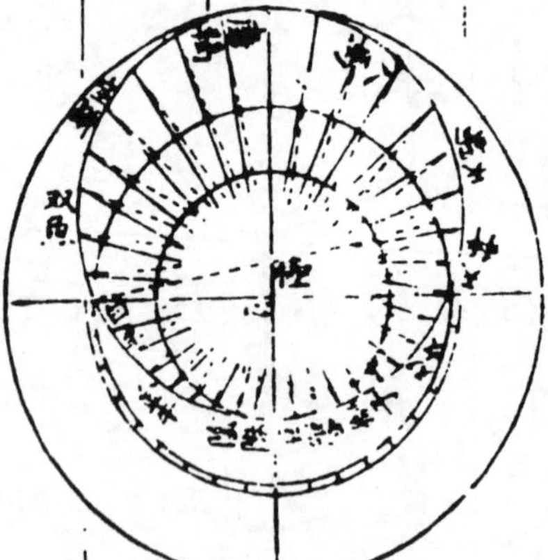

又法亦尋黃道之極如前法次求黃道南極旋
成大規法於天秤角即黃赤相交右角左行尋日離赤
道盡處亦二十三度半爲斷而用尺自交對斷
望下斜畫長弦至與子線相交而止此爲黃道
南極在於盤外者自此望上盤內黃道北極折
半爲心儘兩極之界旋爲大規此爲黃道全體
之規規中再橫一線即地心線直長貫出規外
次以此規分爲十二宮斷仍自黃道北極爲樞
從一對斷畫線旁引直貫刻記地心橫線因以

所刻爲心旋規以分黃道諸宮假如欲求獅子宮界則於全規之下右行尋第一斷以尺按此上儘黃道之極旋成一規記於黃道之規此規南上一段即得獅子此下一段亦得寶瓶餘法皆同欲分每宮三十度亦照此法

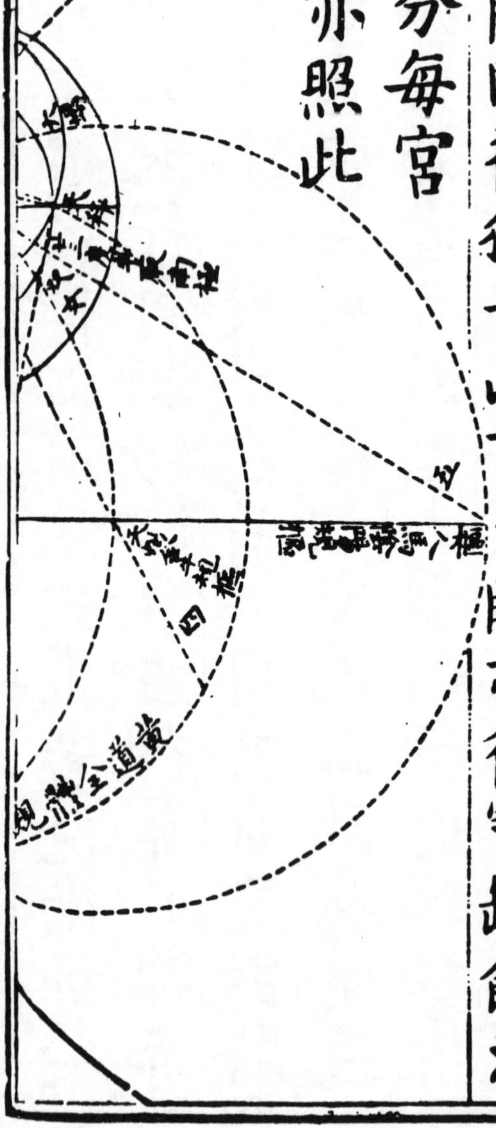

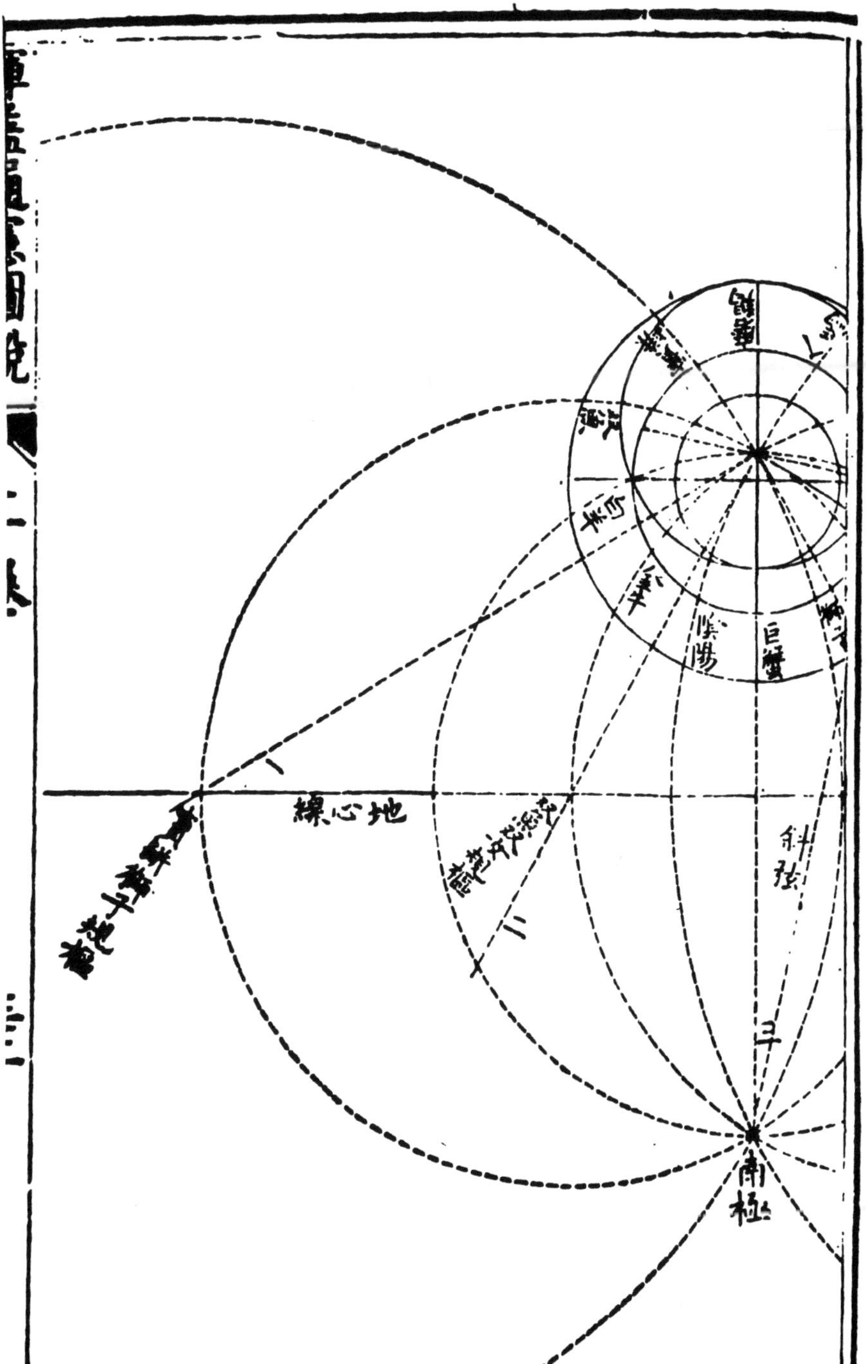
地心線
斜弦
南極
巨蟹
白羊
金牛

若恐黃道全規近上一半。斷線不易確準。則自黃道之北極。旋半規作仰月形。如前分位之法。亦可。

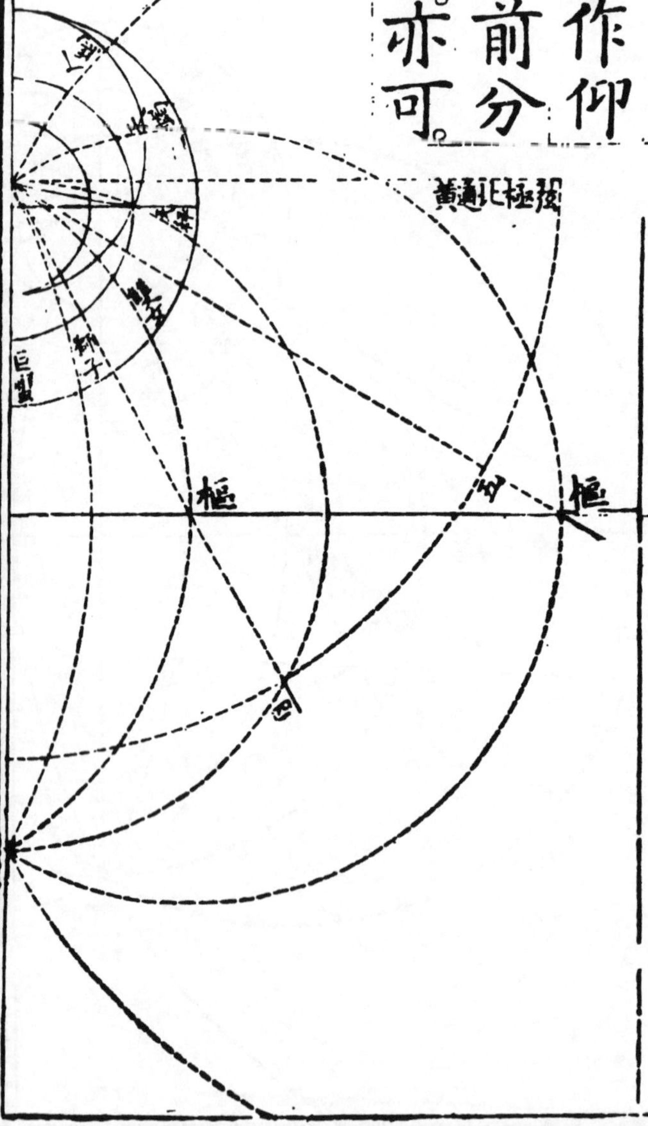

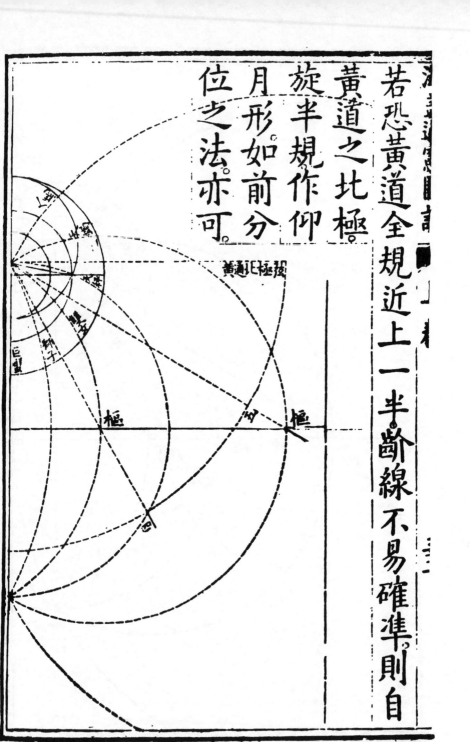

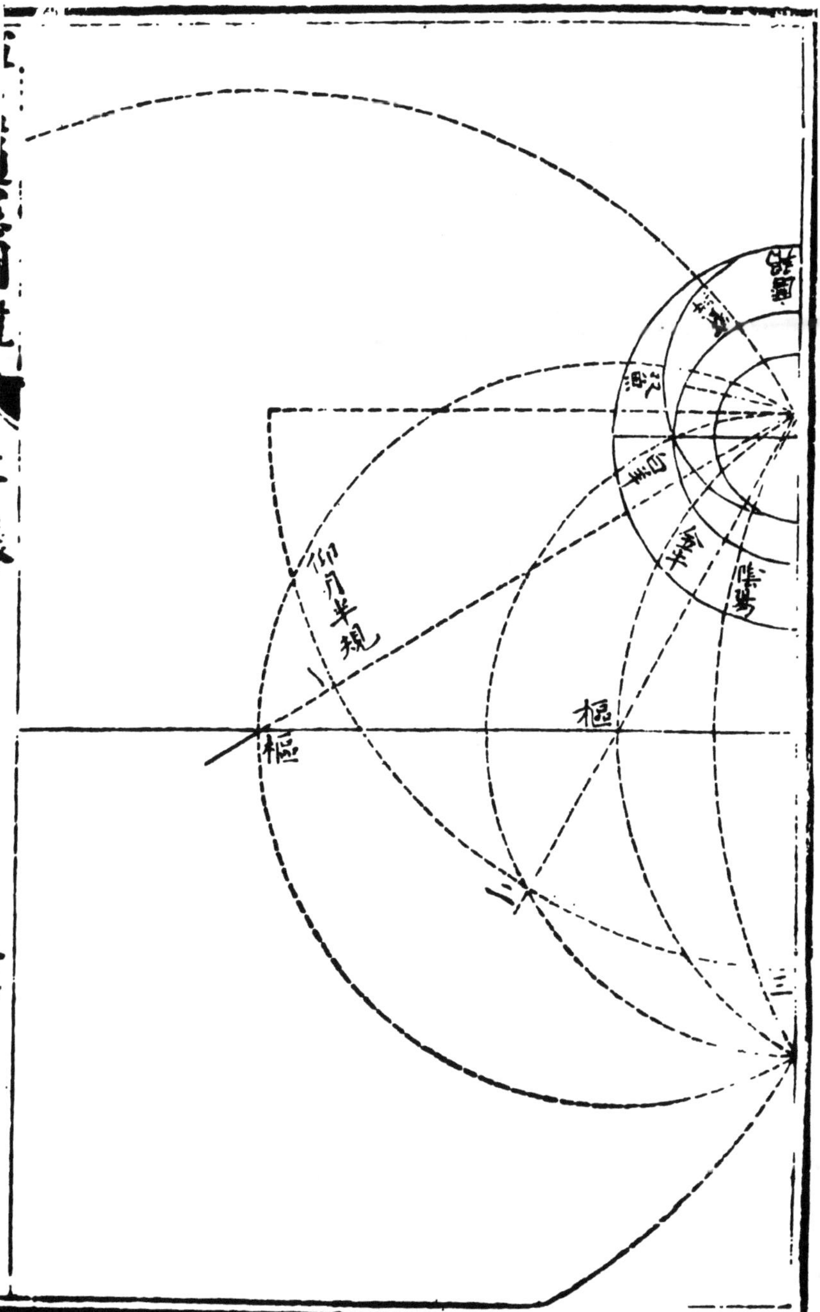

仰月半規
一
樞
樞
二
三
白羊
金牛

已上三術各有所用第一術不必尋黃道之極但就赤道分度加算其法頗簡而算法不易第二術但以廿三度半求黃道斜望之極不必起赤道算然以直線分黃道止得適當黃道一線之度其出入南北圓體尚須別求第三術赤不起算第求黃道之北極又求其相對之南極而渾天圓體與黃赤二道之宮數皆在目中但以規大爲難然欲求安星正位於用最切

又法分黃道度者。但匀分赤道作三百六十度。以所分之度。逐一南北相對作虛直線。以識於卯酉橫線之上。而依前法以求黃道之極。併其南極。因取其大規之樞心。以爲用。自此處上望橫線所識斷。用尺逐一作弦。透畫於黃道之規。凡一弦即可分上下二度。在橫線以上之百八十度。則寬在橫線以下之百八十度。則窄。合之共三百六十度。得黃道度。其赤道虛度不用。

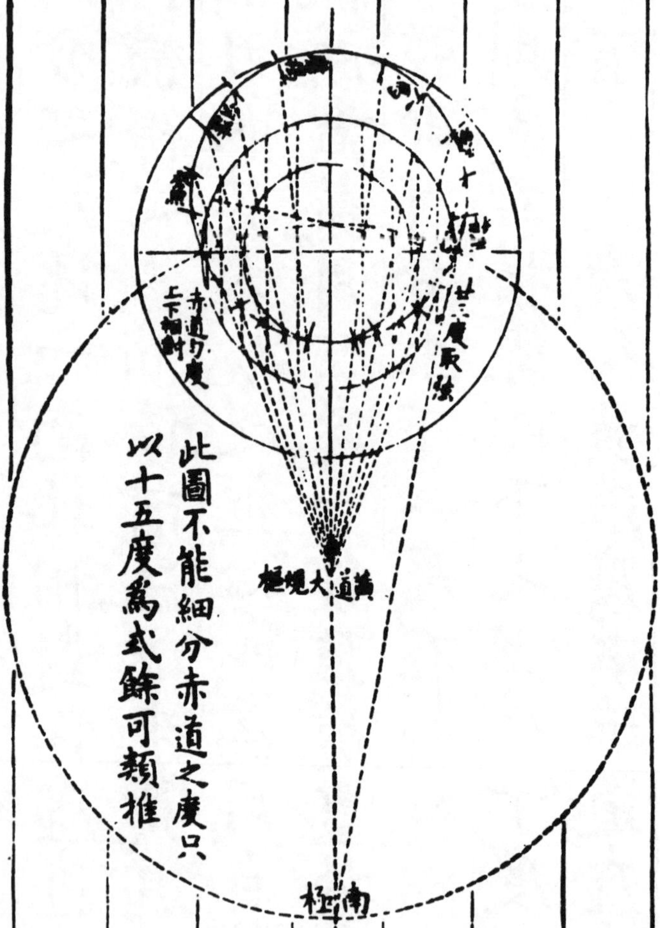
赤道分度
上下相對
廿三度
黃道大規極
南極
此圖不能細分赤道之度只以十五度為式餘可類推

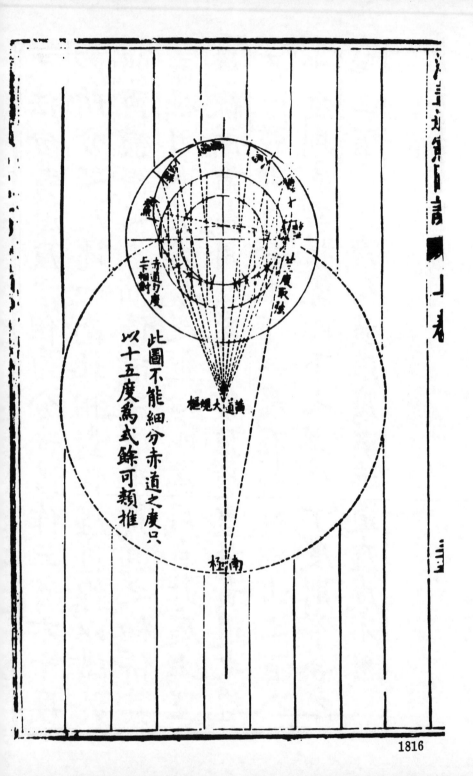

又法。且將黃道虛分三百六十勻度。而借虛度以取實度。上下相對。貫黃道之極以取之。欲分在南之百八十度。則用在北虛分之度。欲分在北之百八十度。則用在南虛分之度皆以黃道極爲總轄。而一一過之。視直線之所擬。而爲之斷。以成南稀北密之度。假如欲分磨羯之第一度。則將子線。北右虛分之第一度。望上用尺過黃極。視其午線。以西所得之度。在於何處。刻之。欲尋巨蟹第一度。則又將午線南右虛分之第

一度貫黃極視子線以東所得之度刻之其餘倣此

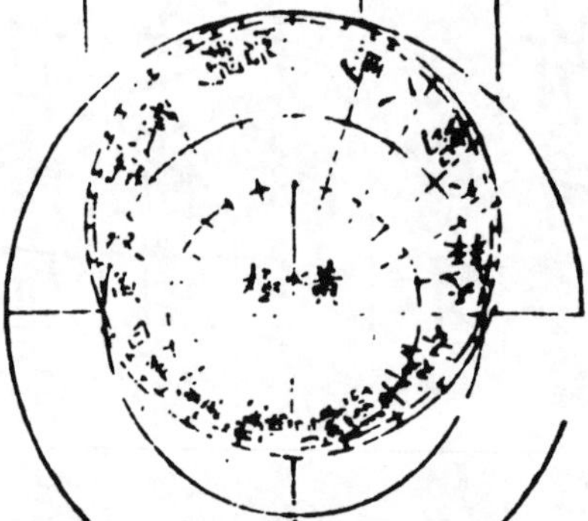

一

又法亦以三百六十勻分黃道且將黃道極畫一橫線次於赤道尋廿三度半為斷畫長弦求

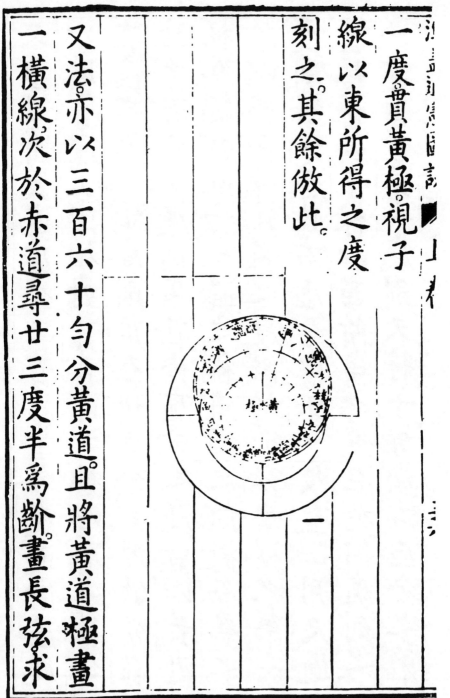

黃道之南極。如前法。乃自南極爲樞。用尺。一一擬上虛度作弦。而以極上橫線界之。上下互取。借虛度以刻實度。如刻極橫線以上百八十度則用線下所匀分者爲用尺之界。以成天秤至雙魚之度。如刻極橫線以下百八十度。則用線上所匀分者爲用尺之界。以成白羊至雙女之度。此自黃道南極以望其北極。因而斜倚分之。以見縱橫曲折。無不中度之妙。以上三法俱只論適當黃道一線之度。若稍南稍北另有地心

橫線旋規之法。

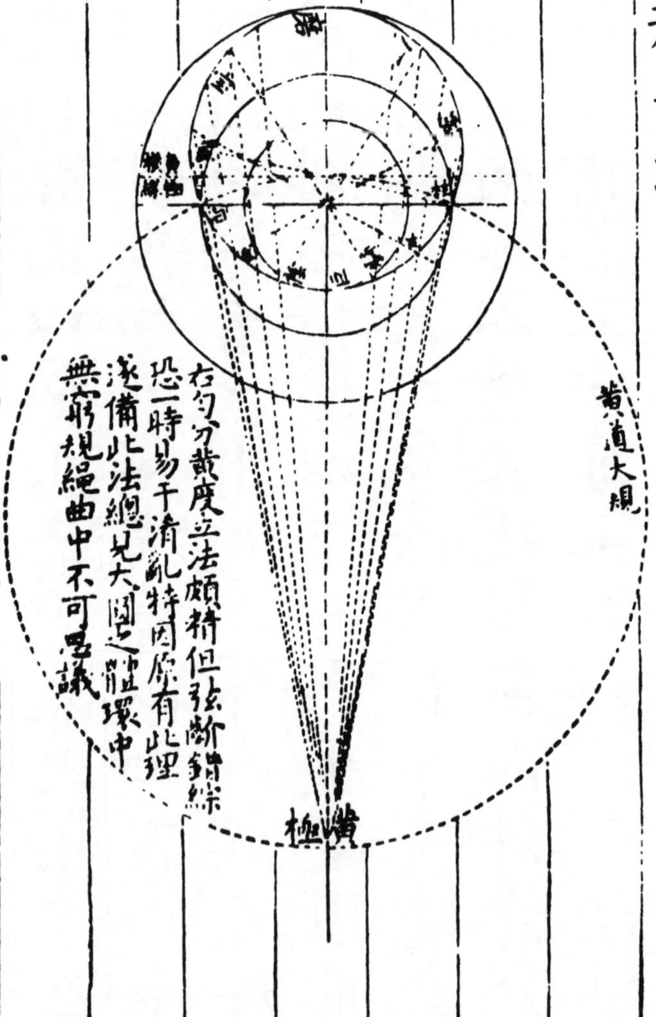

渾蓋通憲圖說上卷

渾蓋通憲圖說下卷

浙西　李之藻　振之　演

漳南　鄭懷魁　輅思　訂

經星位置圖說第十三

太陽當空。列曜俱熄。至夜而星可測也。星莫燦於五緯。然各有遲留伏匿。不易取齊。又金水去地最近。猶太陰然。不可以地面爲較。是故棄緯求經。（地周九萬里。半徑一萬四千三百一十八里九分里之二。爲地面人所測處。月離地中心四十八萬二千五百二十二里有餘。（辰星）離地中九十一萬八千七百五十里餘。（太白）離地中。二百四十萬。六百八十一里餘（日）離地中一千六百〇五萬五千六百九十里餘（熒惑）離二千七百四十一萬二千一百里餘（歲星）離一萬二千六百七十六萬九千五百八十四里餘（塡星）離二萬〇五百七十七萬〇五百六十四里餘。（經星）離三萬二千二百七十六萬九千八百四十五里餘。此外。即係一日一周之天。包絡轉運。此天離地六萬四千七百三十三萬八千六百九十里有餘。自太陽以上諸星離地絕遠。且其體極鉅。以之較地。爲甚微。則地面地心。總之不異。故可以通憲測之。若太陰金水二星。其地不甚遠。必須就地心測之。法宜另算地形半徑

凡經星以四萬九千歲一周天。是爲歲差亦時有移動。但其移也密。百年之內。所差未多。故可以定儀取之。其細。古稱萬有一千五百二十。可名

者中外星官三百六十。未易悉列。然品其光耀。約有數等。凡經星之體。分爲六等。（上等）全徑大於地全徑。一百零六倍又六分之一。次等大於地。八十九倍又八分之一。其（三等）大七十一倍又三分之一。其（四等）大五十三倍又十二分之十一。（五等）大三十五倍又八之一。（六等）大一十七倍十之一。○（附載七曜形體）（填星）全徑。大於地全徑。九十倍又八之一。（歲星）大於地九十四倍半。（熒惑）大半倍。（日）徑大於地一百六十五倍八之三。地大於（太白）三十六倍二十七之一、地大於（辰星）二萬一千九百五十一。地大於（月）三十八倍又三之一。然則（日）大於（月）六千五百三十八倍又五之一也。別有算法。人目所睛近者。雖小亦大。遠者。雖大亦小。不可以井窺泥之。今略舉大者一二。以候宵測。其法有依黃道算者。有依赤道算者緯。先論各星所直宮度，次察各星所離黃赤道度分幾何，與其在於黃道或赤道之南北。以至其體大小之等，而各布其所當之位。凡依黃道起算者，以黃道分南北，以黃道之極為樞，（說見分黃道度）依赤道起算者，以赤道分南北，而以北極為樞，具列於後。

用黃道經度赤道緯度立算

黃道過宮	離赤道	體等
一勾陳三星　白羊一度十五分	北八十五度五十一分	三

二	閣道南二星	白羊	三度○	北 五十三度四十五分	三
三	天綱星	白羊	四度三十一分	南 二十度二十六分	三
四	奎宿大星	白羊	十度四十三分	北 三十四度一十三分	三
五	天倉右三星	白羊	二十三度二分	南 十二度三十九分	三
六	大陵大星	金牛	十一度二十分	北 三十九度三十二分	二
七	天囷東一星	金牛	十一度二十三分	北 二度十八分	三
八	天船西三星	金牛	十四度五分	北 四十七度四十二分	二
九	昴宿二星	金牛	二十度三十三分 二十度五十四分	北 廿三度三十六分 廿三度五十六分	俱五
十	畢宿大星	陰陽	三度十八分	北 十五度五十五分	一

十一	五車右北	陰陽	十一度二十一分	北	四十四度五十六分	一
十二	參右足星	陰陽	十三度四十八分	南	九度十四分	一
十三	參左肩星	陰陽	二十二度三十七分	北	六度十六分	一
十四	天狼星	巨蟹	五度三十三分	南	十五度四十九分	一
十五	北河中星	巨蟹	十四度〇	北	三十一度二十八分	二
十六	南河東星	巨蟹	十六度四十三分	北	六度九分	一
十七	北河東星	巨蟹	十六度四十九分	北	二十八度四十三分	二
十八	星宿大星	獅子	十三度十四分	南	四度三十二分	二
十九	軒轅大星	獅子	二十二度十一分	北	十四度十九分	一

二十	軒轅南三星	獅子	二十四度四十九分	北	二十二度一十九分	二
二十一	北斗天樞	雙女	五度十九分	北	六十二度三十六分	二
二十二	太微西垣上相	雙女	九度三十分	北	二十二度五十一分	二
二十三	太微帝座	雙女	十九度十六分	北	十七度九分	一
二十四	北斗玉衡	天秤	七度十七分	北	五十八度七分	二
二十五	角宿南星	天秤	十五度十三分	南	八度十六分	一
二十六	北斗開陽	天秤	十五度三十分	北	五十七度二十四分	二
二十七	北斗搖光	天秤	二十二度五十七分	北	五十一度四十二分	二
二十八	大角	天秤	二十九度二十一分	北	二十一度四十五分	一

二十九	招搖	天蝎四度〇	北四十度三十二分	三
三十	氐右南星	天蝎七度五十一分	南十二度二十九分	二
三十一	氐右北星	天蝎十四度二十八分	南七度十八分	二
三十二	貫索大星	天蝎二十度十一分	北二十八度五十一分	二
三十三	市垣梁	天蝎二十九度〇	南一度五十八分	三
三十四	心宿中星	人馬一度二十七分	南二十四度三十六分	二
三十五	市垣帝座	人馬十一度四十六分	北十五度二十七分	三
三十六	天棓大星	人馬十六度一分	北五十二度一十一分	三
三十七	市垣候星	人馬十八度十分	北十三度十一分	二

三十八 織女大星	磨羯	三度五十一分	北三十八度三十六分	一
三十九 河鼓中星	磨羯	十八度五十七分	北七度十九分	二
四十 天津右北三	寶缾	三度五十五分	北四十三度四十三分	二
四十一 天鈎大星	寶缾	十四度十分	北六十度四十分	三
四十二 壘壁西星	寶缾	十五度八分	南十八度四十六分	三
四十三 危宿北星	寶缾	十七度四十一分	北七度五分	三
四十四 羽林軍大星	雙魚	四度十五分	南十八度〇	三
四十五 室宿北星	雙魚	七度四十七分	北二十五度三分	二
四十六 室宿南星	雙魚	八度〇	北十二度四十一分	二

右法用黃道經度先稽此星在何宮何度於黃規所當之度爲斷對盤心作一虛弦爲經度線已知此星只在此線之上矣次論星位在南在北（在赤道內爲北外爲南）凡星在北方者去極爲近法自赤道午中順天左旋數至本星所離赤道之數爲斷望黃赤相交酉中作一虛弦名緯度線而專取其與子午線交處爲準自此迴暈取其至於盤心長短幾何以此轉置黃道經線用規自盤心起視其所當何地即是安星正位若星在

南方者去極爲遠。則於午中逆天右轉數起。至其離赤道度亦對酉中作弦。取其子午交處量至盤心。移歸經線。此法經線則一。而緯線有左右之殊。遠者取度於右。遇子午於赤道外。近者取度於左。遇子午於赤道內。一周以角宿南星行例後圖同。

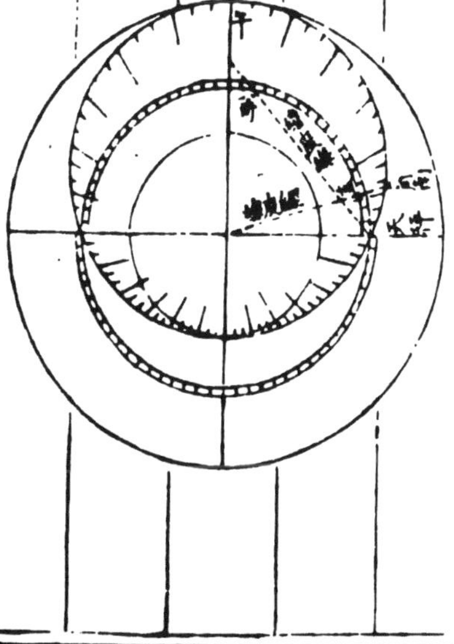

用赤道經度北極緯度立算 依臺本宿度以二百六十度折算

		赤道入宿	離北極	體等
一	勾陳三星	壁一度五十九分	三度	三
二	閣道南二星	壁六度十三分	三十六度三十分	三
三	天綱星	壁七度四十六分	一百一度五十八分	三
四	奎左北五星	奎三度五十六分	六十二度三分	三
五	天倉右三星	奎七度四十六分	一百一度五十八分	三
六	天船西三星	胃五度四十二分	四十一度五十二分	二
七	大陵大星	胃三度四十五分	五十三度四十六分	二

八	昴宿二星		胃十五度十分 昴一度五分	六十八度十一分 六十八度十一分	俱五
九	天囷東大星	胃	八度七分	八十五度四十二分	三
十	畢左大星	畢	一度五十八分	七十五度二十一分	一
十一	五車右北	畢	八度五十三分	四十五度四十八分	一
十二	參右足星	畢	十二度四十八分	九十八度三十分	一
十三	參左肩星	參	五度二十分	八十二度四十四分	一
十四	天狼星	井	八度二十二分	一百六度二十二分	一
十五	北河中星	井	十六度三十三分	五十八度六分	二
十六	北河東星	井	二十度十八分	六十度五分	二

十七	南河東星	井	二十度十八分	八十四度十三分	一
十八	星宿大星	星	初度二十八分	九十七度四十三分	二
十九	軒轅大星	張	三度八分	七十五度四十五分	一
二十	軒轅南三星	張	三度二十七分	六十八度二十八分	二
二十一	北斗天璇	張	十五度八分	三十一度十分	二
二十二	北斗天樞	張	十五度二十八分	二十五度三十六分	二
二十三	北斗天璣	翼	十三度〇	三十三度十分	二
二十四	北斗天權	翼	十三度二十分	二十九度四十分	三
二十五	太微帝座	翼	十三度三十六分	七十一度五十四分	一

二十六	微西垣上相	翼二度五十七分	六十六度三十分	二
二十七	北斗玉衡	軫十度二十一分	三十一度一分	二
二十八	角宿南星	角初度〇	九十八度三十分	一
二十九	北斗開陽	角一度十一分	三十二度一分	一
三十	北斗搖光	角七度五十二分	三十七度二十六分	二
三十一	大角	亢一度四十六分	六十七度五十八分	一
三十二	招搖	亢六度三十六分	四十九度十五分	三
三十三	氐宿右北	氐初度〇	一百三度五十五分	二
三十四	氐宿右南	氐四度五十六分	九十八度五十分	二

三十五	貫索大星	氐	四度四十六分	五十六度九分	二
三十六	天市垣梁	房	四度五十六分	九十一度三十六分	三
三十七	心宿中星	心	一度五十八分	一百十五度一十五分	二
三十八	天市垣候星	尾	二度四十九分	七十六度二十一分	一
三十九	天市垣帝座	尾	七度五十二分	七十四度五十一分	三
四十	天棓南二星	箕	三度五十六分	四十度二十三分	三
四十一	河鼓中星	斗	十八度二十分	八十三度四十四分	二
四十二	織女大星	斗	二十度三十分	五十一度四十三分	一
四十三	天津右北三星	女	二度十分	四十七度十七分	二

四十四	天鉤大星	虛	二度二十二分	三十度五十分	三
四十五	壘壁西星	虛	三度十五分	一百九度五十分	三
四十六	危宿北星	危	初度三十八分	八十七度十分	三
四十七	室宿北星	室	初度○	六十五度三十分	二
四十八	室宿南星	室	初度○	七十八度十九分	二
四十九	羽林大星	室	九度四十五分	一百六度五十二分	三

右法先定各宿之度。以檢各星入宿所在。自星度對盤心畫經線。其緯度自盤心起算。自一度至九十度皆在赤道規內。視前法則為倒除。其

九十一度以外者皆出赤道之南。用法同前

此亦用角宿南星而以宿度代宮度。

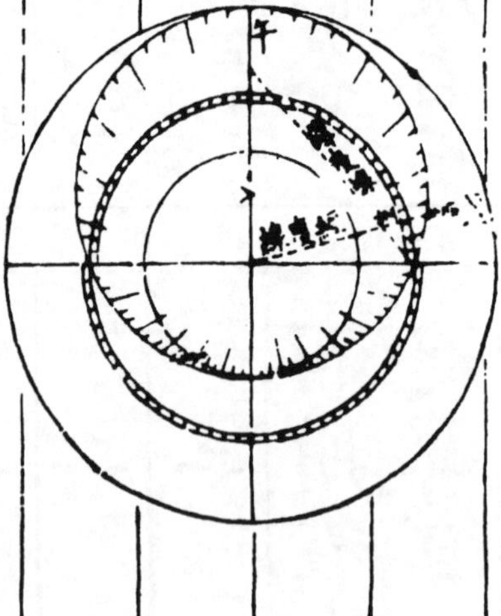

黃道經緯合度立算

此黃道極入磨蝎初度離北極廿三度半截算

以萬曆甲辰冬至爲準。

	過宮	離白羊	離黃道	體等
一天鉤大星	白羊	八度八分	北六十九度〇	三

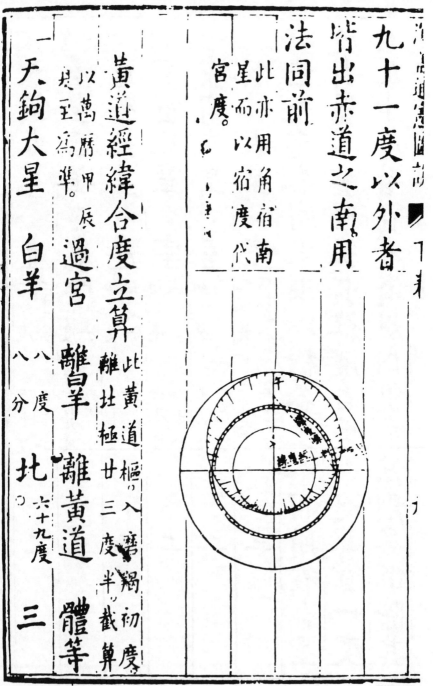

二	天倉右三星	白羊	十六度二十八分	南	二十度三十分	三
三	奎左北五星	白羊	二十五度十八分	北	二十五度二十分	三
四	婁宿中星	白羊	二十八度八分	北	七度二十分	三
五	閣道南二星	金牛	二十二度十八分	北	四十六度四十五分	三
六	天囷東大星	金牛	三十九度八分	南	十一度二十分	三
七	大陵大星	金牛	五十一度八分	北	三十三度〇	二
八	昴宿二星	金牛	五十度三十七分 五十四度八分	北	四度三十分 五度〇	俱五
九	天船西三星	金牛	五十六度十一分	北	三十度〇	二
十	畢宿大星	陰陽	六十四度八分	南	五度十分	一

十一	參右足星	陰陽	七十度二十六分	南三十一度三十分	一
十二	參左肩星	陰陽	八十三度二十八分	南十七度〇	一
十三	向陳三星	陰陽	八十一度三十八分	北六十六度〇	三
十四	五車西北	陰陽	七十六度二十八分	北二十二度三十分	一
十五	天狼星	巨蟹	九十九度八分	南三十九度十分	一
十六	北河中星	巨蟹	一百四度二十八分	北九度三十分	二
十七	北河東星	巨蟹	一百七度五十八分	北六度十五分	二
十八	南河東星	巨蟹	一百十度三十八分	南十六度十分	一
十九	北斗天樞	獅子	一百三十二度八分	北四十九度〇	二

二十	星宿大星	獅子	一百四十一度二十八分	南	三十度三十分	二
二十一	軒轅南三星	獅子	一百四十一度三十八分	北	八度三十分	二
二十二	軒轅大星	獅子	一百四十二度五十八分	北	○十分	一
二十三	北斗玉衡	雙女	一百五十三度三十八分	北	五十三度三十分	二
二十四	北斗開陽	雙女	一百五十六度二十八分	北	五十五度四十分	二
二十五	北斗搖光	雙女	一百七十二度十八分	北	五十四度○	二
二十六	微西垣上相	雙女	一百五十五度三十八分	北	十三度四十分	二
二十七	太微帝座	雙女	一百六十五度五十八分	北	十一度五十分	一
二十八	招搖	天秤	一百九十度八分	北	四十九度○	三

二九	角宿南星	天秤	一百九十八度八分	南	二度○	一
三十	大角	天秤	一百九十八度二十八分	北	三十一度三十分	一
三一	貫索大星	天蝎	二百十六度八分	北	四十四度三十分	二
三二	氐宿右南	天蝎	二百十九度二十八分	北	○四十分	二
三三	氐宿右北	天蝎	二百二十一度三十八分	北	八度三十分	二
三四	市垣梁	天蝎	二百三十七度二十八分	北	十六度二十分	三
三五	星宿中星	人馬	二百四十四度八分	南	四度○	二
三六	市垣帝座	人馬	二百四十九度八分	北	三十七度三十分	三
三七	市垣候星	人馬	二百五十六度十八分	北	三十六度○	二

三十八	尾宿	人馬	二百五十八度五十八分	南	十三度二十分	三
三十九	天棓南二星	人馬	二百六十七度三十八分	北	七十五度三十分	三
四十	織女大星	磨羯	二百七十八度四十八分	北	六十二度〇	一
四十一	河鼓中星	磨羯	二百九十五度十八分	北	二十九度十分	二
四十二	危宿北星	寶缾	三百二十六度四十八分	北	二十一度三十分	三
四十三	北落師門	寶缾	三百二十八度二十八分	南	三十三度〇	一
四十四	天津右北三星	寶缾	三百三十度三十八分	北	六十度〇	二
四十五	羽林大星	雙魚	三百三十五度八分	南	七度三十分	三
四十六	室宿南星	雙魚	三百四十八度八分	北	十九度四十分	二

四七 室宿北星	雙魚	三百五十三度 三十八分	北 三十一度	二
四八 天綱	雙魚	三百五十七度 八分	南 二十度 二十分	三

右法先稽此星離白羊幾度又離黃道幾度在南在北而立黃道分天曲線依前分宮法尋黃道極次於酉中左行尋廿三度半作弦取過子線止為對極之心折半求樞旋大規橫畫地心長線如前法乃以大規分周天度而自黃極午中左旋數四十七度斷用尺按對斜望地心橫線畫記以此為心旋規到黃極際作一曲線即

爲黃道分天線此線交於赤道處右去午中左去子中各得二十三度半數定爲準自此線之內爲北此線之外爲南於是乃察星離白羊經度幾何儀法以卯中爲白羊即初交白羊之際從此循黃道右行尋其定在幾度依前黃極大規度法於地心橫線取極上際黃道極旋而規之即得本星經度然未知緯度何在則稽此星所離黃道緯度幾何就以分天曲線限其內外假如星在北方黃道之內卻於赤道規分天線外南北

並向外數至本星緯度爲斷望酉中各作斜弦以二弦交皆取其子午交處以之爲斷上下相對折半求中以規按此中爲極儘界爲限遲規移置本星經度曲線之上即其經緯相值正位若星在南方却於赤道規分天線

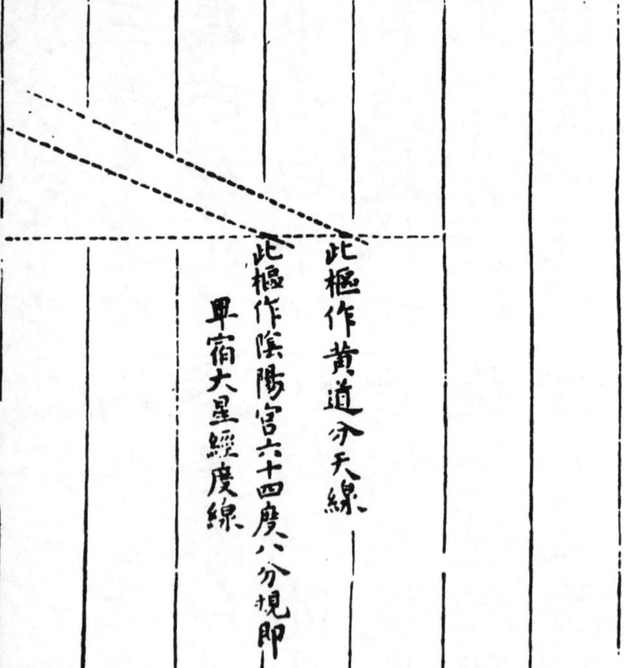

以內數其離黃緯
度餘法相同

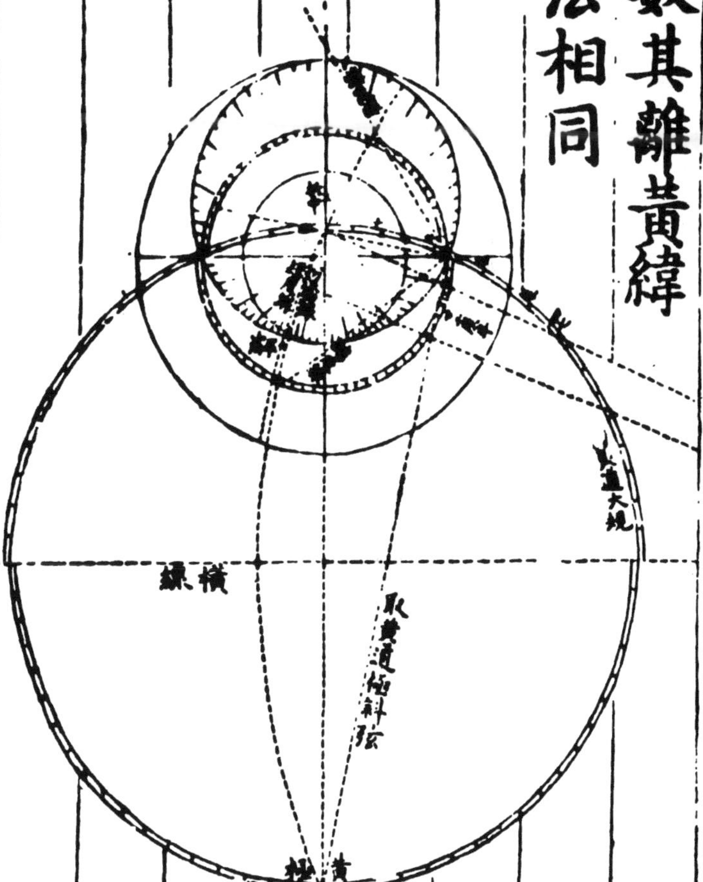

假如欲置畢宿大星已知此星之去白羊六十

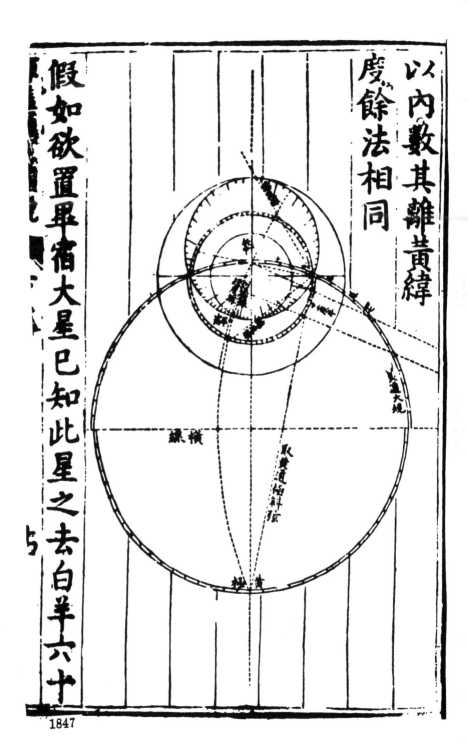

四度八分。即從白羊右行。尋其躔度。要從此望黃道之極作一曲線。以成經度之規即於黃道大規橫線尋一樞心。法於黃道極頂與本星度齊上。各作半規相向取其兩交畫線直望黃道大規橫線上求之。即得經線之

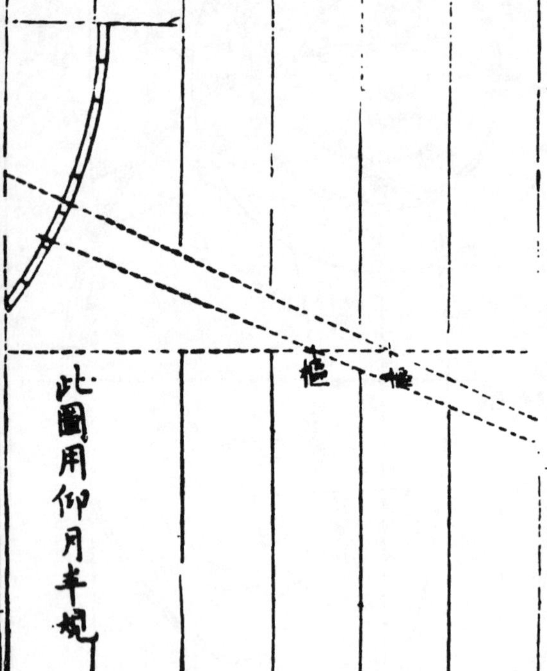

此圖用仰月半規

樞又知此星在黃道南五度十分。即於赤道分天線內兩頭各數緯度望

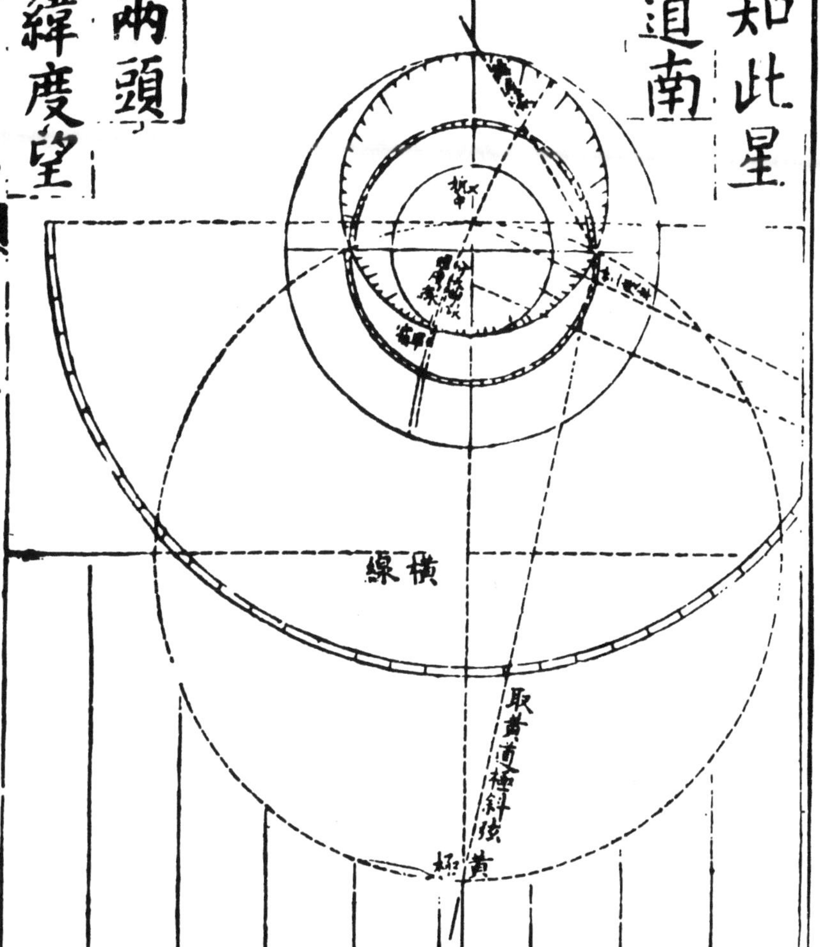

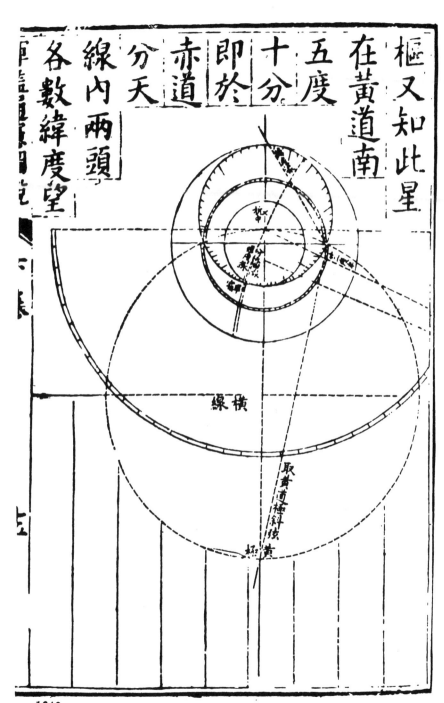

酉作弦以取交於子午之處析中運規移置原有經度凡度數自白羊起者逆行至子中為九十度酉中為百八十度餘倣此又法兼用黃赤二道另立平行規起式尤為簡便借天秤為心初交天秤即酉位中側望儀度以布星位作大半規分周天度如前法而稍贏其西南縮其東北法就赤道規子午線二中際各數二十三度半南數則左旋北數則右轉各為斷望天秤畫長弦此二弦名黃道斜絡線南北皆當黃道規之盡際次自白羊南行亦數二十三度半再對天秤畫

弦。以分前二弦之中。而透過黃道之樞。名北極直線。其左右。各匀作九十度。共百八十度。得半規之半。凡星在黃道以內者。此百八十度主之。又將斜絡線外兩際。各匀九十度。亦共百八十度。當半規之半。凡星在黃道以外者。此百八十度主之。乃於外。作一長界線。貫天秤心。為半規弦。此弦直下適當天秤以下二十三度半之度。與前北下南極之心相準。亦以驗分度之齊否。又於黃道旋規之樞。橫一線。名黃道截心線。白羊上尋四十七度。望天秤虛 以待求度直線。而一線看午線所得為樞。一量之。為尋樞旋規張本。其說詳後。

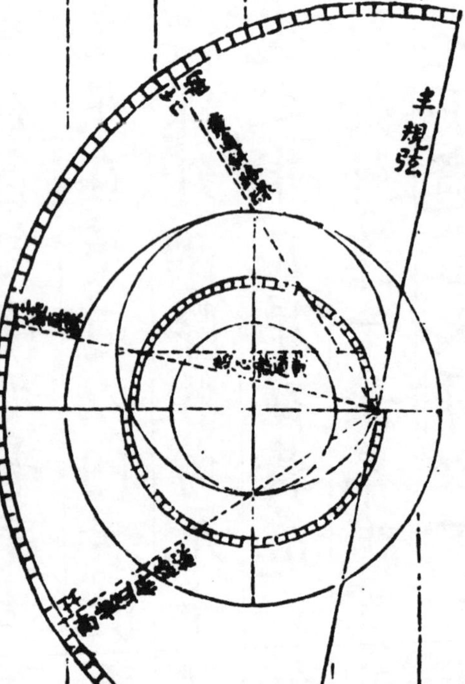

此法斜絡兩線。與前圖黃道分天曲線同斷。

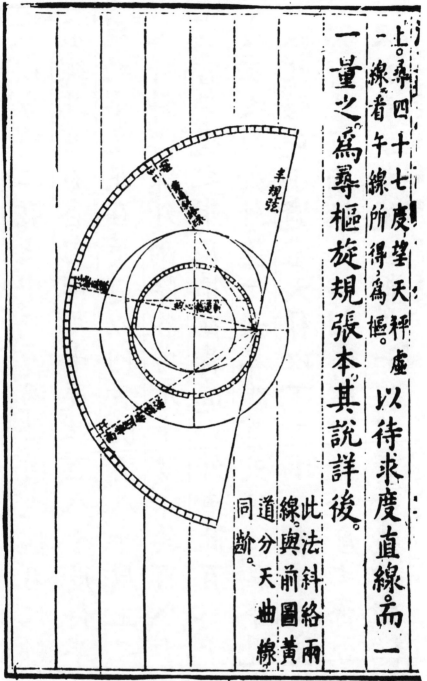

次查星離黃道內外幾度。假如角宿南星離黃道南二度。當於前圖斜絡線之西。上下皆循兩數各二度。望天秤爲虛弦。取其過子午處。兩刻其界。而折半求心。以規之。但折半求心。未能無錯。則取其虛弦之過黃道規處。上下相連。再虛一直線。與子午線並行。而取其經於黃道截心線者。從橫相交小十字線。自天秤對此作弦。透出子午之線。以所經子午線處爲樞。然後儘前子午所刻兩界爲際。而旋爲一規。此法無誤。是名黃道平

行之規。本星緯度只在此規之上。若星在黃道
之北者，就前斜絡線之東上下皆循東數到其
緯度亦望
天秤分界
取樞作規
如前法。

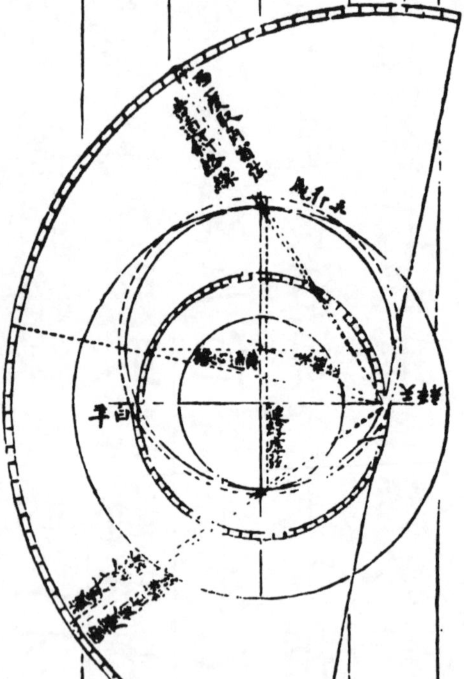

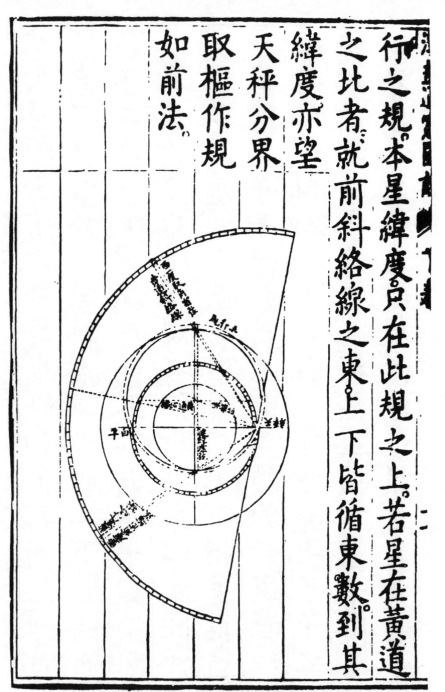

次乃求其經度則作赤道平行之規其法取赤道規度起算而以子午線東西分列其數如星在黃道之南則取午線東爲數如星在黃道之北則取午線西爲數假如此星離黃道以南二度則於赤道規午中右旋望白羊數二度之斷。而對天秤畫弦以過午線處爲旋規之際乃就盤心爲樞成小圜於赤道內是爲赤道平行之規或星在黃道之北者於赤道午中望天秤左旋數去如前法。大都星在黃道南則規在赤道之內而小。星在黃道北。則規在赤道之外而大。此其槩也。次察此星離白羊若干。假如角宿南星原離白羊百九十八度八分。即於平行赤規。分其躔度。而從白羊右轉。數及所當度分。乃自黃道之極直畫一線。貫出過前黃道平行規而止。是為此星經度。其赤道平行規度難於一一細分。自有原立赤道規度。可以對較。此安星法其午線南出。務令贏而有餘。（星在南。則赤規反小。星在北。則赤規反大。原所重在黃道之極。故互換其規。引極度以就規度。）

又法。已有黃道平行規。即不立赤道平行規。但以黃道平規分周天度。而取其對宮對度。貫黃道之極。而畫弦求之。假如角宿南星在天秤之

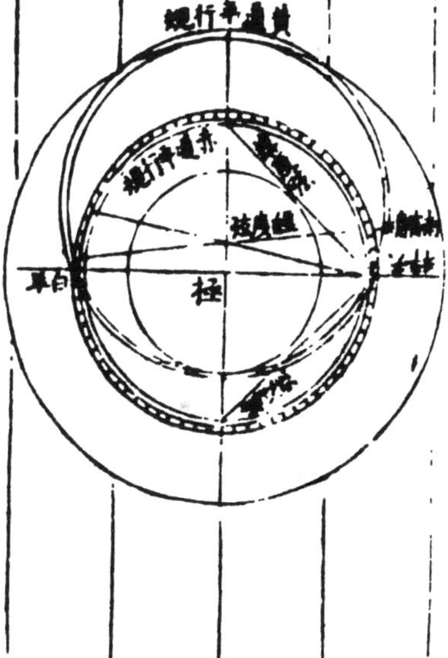

十八度。却尋白羊亦八度。斷從此畫弦。以貫黃道之極。直至對宮規上相值之處。即是星位。蓋匀分不合黃道。惟從對宮貫極。上疎下密。其度自合。此與前分黃道宮用黃極者同。與前赤道平規所得無異。而法更捷云。凡分分匀度法。不能每規細畫。但設一平版。或鋼或堅木。爲式。細畫周天度四分之一。如弱而然。用時以規移置其上。量取即得。

凡位置星辰。必須兼前數術。以相參驗。始可無爽。若盤小。星密。只擇簡要大星用之。如左

翼宿中星　大陵大星　畢宿大星　參左肩星

五車北右星　天狼星　星宿中星　軒轅大星

太微帝座　角宿南星　大角　心宿大星

織女大星　北落師門　天津右二星　室宿北星

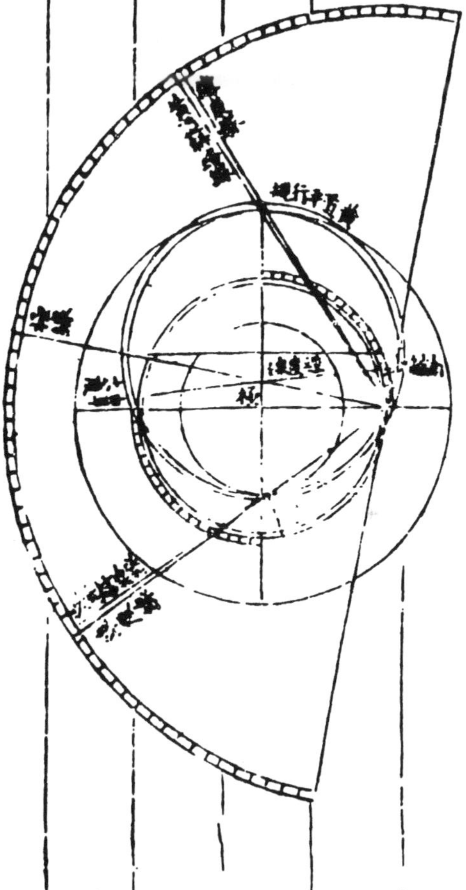

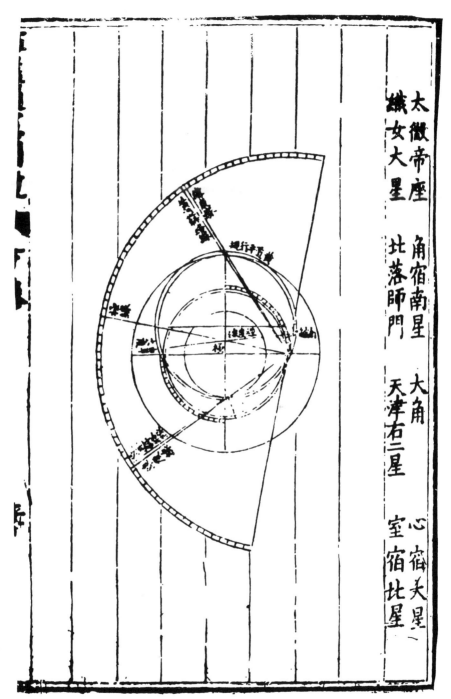

右凡安星之法皆取鐵鋌爲星以對度分線星體遙遠微茫不能別爲他法故剉銅爲鐵根巨末銳繫之天盤稍取屈曲以防損壞

歲周對度圖說第十四

凡平儀皆列三百六十度以從捷要若乃一歲之周實三百六十五日三時則每日太陽之行實不能及一度若槩以每日一度求之其失不細今於儀之背周天度內另立一規以合歲周以對節氣中氣其法先定與日與日者從天頂

中線入巨盤九度爲斷望盤心作一線用規自
度斷至盤心折半求中又自中至盤心折半凡
爲折半者五其第五次之心則自盤心至度斷
三十二分之一也即以此處爲旋規之樞上盡
九度斷旋大規分三百六十五度四之一爲歲
周規較周天規稍偏以歲規自天頂中勻分十
二得中氣又勻分二十四得節氣而各畫其界
蓋曆家以南至北至分二至復折二至相距之
中以定春秋分故太陽已過赤道三日半而爲

春分。太陽未交赤道三日半。而爲秋分。先後共差七日。必以規筩先攷內輪歲周之度。視其所當外輪天度。在於其斷。然後准此。以視天盤黃道方與天合也。其二十八宿細度。亦隨歲周鉼之。自冬至起交箕四度。以甲辰曆爲率。右行。至春分。交壁三度。夏至交參九度。秋分交翼十七度。凡二十八宿定度。箕九度半。斗二十三度半。其三度太。入丑宮。牛七度。女十一度。其二度入子宮。虛九度。危十六度。十二度太。入亥宮。室十八度少。壁九度少。奎十七度太。

一度太。入戌宮。婁十二度少。胃十五度太。三度太。入酉宮。昴十一度。畢十六度半。七度。入申。觜五分。參一十度少。井三十一度。八度少。入未宮。鬼二度柳十三度。四度。入午。星六度少。張十七度太。十五度少。入巳。翼二十度。軫十八度太。十度。入辰。角十二度太。亢九度半。氐十六度半。一度少。入卯。房五度半。心六度少。尾十八度。三度。入寅。

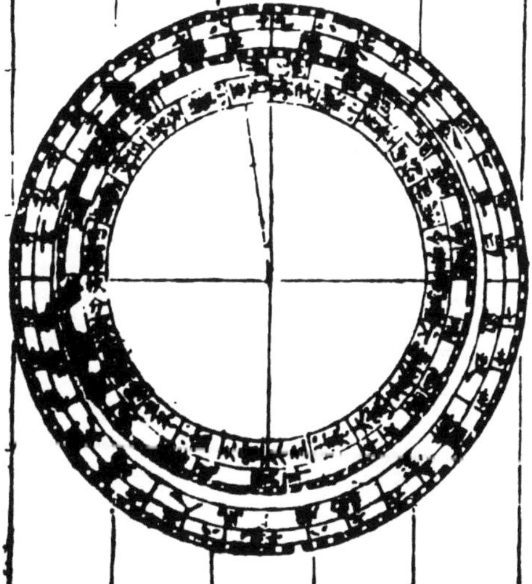

此皆約其大略。不能細具分秒。約逾三之二為太。三之一為少。二之一為半。而臺曆過宮之度。亦可槩見。儀載白羊等宮。率取便於鉼度。蓋西國曆法不動的月。從戌推起。所謂步戌成歲。若中曆太陽過宮。見前註。

六時晷影圖說第十五

晝夜長短刻數。前法備矣。又有不論長短。但以自晨至昏。勻為六時者。古法有之。按軌顧影。亦可知一日之中。已過幾許。起學人寸陰之惜也。刻之平儀之背隙處。旁借周天度。以測日景。中取地平橫線上半規為用。於半規之中為樞。上際規線下際盤心橫線作一小規此爲午線規當第六停之界次以平線上之大半規勻分十二停各刻其界以爲規際而俱過盤心以旋之其各規之樞依三點聯圜之法取諸天頂直線之中大約皆在午線南上以爲規樞也東第一規爲第一分界其次規爲二界以漸計之其用先審本日是何節氣午中日高幾度幾分取其最高之景爲用以晛筩中線置於旁鑄分天度而審其正當內規所在以墨點記尺上此點有二三日可用因以

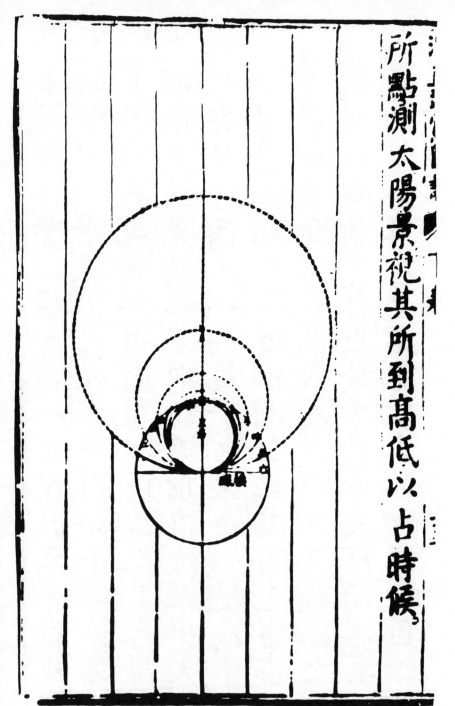

所點測太陽景視其所到高低以占時候

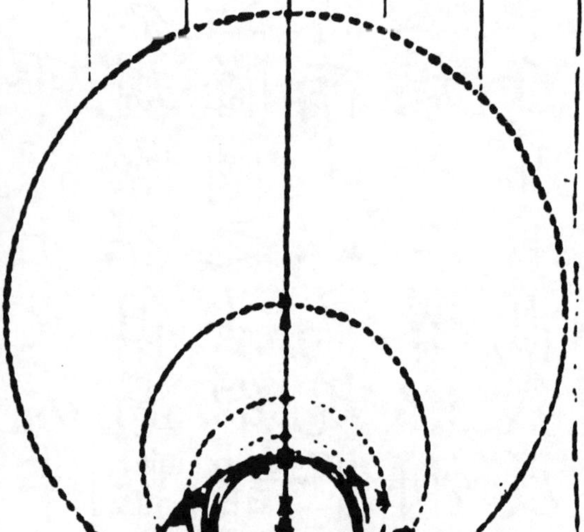

句股弦度圖說第十六

天地之道。盡於方圓。圜以規天。方以條地。刻方度於圜度之內。而用睍筩。四游以準之。九數以歸之。以御遠近高深之數。有燦然者矣。法。取儀背地平線下半規。爲半方形。兩角對樞心。各作一斜線。曰弦。以爲句股相交之限。在下者曰句。在側者曰股。以望高若深。爲大股。率取儀小股準之。以望遠若近。爲大句。率取儀小句準之。皆據睍筩以定其度。凡二股。二弦。一句。其句。句分十四度。其兩股各句分十二度。而每度之中。又各句爲十二分。每停共一百四十四分。如不能細分。則刻作三分。或五分。七分。舉其大略亦可。但每晝皆宗樞極。凡有所測。以筩對影。而審察其度。云其法另具。

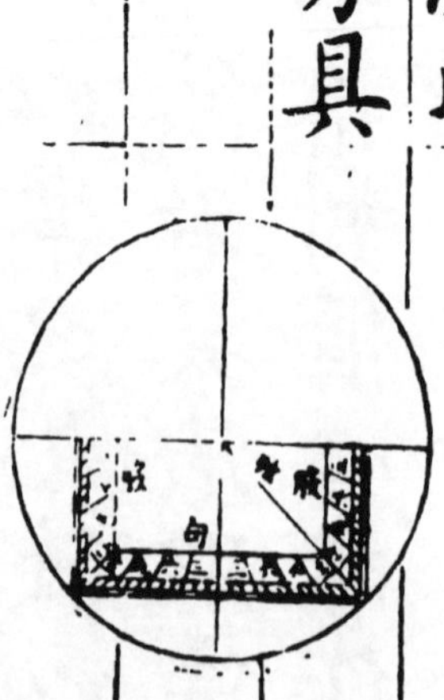

定時尺分度圖說第十七

取儀面半徑為用。當中分一直線。首設橫線。如十字。以十字為樞。就平衍器上。用規量度。先做儀度作赤道半規。自平線至頂際。左右各列九十度。而從卯上一度起。望酉中作弦。就午線一一刻之。如取長短規法。至一百十三度半。而會於短規之際。稍引長焉。仍去其分中之半。以便檢對。十字心鑽竅與覘筩。其入一樞。此尺度用定時刻。若以審太陽列星出入赤道幾何。此亦切用。或不能逐度細分。則二度一斷。亦可。

用例圖説第十八

凡盤陰外輪度專藉鼰筩爲用。其鼰筩全用立表二竅。仰對日景。以測日高幾度幾分。及星高

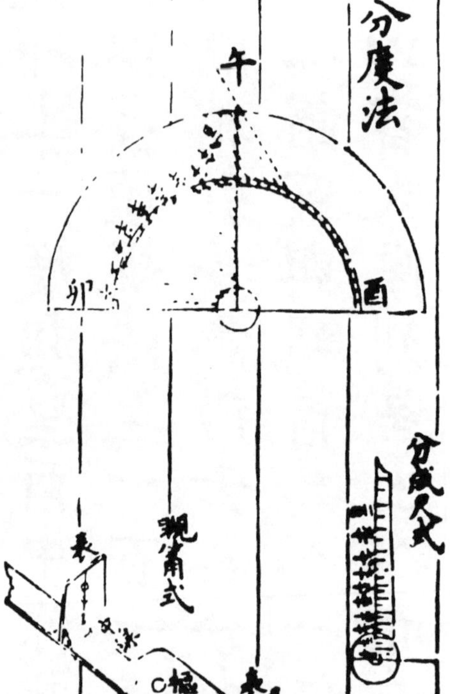

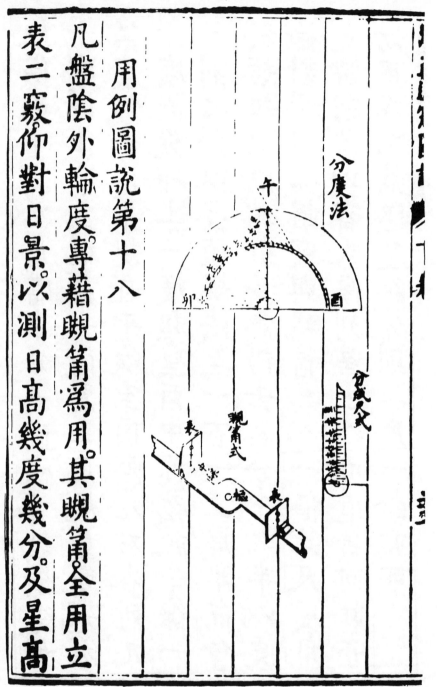

幾度幾分。先以二大竅睹其略。次以一細竅審其微。

凡欲觀太陽者。先以睍筩定其度分高卑。因檢是日太陽在其節氣之幾日。以歲周對度圖定之。置其躔於黃道度上。因以黃道躔配合地盤所當漸升之度。次以定時尺加黃道斷直指外輪時刻。不惟可知時刻。抑且知其細度云。

凡審知太陽每日所在宮度。即知太陽對衝宮度。若未審太陽宿所在確度。而欲以通憲檢正

之者一面另下漏箭至子正四刻以箭求星對地盤度而視午中線得對衝度視子中線得本躔度

凡以晷箭測太陽午影而未知其為已過午未過午者用叅伍法初測之在某度再測之在某度若初下再高則未過午也初高再下是已過午也未過午置日度於盤左已過午置日度於盤右

凡二

辶南星宿未知其在東在西亦如前以

箭連晛二次漸高者在東方漸卑者在西方
凡欲知太陽列宿高低幾何不論何日何時但
以黃道星宿盤按時旋轉就地盤漸升度求之
雖未測景可以盡算
凡欲求太陽出地最高之度於正午時驗之用
叅伍法取本日最高影爲據但定一歲則他歲
同節候及同離節候之第幾日者其太陽皆同
凡欲徧攷每節每日午景最高幾度即審其日
黃道所躔何在而以躔加於午線後就漸升度

算之。頃刻可以周知一歲。即以定時尺檢之。赤同此在已知地度之後。又法。即以本地所離赤道之度與後所列太陽出入赤道緯度。二數相參若春分後太陽北行。即加所得緯度於地度外秋分後太陽南行。即減所得緯度於地度內。

太陽離赤道緯度圖

日度	春分 秋分 度	分	清明 度
一	〇	二四	六
二	〇	四八	六
三	一	一二	七
四	一	三六	七
五	二	〇	七
六	二	二三	八
七	二	四七	八
八	三	一一	八
九	三	三五	九
一〇	三	五八	九
一一	四	二二	一〇
一二	四	四五	一〇
一三	五	九	一〇
一四	五	三二	一一
一五	五	五五	一一
	驚蟄	白露	雨水

寒露	穀雨	霜降	立夏	立冬	小滿	小雪	芒種	大雪	日
處暑	立秋	立春	大暑	大寒	小暑	小寒	夏至	冬至	
分	度	分	度	分	度	分	度	分	度
一九	一一	五一	一六	四〇	二〇	二五	二二	四六	十五
四二	一二	一二	一六	五七	二〇	三七	二二	五二	十四
五	一二	三三	一七	一四	二〇	四九	二二	五八	十三
二八	一二	五三	一七	三一	二一	〇	二三	三	十二
五〇	一三	一三	一七	四七	二一	一一	二三	七	十一
一三	一三	三三	一八	三	二一	二二	二三	一二	十
三五	一三	五三	一八	一九	二一	三二	二三	一五	九
五八	一四	一三	一八	三四	二一	四二	二三	一九	八
二〇	一四	三二	一八	四九	二一	五一	二三	二二	七
四二	一四	五一	一九	四	二二	〇	二三	二四	六
四	一五	一〇	一九	一八	二二	九	二三	二六	五
二六	一五	二八	一九	三二	二二	一七	二三	二八	四
四七	一五	四七	一九	四六	二二	二五	二三	二九	三
九	一六	五	一九	五九	二二	三二	二三	三〇	二
三〇	一六	二三	二〇	一二	二二	三九	二三	三〇	一

右閏以節氣配過宮。聊便檢閱。其白羊天秤之
初爲太陽正交赤道之候。今曆註晝夜五十刻
之日是也。乃是春秋正中。獨有此日。立表於地。
自朝至暮。表顛日景如矢。直指卯酉之正。天下
皆同。製有晷影可驗。曆法但定二至日。因折衷
以取二分。共作四大限。所以春分在太陽未交
赤道前三日。秋分在太陽已交赤道後三日。今
但依歲周對度圖攷之。自準。
凡天陰測日。其景不能通窺。但以睍第二大窺

仰窺雲内微景亦可略知。

凡稽時於夜者以星爲準以瞡第二竅仰望所求之星在何度分務求確當以星檢盤按度加於漸升度上仍查本日太陽所躔黃道度處而以定時尺所指視其某時某刻此法惟太陽及經星可用若太陰去地甚近則當算地中爲準難以地面測之辰星太白亦然又五星各有遲留退逆故雖熒惑歲塡去地絕遠亦不繁及。

凡晝夜不拘長短可以匀作十二分而以太陽

所到測定但因地盤漸升度密難以細載且將地平規下勻分但以太陽對衝法推之自可互見盤陰又有小規若天盤黃道正儀以之用星亦可

凡欲知各節候晝夜長短須考日出日入時刻以黃道先定日躔加於地平線界而以定時尺視其刻分循此上至午中得幾何刻為半晝數倍之得全晝數其外輪時刻每三十度得一時每三度四十五分得一刻

度	時	分	度	時	分	度	時	分
一	〇	四	三一	二	四	七〇	四	四〇
二	〇	八	三二	二	八	八〇	五	二〇
三	〇	一二	三三	二	一二	九〇	六	〇
四	〇	一六	三四	二	一六	一〇〇	六	四〇
五	〇	二〇	三五	二	二〇	一一〇	七	二〇
六	〇	二四	三六	二	二四	一二〇	八	〇
七	〇	二八	三七	二	二八	一三〇	八	四〇
八	〇	三二	三八	二	三二	一四〇	九	二〇
九	〇	三六	三九	二	三六	一五〇	一〇	〇
一〇	〇	四〇	四〇	二	四〇	一六〇	一〇	四〇
一一	〇	四四	四一	二	四四	一七〇	一一	二〇
一二	〇	四八	四二	二	四八	一八〇	一二	〇
一三	〇	五二	四三	二	五二	一九〇	一二	四〇
一四	〇	五六	四四	二	五六	二〇〇	一三	二〇
一五	一	〇	四五	三	〇	二一〇	一四	〇
一六	一	四	四六	三	四	二二〇	一四	四〇
一七	一	八	四七	三	八	二三〇	一五	二〇
一八	一	一二	四八	三	一二	二四〇	一六	〇
一九	一	一六	四九	三	一六	二五〇	一六	四〇
二〇	一	二〇	五〇	三	二〇	二六〇	一七	二〇
二一	一	二四	五一	三	二四	二七〇	一八	〇
二二	一	二八	五二	三	二八	二八〇	一八	四〇
二三	一	三二	五三	三	三二	二九〇	一九	二〇
二四	一	三六	五四	三	三六	三〇〇	二〇	〇
二五	一	四〇	五五	三	四〇	三一〇	二〇	四〇
二六	一	四四	五六	三	四四	三二〇	二一	二〇
二七	一	四八	五七	三	四八	三三〇	二二	〇
二八	一	五二	五八	三	五二	三四〇	二二	四〇
二九	一	五六	五九	三	五六	三五〇	二三	二〇
三〇	二	〇	六〇	四	〇	三六〇	二四	〇
分秒	分秒	秒忽	分秒	分秒	秒忽	分秒	分秒	秒忽

右圖且以四刻爲一時。以便推算。每時。共六十分。每刻得一十五分。而以一分爲六十秒。一秒爲六十忽。自上視之。則以度化時化分。自下視之。則以度之分化時之分。若秒。以度之秒化時之秒。若忽也。

凡計日百刻者。每刻作六十分。每時有八刻。又零二十分。作二小刻。今節去餘分。以便鐫記。故每日止九十六刻。通算另有乘除之法。以覘篇所測得時刻或逐節所查得度與中法一百相乘爲實而以九十六爲法除之即得若有零分零秒者化之凡欲查天下晝夜長短細數以北極出地多寡爲候先檢前圖日離赤道遠近緯度乃與本地方下所列黃赤差率相準如後圖視其所差若干度依前化度爲時即得其地晝夜長短之數蓋北極多寡既異則黃道斜轉其度自各不同極之出地少則所差度少晝夜刻差亦少若北極漸高則黃道所差視赤道之下漸多故北方冬至晝短夜長比於南方迥異夏至亦然周髀曰北極之下其人朝種暮穫蓋以春秋分之際判

朝暮一晝夜。當期之日。若地當赤道之下。則通年晝夜平分。以渾儀視之可知。非誕說也。

黃道緯與赤道經差率 第一行七曜所躔黃道緯也。以後皆北極出地度下所註度。乃赤道三百六十內外增減之數。此壯極度。已盡中國幅員遠國不暇具載。

黃道緯度	十五度 度	十五度 分	十六度 度	十六度 分	十七度 度	十七度 分	十八度 度	十八度 分
一	〇	一六	〇	一七	〇	一八	〇	一九
二	〇	三一	〇	三四	〇	三七	〇	三九
三	〇	四八	〇	五二	〇	五五	〇	五九
四	一	四	一	九	一	一四	一	一八
五	一	二一	一	二六	一	三二	一	三八
六	一	三七	一	四四	一	五〇	一	五七
七	一	五七	二	一	二	九	二	一七
八	二	九	二	一九	二	二八	二	三七
九	二	二六	二	三九	二	四七	二	五七
一〇	二	四二	二	五四	三	五	三	一七
一一	二	五九	三	一二	三	二四	三	三七
一二	三	一六	三	三〇	三	四四	三	五八
一三	三	三三	三	四八	四	三	四	一八
一四	三	五〇	四	六	四	二二	四	三九
一五	四	七	四	二四	四	四二	五	〇
一六	四	二四	四	四三	五	二	五	二一
一七	四	四二	五	二	五	二二	五	四二
一八	五	〇	五	二一	五	四二	六	四
一九	五	一八	五	四〇	六	三	六	二五
二〇	五	三六	五	五九	六	二三	六	四七
二一	五	五四	六	一九	六	四四	七	一〇
二二	六	一三	六	三九	七	六	七	三三
二三	六	三二	六	五九	七	二七	七	五六
二四	六	五一	七	二〇	七	四九	八	一九
二五	七	一一	七	四一	八	一二	八	四三
二六	七	三一	八	二	八	三五	九	七
二七	七	五一	八	二四	八	五八	九	三二
二八	八	一一	八	四六	九	二一	九	五七
二九	八	三二	九	九	九	四五	一〇	二二
三〇	八	五四	九	三二	一〇	一〇	一〇	四九
三一	九	一六	九	五五	一〇	三五	一一	一六
三二	九	三八	一〇	一九	一一	一〇	一一	四三

十九度		二十度		二十一度		二十二度		二十三度		二十四度		二十五度		二十六度		二十七度	
度	分	度	分	度	分	度	分	度	分	度	分	度	分	度	分	度	分
〇	二一	〇	二二	〇	二三	〇	二四	〇	二五	〇	二七	〇	二八	〇	二九	〇	三一
〇	四一	〇	四四	〇	四六	〇	四九	〇	五一	〇	五三	〇	五六	〇	五九	一	一
一	二	一	六	一	九	一	一三	一	一七	一	二〇	一	二四	一	二八	一	三二
一	二三	一	二七	一	三二	一	三七	一	四二	一	四七	一	五二	一	五七	二	三
一	四四	一	四九	一	五五	二	二	二	八	二	四〇	二	二〇	二	二七	二	三
二	四	二	一二	二	一九	二	二六	二	三三	二	四一	二	四九	二	五六	三	四
二	二五	二	三四	二	四二	二	五一	三	五九	三	八	三	一七	三	二六	三	三五
二	四六	二	五六	三	六	三	一五	三	二五	三	三五	三	四五	三	五六	四	六
三	八	三	一八	三	二九	三	四〇	三	五一	四	三	四	一四	四	二六	四	三八
三	二九	三	四一	三	五三	四	五	四	一八	四	三〇	四	四三	四	五六	五	九
三	五〇	四	三	四	一七	四	三〇	四	四四	四	五八	五	一二	五	二六	五	四一
四	一二	四	二六	四	四一	四	五六	五	一一	五	二六	五	四一	五	五七	六	一三
四	三四	四	四九	五	五	五	二一	五	三八	五	五四	六	一一	六	二八	六	四五
四	五五	五	一二	五	三〇	五	四七	六	五	六	二二	六	四一	六	五九	七	一八
五	一八	五	三六	五	五四	六	一三	六	三二	六	五一	七	一〇	七	三一	七	五一
五	四〇	五	五九	六	一九	六	三九	六	五九	七	二〇	七	四一	八	三	八	二四
六	二	六	二三	六	四四	七	六	七	二七	七	四九	八	一二	八	三五	八	五八
六	二五	六	四七	七	一〇	七	三三	七	五六	八	一九	八	四三	九	七	九	三二
六	四九	七	一二	七	三六	八	〇	八	二四	八	四九	九	一四	九	四〇	一〇	六
七	一二	七	三七	八	二	八	二七	八	五三	九	一九	九	四六	一〇	一四	一〇	四一
七	三六	八	二	八	二八	八	五五	九	二三	九	五〇	一〇	一九	一〇	四七	一一	一七
八	〇	八	二七	八	五五	九	二四	九	五三	一〇	二二	一〇	五二	一一	二一	一一	五三
八	二四	八	五三	九	二二	九	五三	一〇	二三	一〇	五四	一一	二五	一一	五七	一一	二九
八	四九	九	一九	九	五〇	一〇	二二	一〇	五四	一一	二六	一一	五九	一二	三三	一三	七
九	一四	九	四六	一〇	一九	一〇	五二	一一	二五	一一	五九	一二	三四	一二	九	一三	四五
九	四〇	一〇	一四	一〇	四七	一一	二二	一一	五七	一二	三三	一三	九	一三	四六	一四	二三
一〇	六	一〇	四〇	一一	一七	一一	五三	一二	二九	一三	七	一三	四五	一四	二三	一五	三
一〇	三三	一一	九	一一	四七	一二	二四	一三	三	一三	四二	一四	二一	一五	二	一五	四三
一一	〇	一一	三八	一二	一七	一二	五六	一三	三七	一四	一七	一四	五五	一五	四一	一六	二四
一一	二八	一二	[illegible]	一二	四八	一三	二九	一四	一一	一四	五四	一五	三七	一六	二一	一七	六

黃道緯度	二十八度 度	分	二十九度 度	分	三十度 度	分	三十一度 度	分	三十二度 度	分	三十三度 度	分	三十四度 度	分	三十五度 度	分
一	○	三二	○	三三	○	三五	○	三六	○	三七	○	三九	○	四○	○	四二
二	一	四	一	七	一	九	一	一二	一	一五	一	一八	一	二一	一	二四
三	一	三六	一	四○	一	四四	一	四八	一	五三	一	五七	二	二	二	六
四	二	八	二	一三	二	一九	二	二四	二	三○	二	三六	二	四二	二	四八
五	二	四○	二	四七	二	五四	三	一	三	八	三	一五	三	二三	三	三一
六	三	一二	三	二○	三	二九	三	三七	三	四六	三	五五	四	四	四	一三
七	三	四五	三	五四	四	四	四	一四	四	二四	四	三四	四	四五	四	五六
八	四	一七	四	二八	四	三九	四	五一	五	二	五	一四	五	二六	五	三九
九	四	五○	五	二	五	一五	五	二八	五	四一	五	五四	六	八	六	二二
一○	五	二三	五	三七	五	五一	六	五	六	二○	六	三五	六	五○	七	六
一一	五	五六	六	一一	六	二七	六	四二	六	五九	七	一五	七	三二	七	四九
一二	六	二九	六	四六	七	三	七	二○	七	三八	七	五六	八	一五	八	三四
一三	七	三	七	二一	七	四○	七	五八	八	一八	八	三七	八	五八	九	一八
一四	七	三七	七	五六	八	一七	八	三七	八	五八	九	一九	九	四一	一○	三
一五	八	一一	八	三二	八	四五	九	一六	九	三八	一○	一	一○	二五	一○	四九
一六	八	四六	九	八	九	三二	九	五五	一○	一九	一○	四四	一一	九	一一	三五
一七	九	二一	九	四五	一○	一○	一○	三五	一一	一	一一	二七	一一	五四	一二	二二
一八	九	五七	一○	二三	一○	四九	一一	一九	一一	四三	一二	一一	一二	四○	一三	九
一九	一○	三三	一一	○	一一	二八	一一	五六	一二	二五	一二	五五	一三	二六	一三	五七
二○	一一	九	一一	三八	一二	八	一二	三八	一三	九	一三	四○	一四	一三	一四	四六
二一	一一	四六	一二	一七	一二	四八	一三	二○	一三	五三	一四	二六	一五	○	一五	三六
二二	一二	二四	一二	五六	一三	二九	一四	三	一四	三七	一五	一三	一六	四九	一六	二七
二三	一三	三	一三	三七	一四	一一	一四	四七	一五	二三	一六	○	一六	三八	一七	一七
二四	一三	四二	一四	一七	一四	五四	一五	三一	一六	九	一六	四八	一七	二九	一八	一○
二五	一四	二一	一四	五九	一五	三七	一六	四六	一六	五六	一七	三八	一八	二○	一九	三
二六	一五	三	一五	四一	一六	二一	一七	二	一七	四五	一八	二八	一九	一二	一九	五八
二七	一五	四三	一六	二四	一八	六	一七	五○	一八	三四	一九	一九	[illegible]	六	二一	五四
二八	一六	二五	一七	八	一七	五三	一八	三八	一九	二四	二○	一二	二一	一	二一	五一
二九	一七	八	一七	五四	一八	四○	一九	二七	二○	一六	二一	六	二一	五七	二二	五○
三○	一七	五三	一八	四○	一九	二八	二○	一八	二一	九	二二	一	二二	五五	二三	五一
三一	一八	三八	一九	二七	二○	一八	二一	一○	二二	三	二二	五八	二三	五五	二四	五三
三二	一九	二四	二○	一六	二一	九	二二	三	二二	五九	二三	五六	二四	五六	二五	五七

三十六度		三十七度		三十八度		三十九度		四十度		四十一度		四十二度		四十三度		四十四度	
度	分	度	分	度	分	度	分	度	分	度	分	度	分	度	分	度	分
○	四四	○	四五	○	四九	○	四九	○	五○	○	五二		五四	○	五六	○	五八
一	二七	一	三一	一	三四	一	三七	一	四一	一	四四	一	四八	一	五二	一	五六
二	一一	二	一六	二	二一	二	二六	二	三一	二	三七	二	四二	二	四八	二	五四
二	五五	三	一	三	八	三	一五	三	二二	三	二九	二	三七	三	四四	三	五二
三	三九	三	四七	三	五五	四	四	四	一三	四	二二	四	三一	四	四一	四	五一
四	二三	四	三二	四	四三	四	五三	五	四	五	一五	五	二六	五	[illegible]	五	五○
五	七	五	一九	五	三[illegible]	五	四二	五	五五	六	八	六	二一	六	[illegible]	六	四九
五	五二	六	五	六	一八	六	三二	六	四六	七	一	七	一六	七	三二	七	四八
六	三六	六	五一	七	六	七	二二	七	三八	七	五五	八	一二	八	三○	八	四八
七	二二	七	三八	七	五五	八	一三	八	三○	八	四九	九	八	九	二八	九	四八
八	七	八	二五	八	四四	九	三	九	二三	九	四四	一○	五	一○	二七	一○	四九
八	五三	九	一三	九	三四	九	五五	一○	一六	一○	三九	一一	二	一一	二六	一一	五一
九	三九	一○	一	一○	二四	一○	四六	一一	一○	一一	三五	一二	○	一二	二六	一二	五三
一○	二六	一○	五○	一一	一四	一一	三九	一二	五	一二	三一	一二	五八	一三	二七	一三	五六
一一	一四	一一	三九	一二	五	一二	三二	一三	○	一三	二八	一三	五八	一四	二八	一五	○
一二	二	一二	二九	一二	五七	一三	二六	一三	五五	一四	二六	一四	五八	一五	二一	一六	五
一二	五○	一三	一九	一三	四九	一四	二○	一四	五二	一五	二五	一五	五九	一六	三四	一七	一○
一三	三九	一四	一○	一四	四二	一五	一五	一五	四九	一六	二四	一七	一	一七	三八	一八	一七
一四	二九	一五	二	一五	三六	一六	一[illegible]	一六	四八	一七	二五	一八	四	一八	四四	一九	二五
一五	二○	一五	五五	一六	三一	一七	八	一七	四七	一八	二七	一九	八	一九	五○	二○	三五
一六	一二	一六	四九	一七	二七	一八	七	一八	四七	一九	三○	二○	一三	二○	五九	二一	四六
一七	五	一七	四四	一八	二四	一九	六	一九	四九	二○	三四	二一	二○	二二	八	二二	五八
一七	五八	一八	三九	一九	二二	二○	六	二○	五二	二一	三九	二二	二八	二三	一九	二四	一二
一八	五二	一九	三六	二○	二一	二一	八	二一	五六	二二	四六	二三	三八	二四	三二	二五	二八
一九	四八	二○	三四	二一	二一	二二	一一	二三	二	二三	五五	二四	五○	二五	四七	二六	四六
二○	四五	二一	三四	二二	[illegible]	二三	一六	二四	一○	二五	五	二六	三	二七	三	二八	六
二一	四四	二二	三五	二三	二八	二四	二二	二五	一九	二六	一七	二七	一八	二八	二二	二九	二九
二二	四三	二三	三七	二四	三三	二五	三○	二六	三○	二七	三一	二八	三六	二九	四四	三○	五四
二三	四五	二四	四一	二五	四○	二六	四○	二七	四三	二八	四八	二九	五六	三一	八	三二	二二
二四	四八	二五	四七	二六	四九	二七	五二	二八	五九	三○	七	三一	一九	三二	三五	三三	五三
二五	五三	二六	五五	二八	○	二九	七	三○	一七	三一	二九	三二	四五	三四	五	三五	二八
二七	○	二八	五	二九	一三	三○	五四	三一	三一	三二	五四	三四	一四	三五	三八	三七	七

右圖以黃道所離赤道之緯而對北極度下所註以算天下各節氣之晝夜長短應有餘為長率不足為短率依此可得半晝之數加一倍為全晝數就九十六刻內減晝刻分數可得夜刻分數以減夜數亦得晝數此圖不能細具零分其緯度有零分者視前格與後格中差幾何而以零分併全度所化乘之以度法六十歸之若求百刻法則另用乘除如前

凡盤中未定朦線而欲以時尺定之者取平線

以上十八度為準。假如欲知晨昏朦景幾刻。則將本日所躔。加於西地平日未沒前十八度齡。而以定時尺。審其相去日沒幾刻。其對衝度即是晨度刻數。求昏度者。倣此。如已定朦線者。則以日躔置朦線上。與日出日入之時相較。而其刻數多寡可知。大約北極愈高。則朦朧影亦愈久。而一日之內晨昏可以互見。一歲之內。日躔緯度相同者。可以互見。

凡勻分一晝為十二度。而測定之者。有盤有小度名分曜晷。以本日太陽午影最高度。點識睍筩隨日高低望之。法具前圖。如欲分爲五分。而審其已過幾分。則以黃道置地盤日所到度。而以對宮度詳之。看在分更線上第幾畫。即是日間已過幾分之數。如大暑日。則視大寒度是也。

凡昏旦中星。晝夜刻數不齊。朦影又不齊。殊難確當此儀。却有四要可攷。一。天中。一。地中。乃子午之正向。一。出地。一。入地。定東西之升沉。以日以星定其時。時正。而某星當中。某星初出。某星

初入瞭然也因而推日躔某宿某度亦瞭然也但以節氣爲限則每歲皆同至過百年後列宿推移未免稍差則天盤度當推改耳

凡査太陽離赤道内外幾度以日躔加午線上而視其地盤赤道之覸相離度分若干列宿同法或以定時尺度加上日星之躔亦得其數日躔每日有差星位終年不動百餘年或差一度半度亦以去極遠近爲率推改如前例云

凡察北極高卑晝取太陽夜取列宿皆可審定

於正午時晛望太陽出地高幾何度而查是日節氣所躔原在某度因以前日離赤道緯度爲算如日行赤道內則用減日行赤道外則用加如前法假如大寒後十四日離赤道外十六度五十七分日影高三十三度三分以日影加赤道數得五十度便知赤道高五十度其北極去赤道九十度除去五十度即知北極出地四十度若曆紀晝夜各五十刻之日午景所得正在赤道之上最爲易算

又法以筩測影專算正午日離天頂幾度假如

正東卯中出室南星出地離正東以北一十八度天船大星出地離正北以東十一度壁北星將出離東北艮方稍東一十四度軒轅大星將沒離正西稍北十三度依前法以憲背觀之自當了了又查河鼓大星在東地平上十一規有半即是高三十四度半位在正東稍南十二度則置晛筩於三十四度上向東測求餘星做此

凡曆家每日以七曜之一爲本日所直宿蓋取天體層數定之晝夜匀作二十四分如第一分

屬太陽。則第二為金。三為水。四為月。五為土。六為木。七為火。周而復始。則其第八。第十五。第二十二。皆屬太陽。至二十四屬水。而一日終焉。次日之第一。乃當屬月。曆取首分之曜。為一日之直。因以月繼日。而以日月火水木金土。作每日之序云。其所云二十四分者。不論晝夜長短。但勻日出後十二分。日入後十二分。亦非一時截作兩時。今以地盤勻分二十四分。相對推之。可見其序。此外別有推論禨祥及人誕生所值智愚壽殀諸法此不悉載。

句股測望圖說第十九

凡句股。以御遠近高深。但有影可射者。用覰筩竅視其影。如無影可射者。以目力對望之。凡所望。皆如筩竅所指爲據。凡筩在句股之交者。句與股等。知句即知股。知股即知句。其不適在句股之間者。別有算法。

凡以矩法御句股者。先須熟識變互之法。變法者變句度爲股度。變股度爲句度也。各以方儀細度爲準方儀每隅皆分細度共作一百四十四數立此爲積而以箭中綖所值之度分焉即得變度假如箭在股三度今欲化爲句度即以一百四十四爲實以三數爲法歸之是得四十八。爲句度數假如箭在句五度零三分度之三。今欲化爲股度即以一百四十四爲實而以五度三分度之二爲法歸之。是得二十五度零十七分度之七。爲股度數也。因句法平行股法直上直上之度逾上逾寬。不可以平度等。假如股之一度。乃句之一百四十四度。故必須立算互換。始窮眞數。矩法之妙。全在於此。有餘分者。悉以全度化爲零分。其細度百四十四者。亦從化法。

凡以筩望高者。以所望爲大股。以我足下至彼股下爲大句。而以儀之小句股知之。參伍於儀度以準之。〇若筩之斷在小句。則大股之長過於大句也。已知大句是幾何步。即以儀度乘之。即十二度以小句所得度分之。而其大股之高可知焉。假如望之。而筩斷在小句八度。無餘分其大句長三十步。則以儀度十二。乘大句三十。得三百六十步。而以小句之六數分之。得四十五。是知大股之高四十五步也。若斷在小股。則大股不及大句也。已知大句是幾何步。却以小股所得度乘之。而以儀度分之。即十二度。假如斷在小股七度。而大句長六十步。則以小股之七。乘大句六十。共四百二十步。而以表度之十二分之。得三十五。是知大股高三十五步。○大抵所求在大股者。筩在句。則用以分。而乘數在儀。筩在股。則用以乘。而分數在儀。○然須以自目至足之數。加大股上。 如先知大股而欲求大句之數者。其乘分之法。反用。如已知塔高若干。而欲覆知其塔影所底之類。筩在句。則用以乘而分。用儀度。筩在股。則用以分而乘。用儀度。一。互換之。

凡以筩望高。而筩齡所值有餘分者。取其總度悉化爲餘分。以乘之。亦化爲餘分。以歸之。假如筩齡在小股十。度零五分度之一。是有餘分也。即每度皆化爲五分。是爲三十六分。此望股值股者。用股爲乘法。其大句長六十步。以所值小股數三十六分乘大股六十數共二千一百六十而以儀度爲分法。亦每度皆化五分。共六十分以歸之。得三十六是知大股高三十六步也。如筩斷在小句者。亦倣前例化用之。皆加自目至足數。

若以筩望高。既不知大股之數。亦不知大句之數。須以重差測之。先以筩遙望。審其斷在於其度。又或前或卻若干步。要取逕直審其斷在於其度。其兩次筩上所測。凡差幾度。爲筩差。在人足所

立爲表差。各以儀度二十乘表差。而以簡差爲法
分之。然有正算。有變算。凡望大股之數。而簡在
句度。用正法。若望大股之數。而簡在股度者。用
變法。〇假如初測簡斷在句一度。次測斷在句
十一度此望股得句也。用正法。其簡差十度。用
爲分法。其表差二十五步。用以與儀度二十相乘。
是爲正實。而取其乘之所得。計三百以簡差歸之。得三
十加以自足至目之數。或加一步。併入大股。
爲高三十一步。〇假如初測簡斷在股九度。次

測斷在股四度，此望股得股股也。用變法變股爲句，變九度爲一十六度，變四度爲三十六度。九分一百四十四，得十六。一百四十四，得三十六。○四分其法如前。兩箭斷差二十度，用爲分法，其表差五十步，與儀度十二相乘而取其乘之所得。計六百以箭差歸，得三十數加自目至足一步，爲三十一步高。○其已知大股幾何高而欲覆知其大句之數，爲幾何遠，是爲以高量遠，即以前法互換爲乘分云。

一法以鏡量高置一鏡於平地對所量處卻立取其最高倒影入鏡中心先定自目至足爲小股幾何尺自鏡心至所求之足爲大句幾何尺兩數相乘而以吾足至鏡心爲小句之數以分之其分得之數即其所望之數或以水盂代鏡亦同

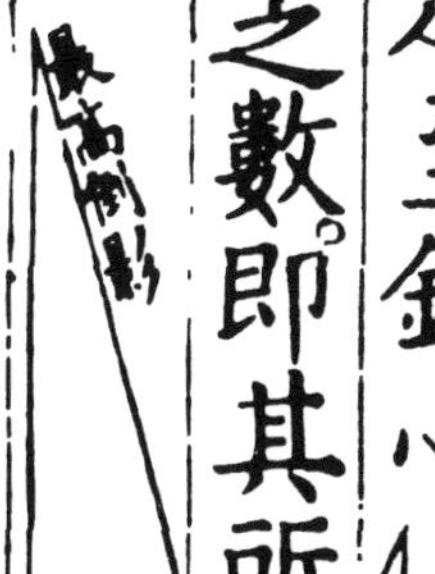

又法立表求高先對望立一長表次依直線退行若干步竟立一短表或不用短表即以己身自目至足數代之尤便以目自短表際或即吾目處望長表際及所

望最高之際三際相齊以所望爲大股而取前表較後表。前差幾何爲小股。又自後表至所望最高之址。幾何尺。爲大句。以小股與大句相乘。而以前後表相距之尺寸爲法分之。加短表顛至地之數。即知大股之高。

如不能知其大句之數。則立四表。而互徵之。先立一表。退立一短表。或即以巳目代之。望短表際與長表際及所望最高之際相齊。乃量長短

凡以筩望遠者。務取身立處與所望處相平。或望極遠。則立於高臺大山以望之。亦須先知臺址山址。到吾目幾何丈尺。方可布算。而以所望之遠為大句。以吾目至足或臺址山址之與彼相準處為大股。以儀為小句股而測之。凡筩在句度者。是大句不及大股也。以小句所值度乘大股。而以儀度二十分之。其分之所得。為大句數。

若筩在股度者。是大句遠於大股也。以儀度二十乘大股。而以小股所值度分之。亦如前。

附録

一法立表求遠法者。遠望立一長表。或以己身自目至足代之。取直進幾步。立一短表。自長表際望短表際及所取最遠之際相齊。乃以長表較短表多幾何。爲表股差率。次量二表相距幾何。爲表句差率。長表高幾何。爲大股率。以表句與大股相乘。而以表股差分之。即得大句遠數。○又有望極遠平立四表者不論表之長短。但取四隅立算。其法尤精。先

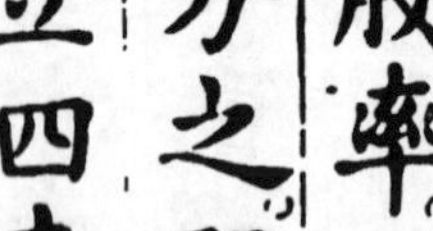

表相距幾何爲前數。又或前或郤，但取直線。再立長表。移前表用之亦可。亦退後立短表，自短表際望長表際及最高際皆齊。又量長短表相距幾何爲後數。乃較前後數相差幾何爲表句差。次以長表較短表多幾何爲表股差。次察前短表距後短表地幾何爲大句差。以大句差與表股差相乘，而分之，以表句差爲算。定加短表之數，即得大股數。

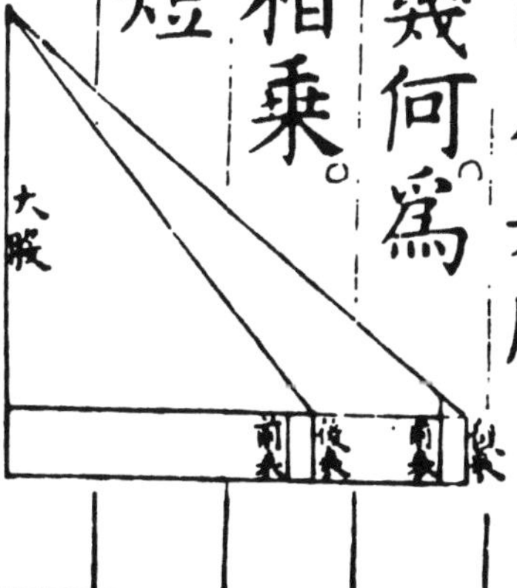

凡以簡測深者，以所望之深爲大股，以水徑爲大句，以儀中小句數，而參伍於儀度，以準之。先以簡竅自此對射水際，審值何度，如在句度，則以儀度乘水徑數，而以小句所值度分之。假如以簡量井深幾何，其小句值三度上，其井水徑十二尺。即以十二乘儀度，亦十二，共乘得一百四十四以小句三數歸之。得四十八尺是知井深四十八尺也。○如在股度，則以小股度與井水徑相乘，却以儀度分焉。

對所望立一表爲前表次退若干步立一表爲後表作直弦相望次於前表或左或右相去幾何立一表爲前輔表前後表與所望處如弦直射則此表與前表須取方橫列不可稍偏於前後也謂之直角形與前後表如曲矩又於後表左右立一表爲後輔表自後輔望前輔及所望之遠處亦如直弦後輔亦與後表橫對不可稍差蓋前後二表與後輔亦如曲矩是也其自後表至後輔比於前表至前輔尺寸必多乃較其

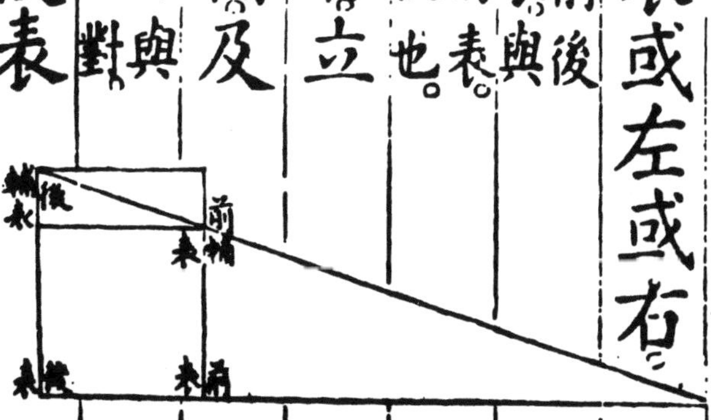

所多之數爲差以前表至後表數爲小
股差以前輔至前表爲小句差而以小股
乘小句以大句差分之即得遠數
又法立表用矩者即木匠曲尺立一表置矩心於
表顛其矩專視曲轉兩際以稍昂一際直射
所望之遠處須自矩角對矩昂際及遠
處如直弦然次乃廻望稍低一際視其
射於何處亦自矩角對低際及地上如
直弦然而畫記之其畫處至表址甚近也乃

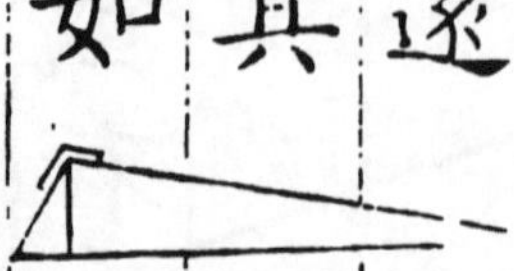

以矩角至表址數自乘而以表址至畫記之數分之即得所望遠數。

又法欲知江河之濶若干。就水旁立一表。加一短尺或竹木之枝。但以一物爲標斜射彼岸水際望定表端所射即將其表旋向近地覘其所射之際量之即得河水濶數如不用表則以身代之及取一器映目。平延身取數更便。

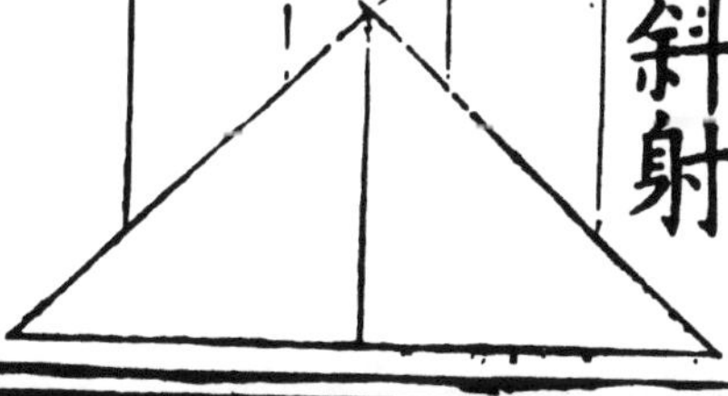

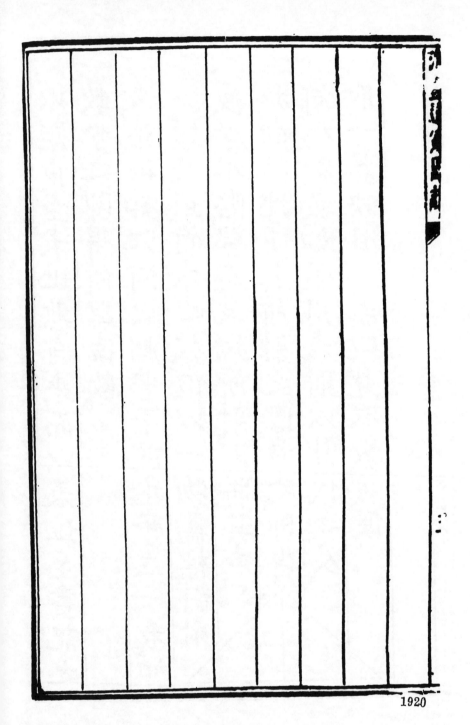

大寒後十四日。驗得日離天頂五十六度五十七分。是日。太陽行赤道南十六度五十七分。除十六度五十七分。仍剩四十度。則知赤道出地五十度。北極出地四十度。大約於九十度內。除赤道度。即得北極度。若除北極度。即得赤道度。

凡以星察北極出地幾度者。隨取一大星為準。以筩測其曾到午位正中否。若未知地位之正。亦如觀太陽法。參伍驗之。如已知地正者。俟其既到午位。再看離地幾度。因查此星原去北極幾度去赤道南北幾度而乘除算之假如畢宿大星原在赤道北十六度今測之離地六十六度二十分內除十六度尚有五十度二十分便知本地赤道出地五十度二十分於九十度內除去五十度二十分即是北極出地三十九度四十分須知地方北極高低度分乃可安頓地盤

凡南北相懸者驗以北極至於東西異地則當以月蝕驗之先知一處地方月食定在何時何

刻爲食初候或食甚復圓之候至於他處蝕時
按憲觀其初蝕及蝕甚復圓在於何時何刻與
前所定時刻相去幾度或以合朔推算其法亦
同俱可測其地差大約每四刻應差十五度假
如時差八刻則晷影應差三十度是地方相距
亦三十度也再以北極高低參算斜直定其里
數自北至南每北極差一度即地差二百五十
里其自東至西者赤道之下亦如之漸南漸北
其度漸窄則其里數亦減有立成算法

直	橫		直	橫		直	橫	
度	分	秒	度	分	秒	度	分	秒
一	五九	五九	三一	五一	二六	六一	二九	五
二	五九	五七	三二	五〇	五三	六二	二八	一〇
三	五九	五二	三三	五〇	二九	六三	二七	一四
四	五九	五一	三四	四九	四五	六四	二六	一八
五	五九	四六	三五	四九	九	六五	二五	二一
六	五九	四〇	三六	四八	三二	六六	二四	二四
七	五九	三三	三七	四七	五五	六七	二三	二七
八	五九	二五	三八	四七	二七	六八	二二	二九
九	五九	一六	三九	四六	三八	六九	二一	三〇
一〇	五九	五	四〇	四五	五八	七〇	二〇	三一
一一	五八	五四	四一	四五	一七	七一	一九	三二
一二	五八	四一	四二	四四	三五	七二	一八	三二
一三	五八	二八	四三	四三	五三	七三	一七	三二
一四	五八	一三	四四	四三	二〇	七四	一六	三二
一五	五七	五七	四五	四二	二六	七五	一五	三二
一六	五七	四一	四六	四一	四〇	七六	一四	三一
一七	五七	二三	四七	四〇	五五	七七	一三	三〇
一八	五七	四	四八	四〇	九	七八	一二	二八
一九	五六	四四	四九	三九	二二	七九	一一	二七
二〇	五六	二三	五〇	三八	三四	八〇	一〇	二五
二一	五六	一	五一	三七	四六	八一	九	二三
二二	五五	三八	五二	三六	五六	八二	八	二一
二三	五五	一四	五三	三六	一	八三	七	一九
二四	五四	四九	五四	三五	一六	八四	六	一六
二五	五四	二三	五五	三四	二五	八五	五	一四
二六	五三	五六	五六	三三	三三	八六	四	一〇
二七	五三	二八	五七	三二	四一	八七	三	八
二八	五二	五九	五八	三一	四八	八八	二	六
二九	五二	二九	五九	三〇	五四	八九	一	三
三〇	五一	五八	六〇	三〇	〇	九〇	〇	〇

右法以地準之。則每度徑。得二百五十里。每分徑。得四里零六分里之一。凡積十四秒零二十四忽。爲一里。積二分二十四秒。爲十里。積二十四分。爲百里。積四度。爲一千里。積四十度。爲一萬里。此皆以弦直道論云。

凡視地盤度。不知爲何地合用之度者。自地平線數至盤心。可以知北極出地之數。自天頂數至赤道。可以知地方去赤道之數。

凡察太陽同出同入之星。先定太陽躔度。置地平線。而視其同在線上者。是何星宿。即係當日同出同入之星。若欲求其星以何日與太陽同

出同入則以星置地平線檢黃道躔即得欲求
同過午中者亦如之而以午線爲法
凡欲豫定各星當以何時出地何時入地或何
時到其位何時過午中俱以星盤輪轉而審其
太陽所躔以時尺按之以外輪對之一一可見
凡經星隨日東出或西入欲知何日離日可以
晨見者以其星置東地平規上而視其日出以
前朦影是値黃道何度即得此星東方晨見之
期若視西朦影下黃道所値即知此時此星西

方昏見之期、或查某星何日入地不見、或近太陽不見者、則置西平地規、亦檢太陽、其法正與前反。

凡審辯方位者、以子午線定南北、以過頂曲線之交於赤道者定東西、其餘八方、或十二辰、或二十四向、或六十四卦位、或三百六十度、皆以地盤定之、茲且設二十四線、每線該十五度、自地平達天頂、凡太陽及諸星見在某位、或豫定某時當在某位、及從何位下出地、何位下入地、

按圖皆如指掌技已知方隅正位雖不用升度亦可

若未知方隅正位即以通憲定之亦自精當不拘何時以筩䁐得日高度即運黃道躔加於地盤升度視其見在何方及何細度乃以背仰頓平處移䁐筩之中線嚮之後以目仰望日影令其上下相對既定一向則其餘東西南北皆據儀背外輪之度一切審定夜用列星亦同此法

凡星辰隱見多寡皆視北極高卑古稱近北極

三十六度星辰常見不隱近南極三十六度星辰常隱不見殊未必然茲以盤心爲極樞以列宿盤旋轉觀之凡不離地平線上者皆爲常見之星其餘隨時各有出入則南北顯見多寡遲疾皆可推測

凡查五更時候覰定星度安置升度以尺就太陽視所躔見在朦影下之幾線若在初一線內爲初更其餘依次

凡初學未識星宿者但認取一星見在之度餘

星以窺筩測望而準之以在垣度分參之以地
盤宮位亦可推廣假如到晚朦影盡時向高曠
可望處所置本日所躔於朦線上即視何星方
出何星將入或在正東或在正西正南北者一
認取何向次將憲背仰頫平處先定南北之位
次以窺筩旋轉與星相望則可知地平以上之
星若欲辯認稍高之星則查其星在於何方及
離地幾度然後對度向方亦可檢取如京師夏
至二日安本日度於朦線上則見危宿北星自